KB132647

단일회기 치료:

100가지 핵심 기법

Single-Session Therapy(SST):

100 Key Points and Techniques

Single-Session Therapy(SST): 100 Key Points and Techniques
by Windy Dryden

단일회기 치료

100가지 핵심 기법

Windy Dryden 저 | 김소라 · 전희정 공역

Single-Session Therapy(SST)

100 Key Points and Techniques

학지사

역자 서문

그게 상담이야?

현재 만나고 있는 내담자들의 사정상 그들을 만날 수 있는 시간이 단 한 번이라는 이야기를 했을 때 누군가는 우리에게 이렇게 질문했다. "상담이 돼?" 처음에는 너무 어려웠다. 그동안 배워 왔던, 해 왔던 '상담'의 통념상 단 한 번의 만남에서 우리가 무엇을 할 수 있을까? 무엇을 할 수 있으며, 어디까지 가능할까? 우리부터도 이게 가능한가 하는 의심이 있었지만 현장에서 만나는 내담자들은 달랐다.

기다렸어요……

내담자들은 우리에게 그렇게 말을 건넸다. 기다렸다고. 몰입은 순식간에 이루어지고, 내담자 삶의 한순간에 함께 머물게 된다. 그 한 번의 시간 속에서 우리는 도입과 전개, 절정과 정리의 순간을 모두 경험하게 된다(물론 모든 내담자가 그러한 것은 아니다). "시간 내주셔서 감사합니다." "제가 감사하지요." 그렇게 인사를 하고 내담자를 보내고 나면 온몸을 가득 채우고 있던 긴장이 그제야 느껴진다.

설명이 필요해

드물지만 이런 시간을 경험하면서 가능성에 대한 의심은 거두었다. 그리고 이 가능성을 더 이야기하고 싶었다. 처음의 우리처럼 의심하는 사람들에게 가능하다고 알려 주고 싶었다. 그래서 시작하게 되었다.

이 책에서 다루고 있는 주제 하나하나는 읽으면 '그렇지'라고 쉽게 이해가 되는 부분들이다. 그러나 이를 직접 적용한다고 하면 일단 상담에 대해 내가 가지고 있었던 '틀'을 조금은 틀어서 보는 것이 필요할 것이다. 상담이냐 아니냐, 이게 가능하냐 아니냐 하는 것은 직접 해 보면 알 수 있을 것이다.

주의해야 할 것은 모든 내담자에게 적용되는 단 하나의 원칙은 없다는 것을 꼭 기억해야 한다. 이 책에서 이야기하는 부분들을 이해하고 적용할 수 있다면 저자의 비유처럼 내가 가진 연장통에 아주 유용한 연장이 하나 더 생기는 것이라고, 그렇게 바라봐 준다면 가장 고마울 것 같다.

호기로운 도전을 선뜻 받아 준 학지사 관계자분들께 진심으로 감사하다는 말씀을 전한다. 그리고 지금까지 상담사로 살 수 있게 해 준 우리의 내담자들에게 두 손 모아 고마움을 전한다.

2021년 4월

김소라, 전희정

저자 서문

1990년대 초반, 단일회기 치료 분야에서의 새로운 상담에 대해 들었을 때, 그 시기 많은 심리치료사처럼 나 역시 회의적이었다. 어찌 되었건, 한 회기 내에 효과적인 상담이 이루어질까? '글쎄'라는 것이 대다수의 판단이었다. 그저 호기심으로 이 주제를 다룬 모셰 탤먼(Mosche Talmon, 1990)의 책을 사기는 했지만, 읽을 정도의 흥미는 없었기에 내가 2014년 대학 교수직에서 은퇴할 때까지 그 책은 내 책꽂이에 그냥 꽂혀 있었다. 그러다가 심리치료 분야에서 뭔가 새로운 것을 연구하고 싶은 (나의) 욕구에 불이 붙었고 당시 내가 단회로 진행하던 치료 시연에서 자극을 받아 탤먼의 책을 읽기로 결심하고는, 읽고 또 읽어 세 번을 읽게 되었다. 마치 머릿속에서 전구가 켜진 것 같았다. 이것이 내가 찾던 도전이었다. 그리하여 나는 2012년 호주 멜버른에서 열렸던 단일회기 치료 및 워크-인 서비스에 대한 제1회 국제 심포지엄(Hoyt & Talmon, 2014a) 출간 자료와 2015년 캐나다 밴프에서 열린 제2회 국제 심포지엄(Hoyt et al., 2018a) 사전 간행본을 포함해서 관련 문헌들을 집중적으로 파기 시작했다. 나는 CBT를 통합한 나만의 SST 수련 방법을 고안해 냈고(Dryden, 2017), 30분 이내로 진행하는 '초단기 치료적 대화'라고 이름 붙인 단일회기 시연법을 개발했다(Dryden, 2018a).

처음부터 말해 두지만 나는 단일회기 그리고 단기의 상담 방식을 정말로 좋아한다. 이러한 방식은 나에게 활력을 주고 좀 더 창의적으로 생각하게 하며, 순전히 내 생각이긴 하지만, 이 방식이 나와 꽤 잘 맞는 것 같다. 이 분야에 대한 나의 열정은 책을 쓰고자 하는 마음으로 이어져 이제 그 기회를 갖게 되었다. 시작에 앞서 단일회기 치료에 대해 간단히 이야기해 보려 한다.

100가지 핵심 기법

이 책은 루틀리지(Routedge) 출판사에서 출간을 하고, 내가 편집을 담당하고 있는 '100가지 핵심 기법' 시리즈 중 하나로, 이 시리즈의 책들은 상담 및 심리치료의 다양한 접근법과 특성들을 간결하고 실용적으로 소개하는 입문서이다. 따라서 이 책들은 수련 중이거나 자신의 상담을 향상하고자 하는 전문가들에게 가장 알맞다. 이 시리즈의 책들은 이론과 실제에 대한 핵심을 간결하게 설명하여, 한번에 조금씩 읽으며 소화하도록 되어 있다. 그러니 한자리에서 이 책을 다 읽고 싶은 충동이 일어난다면 참도록 하자. 각 주제를 하나씩 읽고 소화하면서 자신의 상담에서 어떤 식으로 확장해 나갈 수 있을 것인지 스스로에게 물어보자. 그 하나하나를 실제로 경험해 보자.

나는 개인상담에서 SST를 사용하고 있다

개인, 커플, 가족, 집단 상담에서 활용 가능한 SST에 대해 할 말이 많지만, 나의 경험이 개인을 대상으로 한 SST이므로 이 부분이 분명 강조될 것이다. SST를 하는 데 있어 가능한 어렵지 않은 상담이 좋은 상담이듯이, 이에 대한 책을 쓸 때도 비교적 알기 쉽게 쓰고자 한다.

선택적이다

목차를 보면 알겠지만, 나는 이 책에서 많은 부분을 다루고 있는데, 특히 이 책의 6부가 그러하다. 내가 분명히 하고 싶은 한 가지는 나는 그 어떤 내담자와도 여기 설명된 모든 기법을 사용할 거라 기대하지 않는다. 그렇게 하는 순간, 틀림없이 형편없는 상담이 될 것이다. 기술자들이 자신의 연장통에 있는 도구들을 활용하듯이 이 책을 활용하라. 기술자들은 모든 도구를 가지고 있지만, 그 상황에 필요한 도구만을 사용한다. SST 기법을 사용할 때도 인색해지자.

당신만의 스타일을 개발하라

SST 치료사로서 상담을 할 때, 자연스럽게 하는 것은 매우 중요하다. 당신이 실제로 봤든, 혹은 DVD에서 봤든 이 분야를 선도하는 인물이라 해도 그들의 스타일을 흉내 내려 하지 말자.

수련과 슈퍼비전의 중요성

나는 치료 시간이 짧을수록 더 오랜 수련이 필요하며, 수련생에게는 더 많은 슈퍼비전이 필요하다고 생각한다. 개인적인 의견이지만, 효과적인 SST 치료사가 되기 위해 배운다는 것은 수준 높은 기술을 배우고 발전시켜야 함을 의미한다. 그러므로 내담자의 동의를 구해서 상담을 녹음하고, 당신이 했다고 말하는 것뿐만 아니라 당신이 실제로 한 것들을 가지고 슈퍼비전을 통해 피드백을 받으라.

내담자에게 피드백을 받으라

SST에 대해 슈퍼비전을 받는 것도 중요하지만, 상담을 종료할 때나 약속된 추후 회기 때 내담자로부터 듣는 피드백에서 SST에 어울리는 치료사에 대해 더 많은 것을 배울 수도 있다. 조지 켈리(George Kelly)는 "SST 치료사로서 어떻게 해야 할지 알고 싶다면 내담자에게 물어보아라. 그러면 그들이 당신에게 말해 줄 것이다." 라고 조언했다.

SST를 사랑하라

내가 마지막으로 강조하고 싶은 것은 SST 세계에 흠뻑 빠져들라는 것이다. 꾸준히 했을 때 얻을 수 있는 선물이 있다(J. Young, 2018). 그렇게 꾸준히 한다면, SST를 사랑하고 있는 자신을 발견하게 될 것이다. 내가 그랬던 것처럼.

차례

PART 4 SST와 관련된 기준

PART 5 SST 첫 단추 잘 꿰기

PART 6 한 회기를 최대한 활용하기

PART 7 워크-인 치료

PART 8 SST의 다양한 형식

PART 9 SST, 개인적인 노력과 배운 점

PART 1

SST의 특성과 토대

SST란 무엇인가

나는 첫 장에서 단일회기 치료(Single-Session Therapy: SST)가 의미하는 바를 알아보고자 한다. 언뜻 보기에는 뻔해 보일 수 있지만, 심리치료 분야에서 단순해 보이는 개념들이 그러하듯이 그 배경은 꽤나 복잡하다.

론실식의 접근

1994년, 목재에 쓰이는 착색제와 페인트, 방부제 등을 생산하는 '론실(Ronseal)'이라는 영국 회사는 자사 제품을 알기 쉽게 설명하기 위해 슬로건을 고안해 냈다. 바로 '론실, 정확히 제품에 표기된 그대로입니다'이다. 이 문구는 전 세계에 통용될 정도로 대중의 마음을 사로잡았고, 지금은 흔하게 사용되는 슬로건이 되었다. 'SST란 무엇인가?'라는 질문에 론실식의 접근으로 말하자면 '단일회기 치료는 한 회기 동안 진행되는 치료이다.'

이 같은 접근이 간결해 보이긴 하지만 중요한 질문들, 예를 들어 '회기는 어떻게 구성되는가?' '이 용어는 1회기만 진행하기로 계획한 치료뿐 아니라 자연스럽게 1회기로 끝난 치료에도 적용이 되는가?' 'SST는 추후 회기가 불가능한가?'와 같은 질문들을 쏟아 내게 한다. 하이멘과 스토커, 케이트(Hymmen, Stalker, & Cait, 2013: 61)는 이러한 질문들에 대해 자신들만의 '론실'식의 정의를 활용하여 다음과 같이 답했다.

> SST는 계획한 단일회기 개입을 말한다. 즉, 내담자에게 추가 회기를 제안했으나 단 한 번만 참여하기로 선택한 상황은 SST가 아니다. 여기서 말하는 단일회기는 사전에 예약된, 혹은 '워크-인 상담 클리닉'에서 제공하는 단일회기가 해당될 수 있다. 사전에 예약된 SST는 내담자가 단일회기 전 수일에서 한 달 내에 미리 특정 날짜와 시간을 정할 수 있도록 하며, 단일회기 워크-인 클리닉은 내담자가 비교적 짧은 대기 후에 약속 없이 단회로 상담자를 만날 수 있는 주 1일 이상의 시간을 제공한다.

탤먼의 정의

2장에서도 언급하겠지만, SST에 관한 모세 탤먼(Moshe Talmon, 1990)의 책 출간은 SST 발전에 있어 중대한 순간이었음을 강조하고 싶다. 그런 의미에서 탤먼의 정의를 살펴보는 것은 중요하다. 탤먼은 "단일회기 치료(Single-Session Therapy)란 1년 안에 사전 회기 혹은 뒤이은 회기가 없는 치료사와 내담자 간 단 한 번의 대면상담으로 정의한다(Talmon, 1990: xv)."라고 했다.

탤먼의 정의에는 몇 가지 쟁점이 있다.

- 론실식의 접근에서와 마찬가지로, 무엇을 '회기'로 볼 것인가 하는 의문이 생긴다.

- 치료사와 내담자가 대면하지는 않지만, 명확하게 말하기 어려운 다른 형태의 만남은 가능하다. 탤먼(1990)은 치료사와 내담자 간에 만남을 준비하거나 약속하는 것 그리고 추후 회기에 대해 언급했는데, 이 두 가지 경우는 대면 회기라는 단일회기 치료의 본질을 지키기 위해 전화로 진행할 수 있다고 말했다.
- 그렇다면 전화를 대신하는 스카이프나 온라인과 같은 플랫폼에서 이루어지는 치료가 문제될 수 있다. 만약 여기서 대면 회기가 이루어진다면, 스카이프 전화나 온라인을 통해서 SST를 실시하는 것이 가능한지 아닌지에 대한 의문이 제기된다. 탤먼의 입장을 고려해 보면, 그가 이 책을 썼던 1990년에는 스카이프가 개발되기 전이며 온라인 치료가 대중적이지 않았다.
- 마지막으로 탤먼의 정의는 내담자가 1년이 되기 전에 두 번째 대면 회기를 갖게 되면, 전체 치료는 단일회기 치료로 볼 수 없다는 것을 암시한다.

이와 같이 단순한 쟁점으로 보이는 것이 실은 복잡하며 모든 치료사가 동의하는 SST의 정의는 존재하지 않는다는 것을 알 수 있다. 이어서 SST 특성에 대해 가장 널리 알려진 접근 방식을 살펴보자.

추가 회기도 가능하지만, 유일할 수도 있는 회기를 극대화하기

호이트 등(Hoyt et al., 2018b)은 회기 전후로 1년 내에 또 다른 회기가 있어서는 안 된다고 했던 탤먼(1990)의 정의가 연구 목적을 위해 임의로 사용된 점에 주목했다. 그들은 탤먼의 책에서 언급된 상담은 많은 내담자가 상담에 단 한 번만 참여한다는 사실을 근거로 하므로 치료사와 내담자에게 첫 회기가 마치 마지막인 것처럼 접근하도록 권유해야 한다고 강조한다. 탤먼의 책이 출간된 지 28년이 지난 현재, 호이트 등(2018b: 18, 각주)은 다음과 같이 말한다.

> SST는 1년에 한 번 이상 (지금은 대면이나 전화, 온라인으로) 내담자를 만날 수 있다. 단지 SST에서 원하는 가장 근원적인 것은 그 회기가 마치 유일한 (단일) 회기가 될 수 있다고 여기고 그 자체로 완성될 수 있도록 접근하는 것이다.

한 번 더 탤먼의 입장을 생각해 보면, 그가 책의 부제를 '첫 번째(흔히 유일한) 치료적 만남의 효과를 극대화하기'로 했다는 것은 그도 이 점을 분명 인지하고 있었다는 의미일 것이다.

단일회기 치료란 단일회기로 제한된 치료라는 '론실'식의 접근에서 벗어나, 한 회기일 수도 있으나 그 이상의 회기도 진행할 수 있다는 좀 더 다원주의적인 입장으로의 변화에 대해서는 위어 등(Weir et al., 2008: 12)이 종합해서 설명하고 있다. 그들은 이 같은 변화에 대해 다음과 같이 말한다.

> SST는 '일회성' 치료가 아닌 내담자의 첫 번째 치료적 경험의 효과를 극대화하기 위해 구조화된 첫 회기이며, 지속적인 치료 가능성을 염두에 두지만 실제로 내담자가 참여를 선택한 유일한 약속일 수도 있음을 암묵적으로 합의한다.

SST의 역설적 특성

앞서 말한 다원주의적 입장에서는 추가 회기가 가능하다는 것을 내담자가 알고 있는 경우 오히려 SST가 될 가능성이 더 커지는, 역설적으로 보이는 이러한 특성에 대해서도 상세히 설명하고 있다. 내담자들은 추가 회기에 대한 통제권이 자신들에게 있을 때, 그런 통제권이 없을 때보다 단일회기에 좀 더 만족스러워한다 (Baumeister & Bushman, 2017). 이에 대해 호이트(Hoyt, 2018: 157)는 다음과 같이 말한다.

> 요구는 저항을 낳고, 부담은 반감을 낳으며, 강요는 반발을 낳는다. 그래서 나는 단회를 강요하는 것이 아니라, 제안하는 것이 중요하다고 생각한다. SST에 관한 우리의 연구가 보여 주듯이, "한 회기로도 충분할 수 있는 '가능성' 그리고 "마지막이 '될 수도 있는' 첫 회기"가 의미하는 바에 대해서 주의를 기울여야 한다.

SST의 발달

단일회기 치료(SST)의 정확한 기원을 상세히 설명하기는 어렵지만, SST의 성장에 핵심적으로 기여한 부분들을 중심으로 그 발달 과정을 보여 주는 것은 훨씬 수월하다. 모세 탤먼(1990)의 『단일회기 치료: 첫 번째 (흔히 유일한) 치료적 만남의 효과를 극대화하기(Single-Session Therapy: Maximising the Effect of the First (and Often Only) Therapeutic Encounter)』라는 획기적인 책의 출간이 SST 발달사에 중요한 사건이기는 해도, 다음에 살펴볼 내용들은 SST가 지금과 같은 대중성을 얻게 된 길을 열어 주었다고 할 수 있을 것이다.

지그문트 프로이트의 단일회기

정신분석은 대개 장기 치료이지만, 그 창시자인 지그문트 프로이트(Sigmund Freud)는 두 개의 단일회기 상담사례를 통해 단기간에도 정신분석이 가능할 수 있음을 보여 주었다.

프로이트와 아우렐리아 오흠-크로니치의 단일회기('카타리나 Katharina')

1893년, 당시 18세의 아우렐리아(Aurelia Öhm-Kronich)는 여관 주인의 딸로, 프로이트가 오스트리아 락스(Rax)산에서 휴가 중이었을 때 잠깐 대화를 나누게 되었다. 그녀는 섬뜩한 얼굴의 환영과 함께, 숨이 막히는 듯한 느낌을 호소했다. 이런 느낌들은 그녀의 삼촌*이 가정부와 성관계하는 모습을 목격한 이후에 시작되었다. 프로이트는 '삼촌'이 그녀에게 성적으로 추근댔던 당시와 그 이후에 그가 그녀에게 화를 냈던 때로 돌아가 이 느낌들의 원인을 찾을 수 있도록 도와주었다. 이 단일회기를 통해 아우렐리아는 자신의 감정을 이해하는 데 도움을 받았고, 그녀의 불안 증상은 완화되었다(Freud & Breuer, 1895).

프로이트와 구스타프 말러의 단일회기

말러(Gustav Mahler)는 프로이트가 휴가 중임을 알고 있었지만, 그와 상담 약속을 잡으려고 연락을 취했다. 의미심장하게도 말러는 몇 번의 약속을 지키지 못했고, 프로이트가 시칠리아로 떠나기 전 네덜란드의 라이덴에서 마지막으로 한 번 볼 수 있는 기회를 갖게 되었다. 1910년 8월 26일, 프로이트는 네덜란드의 대학가에서 4시간 동안 '산책 상담(walking consultation)'을 진행했다. 쿠엔(Kuhen, 1965: 358)은 이 '상담'에 관한 논문에서 "프로이트의 진단과 위안(reassurance)들이 상당한 도움이 된 것으로 보인다. 적어도 말러 삶에 남아 있던 8개월 동안은 그 문제**가 더는 들리지 않았다."라고 언급했다.

---

* 알고 보니 이 '삼촌'은 실제 아우렐리아의 아버지였다.

** 그는 아내와 관계를 하지 못했다.

알프레드 아들러의 시연 회기

1922년 제1차 세계대전 직후, 프로이트의 제자였고, '개인 심리학(Individual Psychology)' 이론의 창시자인 알프레드 아들러(Alfred Adler)는 비엔나의 공립학교에 다수의 아동상담소를 설립했다. 아들러는 이 상담소에서 전문가뿐만 아니라 비전문가 청중들도 함께하는 가운데 부모와 자녀들을 대상으로 함께 또는 분리해서 공개 치료 시연을 개최했다. 이 단일회기들은 참석자들에게 치료적, 교육적으로 가치가 있었고, 이는 앨버트 엘리스(Albert Ellis)에게도 영향을 주어 1965년에 훗날 '금요일 밤의 워크숍'으로 알려진, '일상에서의 문제들'이라는 인기 프로그램을 만들게 되었다.

앨버트 엘리스의 '금요일 밤의 워크숍'

1965년에 시작되어 2005년까지 진행된 이 워크숍*에서 앨버트 엘리스(Albert Ellis)는 도움이 필요한 정서적 문제를 상의하겠다고 자원한 두 명의 청중을 상담했다. 엘리스는 30분 정도 자원자와 상담하면서, 청중들에게 치료 회기를 관찰하고, 자신과 자원자에게 질문해 달라고 요청했다. 자원자는 회기가 녹음된 것을 받아서, 이후에 다시 살펴볼 수 있었다. 엘리스와 조프(Ellis & Joffe, 2002)는 상당수의 자원자들이 이 단일회기를 통해 도움을 받았고, 그들 대부

* 오늘날 이 워크숍은 '금요일 밤의 공개 시연(Friday Night Live)'으로 알려져 있고, 기존의 형식을 유지하며 앨버트 엘리스 연구소에서 개최하고 있다.

분이 청중들이 언급한 말에서도 얻은 것이 있다는 것을 발견했다.

나는 엘리스가 했던 이 워크숍에 영향을 받아, '초단기 치료적 대화(Very Brief Therapeutic Conversations)'(Dryden, 2018a)라고 이름 붙인 단일회기 치료를 300회 이상 시행*했다. 이 시연에 관한 논의는 99장을 참고하자.

밀턴 에릭슨의 단일회기

밀턴 에릭슨(Milton Erickson)은 현대 최면 치료의 아버지이자, 가장 혁신적인 심리치료사들 중 한 명으로 여겨진다. 단회는 에릭슨의 알려진 모든 사례에서 가장 흔히 나타나는 치료 회기 수였고(O'Hanlon & Hexum, 1990), 따라서 그가 SST 발달에 의미 있는 기여를 했다고 말할 수 있다. 다음 사례는 아마도 에릭슨의 단일회기 사례 가운데 가장 잘 알려진 사례일 것이다.

밀턴 에릭슨과 '아프리카 제비꽃 여왕'의 단일회기 (O'Hanlon, 1999)

에릭슨은 우울에 빠진 60대 여성의 조카로부터 그 여성을 만나달라는 요청을 받았다. 그녀는 휠체어에만 앉아 틀어박혀 있었다. 그 집을 한 번 방문했을 때, 에릭슨은 그녀가 아프리카 제비꽃을 잘라 화분에 다시 옮겨 심으며 느끼는 자부심에 주목했다. 이 관찰을 활용하여 에릭슨은 그녀의 기독교적 가치와 일치하지만, 그녀가

* 2018년 8월, 집필 당시 기준이다.

지금껏 해 보지 않은 방식을 실천하도록 권장하는 방식으로 치료를 진행했다. 에릭슨은 그녀가 자신의 교회 회보에서 볼 수 있는 인생에서 중요한 사건들(예를 들어, 출생, 죽음 또는 결혼)을 경험한 지역 교회 공동체 사람들에게 먼저 관심을 기울이게 한 다음, 그 사람들에게 위안과 애도, 또는 축하의 의미를 담아 아프리카 제비꽃 화분을 선물하도록 했다. 그녀는 이를 꾸준히 실천했고, 그녀의 삶은 다시 활기를 띄게 되었으며, 공동체 사람들과도 다시 연결되었다. 그녀가 죽음을 맞이했을 때, 많은 사람이 그녀를 '밀워키의 아프리카 제비꽃 여왕'이라며 애도했다.

심리치료의 세 가지 접근법

미국의 심리치료사로 잘 알려진 에버렛 쇼스트롬(Everett Shostrom)은, 1965년에 특정 심리치료 이론을 만든 세 명의 치료사가 글로리아(Gloria)라는 한 명의 환자를 상담하는 치료 시연 회기를 촬영하여 시리즈로 제작했다. 이 세 명의 치료사는 칼 로저스(Carl Rogers, 현재는 '인간중심치료'로 알려진 이론의 창시자), 프리츠 펄스(Fritz Perls, 게슈탈트 치료의 창시자) 그리고 앨버트 엘리스(Albert Ellis, 합리적 정서행동치료로 알려진 이론의 창시자)였다. 이 회기들은 30분 이내로 진행되었다. SST의 예시로 알려지지는 않았지만, 그들이 했던 것은 정확히 SST이고, 각 회기는 매우 짧은 치료적 대화를 통해 얻을 수 있는 것을 분명하게 보여 주었다. 그렇기 때문에 '글로리아 3부작(그 영상은 그렇게 불린다)'을 SST 발전에 있어 중요한 지점으로 보는 것은 타당하다.

데이비드 말란과 역동적인 단회 상담의 예상치 못한 효과

런던에 있는 타비스톡 클리닉(Tavistock Clinic)의 데이비드 말란과 동료들(David Malan et al., 1975)은 어떤 이유에서건 치료를 지속하지 않고 접수면접에만 단 한 번 참여했던 11명의 환자에 대한 연구를 보고했다. 실제로 그들은 단 한 번의 치료적 면담을 통해 증상보다는 역동에서 변화가 있었는데, 말란 등(1975)은 이것을 '눈에 띄는 진정한 향상'이라 불렀다. 또 다른 13명의 환자 집단에서도 한 번의 접수 회기 결과, 역동은 아니지만 증상에서의 변화가 나타났다(Malan et al., 1968). 종합해 보면, 말란 등의 연구(1968; 1975) 결과들은 분명 훨씬 더 오랜 기간을 거쳐야만 그 효과가 나타난다고 알려진 정신역동치료에 이 사람이 적합한가를 알아보기 위해 진행한 단 한 번의 접수면접에서도 사람들은 다양한 긍정적인 결과를 경험할 수 있음을 보여 준다. 이러한 발견은 정신역동치료 분야에서 환영받기보다 그들이 고수해 온 신념들에 도전했다는 점에서 충격과 놀라움을 안겨 주었다.

버나드 블룸

블룸(Bernard Bloom, 1981)은 SST에 일관되고 초점을 둔 접근법을 제시한 선구자 중 한 사람이었다. 그의 접근법은 정신역동치료에 바탕을 두고 있었고, 치료 회기는 60분에서 80분 내에 진행되었다(Bloom, 1992). 뒤이은 대부분의 SST 접근들처럼 블룸은 자신의

SST 내담자들에게 필요하다면 더 많은 회기도 진행 가능하다고 강조했다.

블룸(1981)은 초기 저서에서 초점화된 접근법이 특징인 자신의 SST가 가진 치료 요인 몇 가지를 설명했다. 그것은 다음과 같다.

- 핵심 문제 확인하기
- 환자의 강점을 과소평가하지 않기
- 신중하게 행동하기
- 탐색 후 잠정적으로 해석하기
- 정서 표현 격려하기
- 면담을 활용하여 문제-해결 과정 시작하기
- 시간 준수하기
- 욕심내지 않기
- 사실에 대한 질문을 최소화하기
- 촉발 사건에 대해 과하게 관심 두지 않기
- 우회하지 않기
- 내담자의 자기-자각을 과대평가하지 않기(당연한 것을 말해도 그냥 넘어가지 않기)

이후의 저서에서 블룸(1992)은 다음의 원칙들을 덧붙였다.

- 사회적 자원들을 동원하도록 돕기
- 정보가 부족한 환자 교육하기
- 추후 상담 계획 세우기

블룸의 많은 원칙은 SST에 대한 다른 사람들의 논문들에서도 볼 수 있다.

모세 탤먼

이 장을 시작하면서 언급했듯이, SST에 대한 모세 탤먼(1990)의 획기적인 책의 출판은 SST 발달에 있어 중대한 순간이었다. 이 책에서 탤먼은 1980년대 중반, 캘리포니아에 있는 카이저 퍼머넌테 의료원(Kaiser Permanente Medical Center)에서 근무할 당시 어떻게 일을 했었는지를 기록하고 있다. 탤먼은 치료사가 제안을 했음에도 불구하고, 다수의 가족 내담자가 두 번째 회기에 오지 않는다는 것을 발견했다(그들의 단일회기는 보통은 예상치 못한 것이었다). 탤먼은 이런 일반적인 현상에 대해 흔히 하는 이야기들(예를 들어, "그들은 조기종결되었어. 이런 일은 흔히 일어나지." 또는 "그들은 변화할 준비가 되지 않았어.")에 안주하기보다 색다른 조치를 취했다. 그는 그들이 상담에 단 한 번만 참석한 이유를 알아내기 위해 한 회기만 만났던 200명에게 연락을 했다. 놀랍게도 그는 "연락을 받은 200명의 환자들 가운데 78%가 단일회기로 그들이 원했던 것을 얻었고, 치료를 받고자 했던 그 문제가 더 나아졌거나 상당히 개선되었다"는 것을 발견했다(Talmon, 1990: 9). 이러한 발견을 통해 탤먼은 카이저 퍼머넌테에서 주로 개인상담을 하던 두 명의 동료, 마이클 호이트(Michael Hoyt), 로버트 로젠바움(Robert Rosenbaum)과 팀을 이뤄 (예상치 못한 SST가 아닌) 계획한 SST의 효과성을 연구할 수 있는 보조금을 받게 되었다. 이는 SST에 대한 최초의 연구 중 하나이다.

마이클 호이트, 로버트 로젠바움 그리고 모셰 탤먼

호이트 등(Michael Hoyt, Robert Rosenbaum, & Moshe Talmon, 1992)이 실시한 연구에서 치료사들이 의도한 바는 내담자들이 단일회기로 도움을 받을 수 있는지를 알아보기 위한 것이었지만, 필요하다면 추가 회기도 가능하다고 내담자들에게 먼저 전달해 주었다. 연구 결과, ⓐ 58명의 환자들 중 절반 이상(58.6%)은 한 회기만 선택했고, ⓑ 88% 이상이 도움이 필요했던 문제에 의미 있는 개선이 있었다고 보고했으며, ⓒ 65% 이상은 다른 영역도 호전되었다고 답하였고 그리고 ⓓ 치료의 성과 및 만족도에 있어 한 회기를 선택한 집단과 더 많은 회기를 선택한 집단 간 차이는 없었다.

아놀드 슬라이브와 몬테 보벨레

탤먼(1990)의 획기적인 책이 출간된 지 21년 후, 슬라이브와 보벨레(Arnold Slive & Monte Bobele, 2011a)는『한 시간이 당신이 가진 전부일 때: 워크-인 내담자를 위한 효과적인 치료(When One Hour is All You Have: Effective Therapy for Walk-in Clients)』라는 제목의 워크-인 치료에 관한 책을 출간했다. 흥미롭게도 1969년 미네소타에서 처음으로 워크-인 치료가 기록된 바 있음에도 불구하고, 탤먼(1990)의 책에는 언급되지 않았다. 슬라이브와 보벨레의 출간은 워크-인 치료를 치료적으로 중요하게 인식하도록 만들었으며, 현재 SST라고 하면 '단일회기 및 워크-인 치료'를 말한다(다음 장 참고).

그 이름이 암시하듯이 '워크-인 치료'는 누구든지 치료사와 만나길 요청하면서 서비스로 '걸어 들어올(walk-in)' 때 일어나며, 비교적 바로 진행이 가능하다. 이는 내담자가 '필요(need)'를 느낄 때 그리고 만일 있다면 최소한의 접수면접만으로, 내담자가 도움을 바라는 '필요'를 충족시키는 치료이다. 슬라이브와 보벨레의 책에서는 네 개의 장에서 워크-인 치료 서비스의 준비 및 전달 과정에 관한 일반적인 내용들을 설명한 후, 북아메리카 내 다양한 지역에서 진행되는 워크-인 치료에 대한 여섯 개의 예시를 보여 준다.

'순간을 정확히 포착하기' 콘퍼런스

SST와 워크-인 치료의 발달은 21세기 후반부에 들어 활기를 띠었다. 2012년 호주의 라트로브 대학 내 부베리 센터(Bouverie center)가 주최하고 빅토리아에서 개최된 '순간을 정확히 포착하기(Capturing the Moment)'와 2015년 캐나다 캘거리 우드의 집(Wood's homes)이 주최하고 밴프에서 개최된 '순간을 정확히 포착하기 2(Capturing the Moment 2)', 이 두 번의 국제 콘퍼런스 개최가 바로 그 증거이다. 이 두 번의 콘퍼런스에서는 SST와 워크-인 치료 분야에서 국제적으로 진행되고 있는 상담을 비교적 상세하게 설명하는 책을 편집해 출간했다(Hoyt & Talmon, 2014a; Hoyt et al., 2018a). 호주와 캐나다에서 SST와 워크-인 치료 서비스를 특히 많이 활용하고 있다는 점에서, 두 번의 국제 콘퍼런스가 이 두 나라에서 개최되었다는 것은 아주 적절하다.

SST에 대한 오해

SST의 특성을 이해하는 데 있어 SST에 대한 오해들을 살펴보는 것 역시 도움이 된다. 이 장에서는 SST에 대한 오해들에 대해 살펴볼 것이다.

SST 그 자체가 치료 모델은 아니다

SST가 치료 모델이 아니라는 사실을 인지하는 것은 중요하다. 실제로 호이트 등(2018b)이 언급한 것처럼 SST에 대한 단 하나의 접근 방식이 존재하는 것은 아니다. 오히려 SST는 다양한 접근법을 가진 치료사들이 실시할 수 있다. 따라서 SST는 인지행동치료(CBT)와 같은 이론이나 에릭슨식의 치료 같은 모델의 관점에서 바라보기보다는 치료 형식으로 간주하는 것이 가장 좋다.

SST가 모든 것의 해답은 아니다

SST에 열중하기 시작하면, 사람들은 SST가 모든 것의 해답이라고 생각하기 쉽다. 단언컨대, 그렇지 않다. SST는 그 나름의 역할이 있으며, 다른 치료를 대체하기보다 다양한 치료 형식 중 하나라고 보는 것이 가장 좋다.

SST는 미봉책이 아니다

심리치료 분야에서 '미봉책(quick fix)'은 일시적으로 문제를 해결할 수는 있으나 효과적이지 않은 접근을 폄하하는 용어로 흔히 사용된다. 그 속뜻은 일시적으로 진정은 되었으나 해결되지 않은 문제는 여전히 존재하고, 일시적인 해결 방법이 실패하는 즉시 그 문제는 다시 돌아온다는 의미이다. SST를 비하하는 또 다른 표현은 SST가 '상처에 반창고 덮어씌우기'와 유사하다는 것이다. 다시 말해, 상처를 적절하게 다루지 않았으니 반창고가 오래가지 못할 것이라는 의미이다.

후자의 비유를 활용하자면, 만약 반창고가 제 기능을 잘한다면 SST가 그 상처를 효과적으로 잘 다루었다는 것이며, 그 결과 치유가 일어날 수도 있다. 실제로 나는 SST를, 내담자가 활용할 수 있는, 그래서 결과적으로 문제를 해결할 수 있는 건설적인 방법을 찾도록 격려해서 그들이 얽매여 있는 난관에서 벗어나도록 돕는 방식이라 생각한다.

SST가 비용을 절약한다는 이유로 더 좋은 것은 아니다

어떤 사람들은 SST가 비용을 아낄 수 있기 때문에 해 볼 만한 가치가 있는 개입이라고 한다. 실제로 그럴 수도 있겠지만, 비용절감이 SST를 하는 주된 이유는 아니다. 더 중요한 것은 내담자들이 참여하는 회기 수 중 가장 빈번하게 발생하는 회기 수가 '단회'이며(6장 참고), 내담자들이 그 즉시 스스로 개선할 수 있도록 격려하는 것이

SST의 목적이라는 점에서 SST가 많은 내담자의 욕구를 충족시킨다는 것이다.

SST는 치료에 제한을 두지 않는다

1장에서 논의했듯이 SST 치료사는 한 회기 인에 내담자를 돕기 위해 노력하지만, 만약 그 내담자들 중 누군가가 더 많은 회기를 필요로 한다면 충분히 가능하다. SST는 치료에 제한을 두지 않는다. 다만, 흔히 내담자가 참여하기로 마음먹은 유일한 회기를 최대한 활용하도록 격려한다.

SST는 5회, 10회 또는 그 이상의 회기를 하나로 압축한 것이 아니다

일부 사람들은 SST를 마치 치료사가 여러 회기를 한 회기 안에 밀어 넣으려고 '속도를 높인 치료'처럼 생각하기도 하지만, 그것은 SST가 아니다. 실제로 치료사가 이런 시도를 하는 경우, SST의 효과는 오히려 떨어진다. 내담자에게 가능한 한 많은 것을 주고 치료를 종결한다는 점에서 끌리기는 하지만, 이렇게 접근하는 대부분의 경우에 사람들은 아무것도 얻는 것 없이 빈손으로 떠나게 된다. 그 이유는 '치료적 선행(therapeutic goodies)'에 압도되기 때문에, 내담자는 현혹된 채로, 혹은 혼란스러운 상태로 회기가 끝나서 결국 그 회기를 거의 기억하지 못한다. 10장에서 살펴보겠지만, '간결할수록 더 좋은' SST에서는 다수의 회기를 하나로 밀어 넣어 버린 불완전한 경험을 제공하기보다 단일회기를 최대한 활용하여 돕는 것을 목표로 한다.

SST는 위기 개입과 동일하지는 않다

단일회기가 위기에 처한 사람을 도울 수는 있으나, SST가 위기 개입과 동일하지는 않다. 따라서 위기에 처해야만 SST로 도움을 받을 수 있는 것은 아니다.

SST는 짧고 집중적이기 때문에 결코 만만하지 않다

앞으로 다루겠지만, SST의 개입은 매우 짧게 집중하는 방식이다. 이러한 이유로 사람들이 SST를 실시하기 쉽다고 생각하는 것도 무리는 아니다. 그렇지만 나는 그 반대라고 생각한다. 짧은 시간과 몰입해야 하는 특성 때문에 SST는 실시하기가 매우 까다롭고, SST 치료사들에게는 높은 수준의 치료 기술이 요구된다.

SST가 모든 사람에게 적합한 것은 아니다

SST가 매우 효과적이기는 하나, 모든 사람을 위한 것은 아니다. 어떤 내담자들은 지속적인 치료를 원하고 이후에 추가 회기가 가능하다 해도 단일회기를 제안받으면 달가워하지 않을 것이다. 그런 내담자들은 치료사와 지속되는 관계가 주는 안도감을 원하고, 치료에 대한 내담자의 선호는 존중되어야 한다. 마찬가지로 SST가 모든 치료사에게 어울리는 것도 아니다. 어떤 치료사들은 평가와 개입에 관한 치료 과제를 계획하고 수행하는 데 시간을 들이는 경향이 있다. 그들은 그러한 시간을 할애하기 힘든 SST를 제대로 해내기 어려울 것이다(Dryden, 2016). 특히 철저한 사례개념화가 의미 있는 개입을 만들어 낼 수 있다고 믿는 CBT 치료사들이 SST를 하는 경우 굉장한 압박을 느낄 수 있다. 그러므로 SST를 꺼리는 내담자뿐 아니라 주저하는 치료사에게도 억지로 맡겨서는 안 된다. SST가 가진 잠재력을 내담자가 믿을 때 그리고 가능한 가장 짧은 시간 내에 내담자를 치료한다는 도전을 치료사가 받아들일 때, SST는 가장 잘 진행된다.

짧은 만남일지라도 치료적일 수 있다

단일회기 치료는 두 사람의 짧은 만남에서도 치료적 변화가 가능하다는 신념에 기반을 둔다. 이는 공식적인 만남뿐 아니라 비공식적인 자리, 심지어 두 사람의 우연한 만남을 통해서도 일어날 수 있다. 우연한 만남을 통한 치료적 변화의 한 예로, '기차 안 이방인 현상(Rubin, 1973)'*을 생각해 보자. 예를 들어, A라는 사람(그를 가빈이라 부르자)은 기나긴 기차 여행에서 B라는 사람(그를 필립이라 부르자)을 만난다. 필립이 가빈에게 진심 어린 관심을 보이자, 가빈은 그에게 마음을 열고 삶에서의 고민들을 말한다. 물론 가빈은 두 번 다시 필립을 만날 일이 없다는 것을 알고 있다. 이런 상황에서는 가빈과 같은 사람이 필립과 같은 사람에게 이야기하면서 자주 도움을 받는다. 여기에는 여러 이유가 있는데, 첫째, 그들은 진심으로 관심을 보이는 누군가에게 마음을 터놓는 경험이 긴장을 푸는 데 도움이 된다는 것을 알게 된다. 둘째, 상대에게 말을 하면서 그들이 이전에는 보지 못했던 문제의 해결책을 깨닫게 될 수도 있다. 셋째, 대화하는 과정에서 상대방을 통해 자신들에게 유용하고, 나

* 기차 안 이방인 현상(Stranger on the Train Phenomenon): 미국의 사회심리학자이자 변호사인 지크 루빈(Zick Rubin)에 의해 기술된 용어로 전혀 모르는 낯선 인물에게 자신의 비밀을 털어놓고 싶어 하는 심리-역자 주

중에 해 볼 수 있겠다 싶은 것들을 듣는다. 물론, 이러한 세 가지 이유가 조합되어 작용하기도 한다.

앞의 경우는 누군가와의 직접적인 짧은 만남이 치료적일 수 있다는 것을 보여 주지만, 간접적인 짧은 만남 역시 치료적일 수 있다. 이에 대해서는 나의 개인적인 경험을 이야기하려 한다. 나는 항상 말을 더듬었는데, 특히 10대 때는 상당히 심했다. 그 당시 나는 사람들 앞에서 발표하는 것을 극도로 불안해했는데 그 이유가 내가 말을 더듬기 때문에 그렇다고, 혹은 그럴 것이라고 생각했다. 그러던 어느 날 나는, 내가 어릴 적에 유명했던 코미디언 마이클 벤틴(Michael Bentine)이 라디오에서 인터뷰하는 프로그램을 듣게 되었다. 인터뷰 중간에 벤틴은 자신이 젊었을 때, 그 역시 심하게 말을 더듬었는데, 말을 더듬는 것에 대해서 "말을 더듬으면 말더듬이지, 어쩔 수 없지 뭐!"라는 식으로 태도를 바꿨기 때문에 말을 더듬거림에도 불구하고 거리낌없이 말하는 법을 배웠다고 했다. 이 말은 그 당시 나의 심금을 울렸다. 이후 나는 문제가 되는 그 어떤 단어들도 피하지 않고 큰 소리로 말함과 동시에 스스로 이 태도를 키우고 반복하여 문제를 해결했다. 이 방식은 나에게 상당한 도움이 되었고, 얼마 뒤 나는 불안해하지 않으면서 사람들 앞에서 발표할 수 있었다. 비록 나는 여전히 말을 더듬었지만, 그 수준은 그 일이 있기 전보다 확연히 줄었다. 라디오 인터뷰 중 말더듬과 관련한 내용은 겨우 5분 남짓이었다. 하지만 그때 나는 마이클 벤틴이 말한 불안에 맞서는 태도에 강한 울림을 받았고, 이후 이 태도를 활용함으로써 오랜 기간 도움을 받았다.

만약 개인의 변화가 오직 오랜 치료의 결과로만 일어난다면,

SST는 존재하지 않을 것이다. 누군가 우리에게 직간접적인 형태로 전달하는 것을 짧게, 심지어 아주 잠깐 접하는 것만으로도 개인의 변화가 일어날 수 있다는 사실은 SST에 대한 중요한 가능성을 시사한다.

이러한 변화의 한 예로, 〈아처스(The Archers)〉의 최근 에피소드를 살펴보고자 한다. 〈아처스〉는 BBC 라디오 4에서 방송되는 세계 최장수 라디오 연속극으로, '지방 소도시를 배경으로 한 현대 드라마'이다. 이 에피소드에서 이안은 그의 연인 아담과 아이를 갖기 위해 애쓰고 있었는데, 최근 자신이 불임이라는 것을 알게 되었고 그 일로 매우 낙담한 상태이다. 이안은 아담의 양아버지가 자신의 불임을 알고 있다는 사실도 최근에 알아 버렸는데, 아담의 양아버지는 그가 이상한 것이 아니라며 이안을 안심시켰다. 이안은 아주 사적인 부분이라 생각했던 것들이 아담의 가족들에게 자꾸 알려지는 것 때문에 괴로워했다. 이 모든 이야기를 그의 친구이자 동료인 렉시와 나누던 중, 이안은 자신이 왜 이렇게 속상해하는지 알게 된다. 아담이 기꺼이 정자를 제공하겠다고 했으므로 자신이 아이를 절대 가질 수 없다는 것 때문도 아니었고, 그의 불임이 아담의 가족에게 알려진 것 때문도 아니었다. 그것은 자신의 생물학적 아이라면 느낄 법한, 돌아가신 어머니의 애정과 미소를 자신은 절대 느낄 수 없다는 사실 때문이었다. 렉시는 이안의 이야기를 충분히 이해한다고 전하면서, 그렇지만 아담이 아버지가 되어 준 덕분에 이안은 여전히 아기와 함께 그의 애정과 미소를 나눌 수 있으며, 그렇게 이안 어머니의 마음이 이어질 것이라고 알려 준다. 아담은 이후에 그들과 함께했고, 렉시는 떠난다. 아담은 양아버지의 행동에 대해 사과하고 그가 괜찮은지 묻는다. 이안은 대답한다. "아니, 괜찮지 않아. 아직 괜찮지는 않지만, 그래도 조금 전처럼 삶이 온통 암흑 같지는 않아."

불임이라는 사실은 여전히 실망스럽지만, 렉시와의 아주 잠깐의 만남은 자신이 어머니로부터 얻었던 것을 미래의 아이와 나누는 것으로, 어릴 적 잃었던 어머니와의 유대를 여전히 유지할 수 있다는 사실을 이안이 볼 수 있도록 한다. 렉시는 이안이 돌이킬 수 없다고 여긴 상실감을 다시 얻을 수 있다는 희망으로 볼 수 있게 도왔다.

SST에서 치료적 변화가 극적인 경우[밀러와 치드 바카는 자신들의 논문에서 '비약적 변화(quantum change)'라고 언급했다. Miller & C'de Baca, 2001]는 드물다. 오히려 치료적 변화는 사소하며, 삶의 역경 속에서도 다르게 바라보고, 좀 더 생산적인 시각을 갖는 것이 언제나 가능하다는 사실을 반영해 줄 뿐이다. 정말 짧은 만남 속에서 렉시는 이안이 이를 볼 수 있도록 도왔다.

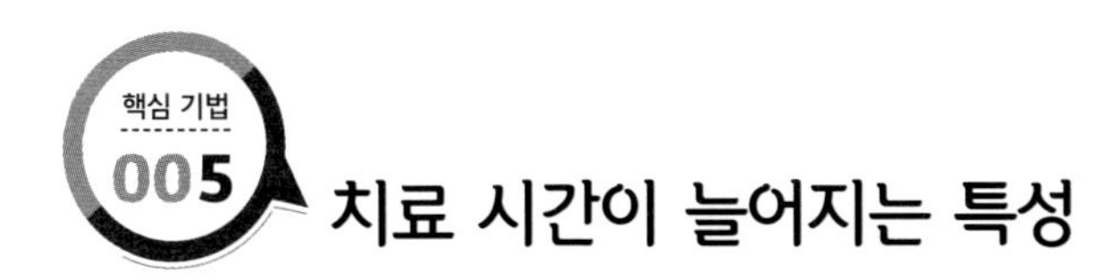

치료 시간이 늘어지는 특성

치료는 정확히 할당된 시간만큼 걸린다.
치료사와 내담자가 지금 변화가 일어나기를 바란다면,
대부분 기대한 대로 일어난다.
(Talmon, 1993: 135)

최근에 나는 영국 대학들이 학생상담 서비스에 SST 방식을 채택하는 것을 돕는 자문 역할에 참여했었다. 원래는 모든 학생에게 12회기 상담을 제공하기로 되어 있었다. 그 결과, 상담을 하고자 희망하는 굉장히 긴 대기자 명단이 만들어졌다. 자신들의 권리라는 생각에 학생들 모두가 12회기를 이용하려 했기 때문이다. 얼마간의 논의 끝에, 학교 측은 학생들에게 6회기만 제공하기로 결정했다. 처음에는 줄어든 상담 회기에 크게 격분했지만, 신입생 집단이 이전에 지정한 12회기가 아닌 6회기 상담을 당연시하자 상황은 진정되었다. '모두에게 12회기'일 때 생긴 긴 대기자 명단은 이 새로운 정책으로 줄어들었지만, 상담을 하려는 학생들은 첫 상담을 위해 여전히 긴 시간을 기다려야 했다.

그래서 학교 측은 학생들에게 회기별로 예약해야 하는 1시간의 단일회기를 제공하겠다는 과감한 조치를 취했다. 이것은 상담을 원하는 학생에게 한 회기만 제공한다는 것을 의미했다. 만약 그것이 충분하다면 상담은 거기서 끝나고, 그렇지 않다면 또 다른 한 회기를 예약할 수 있다. 앞선 상황과 같이 6회기에 참여하는 것이 익숙한 기존 학생들은 불평했지만, 다음에 들어온 입학생들이 단일회기를 그러려니 하고 받아들이자 학교 측은 대기자 명단을 최소한으로 줄일 수 있었으며, 상담이 필요한 문제를 가진 학생들 대부분은 즉시 상담을 할 수 있었다.

이 방식으로 대학 내 상담 서비스는 학생들이 상담을 시작하는 데 꽤 긴 대기 시간이 필요했던 방식에서 상담이 필요할 때에 단일회기를 제공하는 방식으로 완전히 바꾸게 되었다. 이 방식의 도입 후, 단일회기를 기본으로 하는 새로운 방식의 상담은 필요할 때 상담이 가능하다는 것이 확실해지면서 학생들로부터 환영받게 되었다.

이 같은 상황은 치료 기간이 기대치에 따라 늘어난다는 것을 보여주는데, 이는 '심리치료에서의 파킨슨 법칙'이라 불린다(Appelbaum, 1975).* 앞에서 살펴본 것처럼 학생들 각자가 최대 12회기까지 상담을 받을 수 있다고 했을 때, 치료는 12회기 동안 유지되는 경향을 보였다. 6회기를 받게 된다고 했을 때는 치료가 6회기 동안 지속되는 경향을 보였다. 이제 상담은 필요할 때 한 번에 1회씩 받을 수 있으며, 추가 예약도 물론 가능하지만 예약은 한 번에 한 회기씩 가능하다고 하자, 대부분의 치료가 한 회기 동안 진행되는 경향을 보였다.

* 파킨슨 법칙(Parkinson's law): 어떤 일이든 주어진 시간이 소진될 때까지 늘어진다는 경험적 법칙으로 애플바움(1975)은 이 법칙이 심리치료에서 내담자가 얼마나 빨리 도움을 받는지에 영향을 미칠 수 있다고 주장했다.-역자 주

이러한 변화는 치료 기간에 대한 내담자의 기대를 구조화하는 것이 얼마나 중요한지 보여 준다. 그리고 내담자가 치료는 단일회기로 진행된다고 예상할 때, 치료사와 내담자는 한 회기 안에 내담자가 원하는 것을 성취할 수 있는 좋은 기회를 가지게 됨을 보여 준다.

전 세계적으로 가장 빈번한 치료 횟수는 '1회'이며, 1회를 참여한 대다수의 사람은 만족감을 느낀다

상담 및 심리치료의 수련 프로그램들 대부분은 치료 과정이 초기, 중기, 종결로 이어지며 시간이 지남에 따라 전개된다는 전제를 기본으로 한다. 치료는 분명 한 회기 이상 지속된다는 것을 가정하고 있는 것이다. 실제로 내가 수련받은 프로그램들에서 SST는 언급조차 없었다.

전 세계적으로 가장 빈번한 치료 횟수는 '1회'이다

수년간 지속되는 치료를 포함해서 많은 치료가 한 회기 이상 지속되는 것은 분명하지만, 가장 빈번한 치료 횟수가 '1회'라는 것 또한 사실이다. 이것은 사람들이 가장 많이 참여하는 치료 회기가 '한 번'이라는 의미이다.

모셰 탤먼(1990)은 캘리포니아에 있는 카이저 퍼머넌테 의료원에서 일하는 동안 이 같은 현상을 발견했다. 그곳에서 그는 개인을 대상으로 하는 치료사들의 치료 패턴을 조사하여, 모든 치료사들의 치료 기간 중 가장 높은 빈도수는 한 회기임을 알게 되었고, 이것은 1983년부터 1988년까지 5년 동안 변함없었다. 또한 탤먼

(1990)은 문헌조사를 통해 다른 연구자들도 동일한 결과를 발견했음을 알아냈다.

이 단일회기 형식은 세계적으로 통용되는 모습을 보인다. 예를 들어, 영(J. Young, 2018)은 호주 빅토리아의 보건복지부에서 제공한 자료를 인용했다. 지역보건상담센터 관련 자료에 따르면, 2002년부터 2005년까지 3년 동안 만났던 내담자 115,206명 중 42%가 단 한 회기에만 참석했고, 18%는 2회기 그리고 3회기에 참석한 내담자는 10%였으며, 이 수치는 3년간 매년 거의 동일했다.

한 회기에 참여한 대다수의 사람이 만족했다

내담자가 참여한 가장 빈번한 회기 수는 '한 번'일 수 있지만, 참여한 그 '한 번'의 회기에 그들은 만족할까? 2장에서 살펴보았듯이, 내담자가 SST로 만족한다는 확실한 증거들이 있다. 증거들을 떠올려 보면, 탤먼(1990)은 그가 한 번 만났던 내담자 200명 중 78%가 그와 함께했던 한 회기에 만족했다고 보고했었다. 또한 호이트 등의 연구에서 58명의 내담자 중 88% 이상이 그들이 도움을 요청한 문제에서 유의미한 개선이 있었다고 보고했으며, 65% 이상은 다른 영역에서도 개선되었다고 보고했다.

여기서 탤먼과 호이트, 로젠바움이 유능한 치료사이며, SST에 특별한 관심이 있었다고 가정한다면, 보고된 내담자의 만족도는 그러한 변인들 때문일 수 있다. 실제로 사이먼 등(Simon et al., 2012)은 두 번째 회기에 다시 참여했거나 또는 참여하지 않았던 내담자들을 대상으로 한 연구에서 단일회기에 참여한 내담자들이 최상의 결과 아니면 더 나쁜 결과를 경험했다고 밝혔다. 가장 좋은 결과를 경험한 SST 내담자들은 치료에 매우 만족했고 치료사와 좋은 작업 동맹을 맺었다고 보고했다. 반대로, 가장 좋지 않은 결과를 경험한 SST 내담자들은 치료가 별로 만족스럽지 않았고 치료사와의 작업 동맹도 질적으로 좋지 못했다고 보고했다. 이 장에서 논의된 연구들을 종합해 보자면, 내담자들은 대체로 SST에 만족하지만, 이것이 일반적이지는 않다는 것이다.

가장 빈번한 치료 횟수가 '한 번'이고, 대부분의 내담자들이 단일 회기에 만족한다 해도, 치료사가 SST를 실시할 적절한 준비가 되지 않았다면, 결국 (그들의 행동에서 알 수 있듯이) 내담자들이 추구하는 것과 치료사들이 제공하는 것 사이에는 심각한 격차가 있게 된다. 1장에서 자세히 설명했듯이 SST는 발전하고 있는 반면, 현장에서 SST를 수련하는 과정은 매우 부족한 상태이다. 따라서 치료사들이 SST를 훈련받고, 이를 통해 SST가 내담자들에게 제공할 수 있는 치료의 한 부분이 되는 것, 둘 모두가 필요하다.

내담자가 치료에 얼마나 참여할지 정확히 예상하기란 어렵다

당신은 심리치료 연구에 활용하고자 개발한 척도와 측정법들이 이루어 낸 모든 성과와, 심리치료의 효과성에 대해 우리가 알고 있는 모든 지식을 바탕으로, 내담자가 참여할 치료 회기의 수를 정확하게 예측할 수 있다고 생각할 수도 있다. 이러한 예측이 가능하다면 우리는 내담자에게 적절한 '투여량'의 심리치료를 제공할 수 있고 치료 자원이 부족해도 효율적으로 사용할 수 있다고 자신하며, 치료의 적정 기간을 내담자에게 적용할 수 있을 것이다. 허나 안타깝게도 내담자가 얼마만큼의 치료 회기에 참여할지를 정확히 예측하려는 우리의 시도는 성공하지 못했다(Quick, 2012)는 것이 현실이다. 이를테면, 한 내담자의 문제에 대한 종합적인 평가와 그들의 대처 기술, 선호하는 치료 기간까지 고려하여 당신은 12회기의 심리치료로 긍정적인 결과를 얻을 수 있다고 생각할 수 있지만, 사실 이 사람은 단 한 번의 치료 회기에만 참여할 수도 있다는 의미이다.

이러한 점을 감안한다면, 단 한 번만 만날 수 있는 것처럼 내담자를 대하는 것이 현명할 것이다. 그렇다고 해서 당신이 내담자를 정말 딱 한 번만 볼 수 있다는 것은 아니다. (6장에서 검토했던) 연구들이 보여 주듯이, 가장 가능성이 높은 시나리오이기 때문에 그럴 것이라 생각하고 회기에 임해야 함을 뜻한다.

'조기종결'이란

오래전부터 심리치료에서는 내담자가 두 번째 회기 또는 다음 회기에 참석하지 않는 경우를 가리켜, 치료의 '조기종결(drop-out)'이라고 여겼다. '조기종결'이라는 용어는 일반적으로 부정적인 관점이다. 임상가들은 조기종결이 다음 세 가지 중 하나 이상의 문제가 있음을 보여 준다고 생각한다. 첫째, 내담자에게 문제가 있을 수 있다(예: '그 내담자는 변화할 준비가 안 되었다'). 둘째, 치료사에게 문제가 있는 경우이다(예: '치료사가 내담자를 이해하는 데 실패했다'). 셋째, 치료적 관계에 문제가 있는 상황이다(예: '치료사와 내담자의 치료적 동맹이 좋지 못했다'). 같은 현상을 설명하는 또 다른 용어들 역시 이 현상에 대한 부정적인 의미를 함축하고 있다(예: '심리치료의 소멸' '너무 이른 종결' '치료의 중단' '일방적 종결').

2장에서 나는, 한 회기를 만난 200명의 내담자 중 78%가 그 회기에서 도움을 받았고, 치료를 더 필요로 하지 않았다는 탤먼(1990)의 발견에 대해 언급했다. 탤먼의 발견은 '심리치료의 조기종결'을 치료 실패의 증거로 보는 것이 타당한가 하는 의문을 제기했다. 오히려 그는 치료가 더는 필요하지 않다고 내담자가 판단하는 상황은 긍정적인 것이 일어났음을 보여 주는 암시라고 말했다. 만약 그렇다면 조기종결을 내담자가 치료를 '중간에 관뒀다'고 보는 것은 말이 안 된다. 오히려 내담자가 원하는 것을 치료에서 얻었다는 의미로 보아야 할 것이다.

심리치료에서 '조기종결'이라는 용어는 사용되어서는 안 된다는 것이 나의 의견이다. 왜냐하면 이 용어는 편파적이고 가치-판단적인 단어이기 때문이다. 이 용어는 치료사가 생각하기에는 당연히 치료에 와야 하지만, 그보다 더 빨리 치료 과정을 끝내기로 결정하고 두 번째 회기에 가지 않기로 선택한 내담자를 가리킬 때 종종 사용된다. 이와는 반대로, 내담자가 심리치료의 두 번째 회기에 참석하지 않았을 때, 우리는 이것이 의미하는 바를 알 수 없다고 결론 내려야 한다는 것이 나의 생각이다. 내담자들은 치료 과정에서 유익한 것을 발견하지 못했기 때문에, 그래서 도움이 안 되는 이 과정을 그만두기로 결정했음을 의미할 수도 있다. 그러나 마찬가지로 치료 과정에서 유익한 것을 찾았고, 그래서 도움이 더 필요하지 않기 때문에 이 과정을 그만하기로 결정한 것일 수도 있다. 6장에서 언급했던 사이먼 등(2012)의 연구는 '첫 번째 심리치료 후의 치료 중단은 항상 나쁜 결과인가?'라는 제목으로 나의 이러한 견해가 더 정확하다는 것을 보여 주고 있다.

결론적으로, 내담자가 두 번째 회기에 오지 않는다는 것이 나쁜 결과를 의미하는 것은 결코 아니다. 이는 스카마도와 보벨레, 비버(Scamardo, Bobele, & Biever, 2004)가 내담자 관점에서의 자기-종결에 관한 연구에서 주장한 것처럼 좋은 결과를 의미할 수도 있다. 치료에 오지 않는 것이 통상적으로 의미하는 바를 알아내기 위해서는 추가 연구가 필요하다.

전 생애에 걸친 간헐적 치료

당신이 아플 때, 당신은 병을 진단하고 처방해서 치료해 줄 지역 보건의(GP)*를 찾아갈 것이다. 만약 지역 보건의가 당신의 상태를 정확히 알지 못한다면, 그들은 당신을 추가 검사 기관에 보낼 것이다. 이 모든 것의 목표는 당신을 아프기 전 상태로 회복시키는 것이다. 대부분의 경우에 당신은 지역 보건의에게 한 차례 진료를 받고, 이후 또 아프면 그때 다시 진료를 받을 것이다. 이러한 형식을 지역 보건의와의 간헐적인 진료라고 말할 수 있겠다.

니콜라스 커밍스(Nicholas Cummings)는 정신건강 분야에서도 유사한 모델을 주장해 왔다(예: Cummings, 1990; Cummings & Sayama, 1995). 커밍스는 사람들이 오랜 기간 시간을 써야 하는 심리치료에 참여하기보다는, 문제가 있을 때 치료사와 상담을 하고, 문제가 해결되면 치료를 그만해야 한다고 주장했다. 이후에 또 다른 문제를 경험하게 된다면 다시 치료사와 상담을 해야 하며, 이 과정이 전 생애 동안 계속되어야 한다는 것이다. 커밍스는 이를 '전 생애에 걸친 단기 간헐적 치료(brief intermittent psychotherapy throughout the life cycle)'라고 불렀다. 이 부분에 있어 의학적 맥락과 치료적 맥락 간

* 지역 보건의(General Practitioner): 병원이 아닌 지역 담당 의료기관에서 일반 진료를 하는 의사-역자 주

의 주된 차이점은 다음과 같다. 후자, 즉 치료적 맥락에서는 사람들이 자신의 치료사가 되도록 배울 수 있고, 도움을 청했던 특정 사안에서 배운 것을 그들이 당면할 수 있는 다른 문제들에도 적용할 수 있으며, 자조적인 노력이 실패했을 때는 치료사의 도움을 청할 수 있다.

전 생애에 걸친 단기 간헐적 치료 모델은 SST와 잘 어울린다. 여기서 커밍스(1990)는 목표가 있는 집중적인 개입을 활용하도록 권하고, 내담자의 목표가 달성되면 치료는 종결된 것이 아니라 '잠시 중단된 것'이라고 언급했다. 치료사에게는 (아마도 유일한) 첫 회기에서 뭔가 참신한 것을 해 볼 것을 강조하고, 내담자에게는 회기에서 배운 것은 무엇이든 삶에 적용해 보도록 권한다. 커밍스의 제안과 함께, 나는 내담자들이 다시 단일회기의 틀 안에서 심리적인 문제를 해결하고자 할 때, 내담자들의 내적 강점과 외적 자원들을 활용하도록 장려할 수 있다고 덧붙이고자 한다.

빠를수록 좋고 적을수록 더 낫다

이 장에서는 중요한 원칙 두 가지를 살펴보고자 하는데, 나는 이 원칙들이 SST의 원리와 실제를 뒷받침하고 있다고 본다. 첫 번째 원칙은 치료 회기의 시기와 관련된 것이고('빠를수록 더 좋다'), 두 번째 원칙은 치료 회기 중에 행해지는 것과 관련된다('적을수록 더 낫다').

빠를수록 더 좋다

5장에서 나는 영국 대학생들에게 그때까지 당연히 제공되었던 6회기 또는 12회기 상담 대신에 한 번에 한 회기씩 예약할 수 있는, 한 회기를 기반으로 하는 상담 시스템을 구축하도록 기여한 일을 이야기했었다. 한 회기를 기반으로 하는 이 새로운 시스템은 두 가지의 즉각적인 효과를 가져왔다. 첫째, 상담 대기자 명단이 사실상 사라졌고, 둘째, 학생들은 상담이 필요한 그 시점에 상담을 하는 것이 가능해졌다. 학생들은 상담이 필요할 때 만날 수 있다는 것이 얼마나 감사한지에 대해 자발적으로 긍정적인 피드백을 해 주었다. 이 학생들에게는 분명 빠른 것이 더 좋았던 것이다.

적을수록 더 낫다

상담에 SST를 적용하기 시작했을 때, 나는 내담자들에게 내가 할 수 있는 한 많은 것을 줘서 내담자들이 그 회기를 최대한 활용할 수 있도록 해야 한다는 압박감을 느꼈다. 나는 이것을 '유태인 엄마 증후군'*이라고 부른다. 내가 어머니 집에 방문하고 돌아갈 때, 어머니는 내가 가져갈 수 있는 최대한 많은 음식을 가지고 가야만 행복해하셨다. 그래야만 어머니께서는 자신이 좋은 엄마인 것처럼 느끼셨던 것 같다. SST 경험이 조금씩 쌓이면서, 나는 내담자에게 스스로 치료할 수 있는 방법들을 가능한 한 많이 주는 것이 역효과임을 알게 되었다. 그들은 압도당했다고 느꼈고, 결과적으로 내가 알려 준 그 어떠한 것도 적용할 수 없었다고 말했다. 대신 나 스스로 기대를 줄이고, 내담자들이 차후에 적용해 볼 수 있는 중요한 한 가지를 가져갈 수 있도록 했을 때, 내담자들은 SST가 더 만족스러웠다고 보고했다. 이러한 경험은 나에게 SST에서는 '빠를수록 더 좋다'뿐만 아니라 '적을수록 더 낫다'는 것을 가르쳐 주었다.

* 유태인 엄마 증후군(Jewish Mother Syndrome): 열혈 엄마를 뜻하는 말-역자 주

인간은 특정 조건하에서 빠른 자기-치유가 가능하다

SST는, 인간은 짧은 기간 내에 빠르게 스스로를 치유할 수 있고, 자신을 치유하기 위해 찾아낸 것들을 발전시키고 유지할 수 있다는 믿음에 근거를 두고 있다. 예를 들어, 개인의 변화가 일 년이 지난 후에야 시작된다고 가정한다면 SST는 존재하지 않을 것이다. 자기-치유(self-helping)를 빠르게 시작하기 위해, 나는 다음의 네 가지 중요한 조건, 즉 ① 앎, ② 변해야 하는 절실한 이유, ③ 적절한 행동의 실천, ④ 지급해야 할 변화의 대가가 있다면 받아들일 준비가 갖춰질 필요가 있다고 본다. 이 네 가지 조건이 모두 갖춰진다면, 사람들은 짧은 기간 내에 변화를 시작할 수 있을 것이다. 이제 이 조건들을 하나씩 살펴보자.

변화를 위해 무엇을 해야 하는지 알기

변화를 위해 해야 할 것을 어느 정도 이해하고 있는 것은 중요하다. 이러한 이해는 명시적일 수도 있고, 암시적일 수도 있다. 예를 들어, 명시적 이해는 CBT를 기반으로 한 SST의 특징(Dryden, 2017)이고, 암시적 이해는 밀턴 에릭슨의 단일회기 치료(O'Hanlon & Hexum, 1990)에서 볼 수도 있다. 다음 두 개의 사례, (Dryden, 2017에서 언급된) '베라(Vera)'와 에릭슨이 단 한 번 만났던 '아프리카 제비꽃 여왕(O'Hanlon, 1999)'*을 비교해 보자.

베라는 엘리베이터 공포증이 있었고, 이 문제를 적극적으로 다루기 위해서는 엘리베이터를 자주 타야 한다는 것을 분명히 알고 있었다. '아프리카 제비꽃 여왕'은 (지역 교회 사람들에게 아프리카 제비꽃 화분을 보내는) 기독교적 가치에 따른 행동이 지역 교회 사람들뿐 아니라 그녀 자신에게도 도움이 된다는 것을 아마도 은연중에 알고 있었을 것이다. 따라서 나는 두 사람 모두 그들이 변화를 위해 해야 할 것을 '알고 있었다(knew)'고 말할 수 있다.

변해야 하는 절실한 이유 갖기

변해야 할 이유가 있어도 그 이유가 중요하지 않다면 아마 그 사람은 변하지 않을 것이다. 베라는 엘리베이터를 이용할 필요가 전혀 없었다. 베라가 일했던 사무실은 건물 5층에 있었고, 다섯 층은 계단으로도 걸어 올라갈 수 있었다. 그랬기 때문에 그녀는 2년 동안 변화에 대한 생각만 잠시 했을 뿐, 행동으로 옮기지는 않았다. 그러나 사무실이 105층으로 이전하자, 베라는 변해야 할 절실한 이유를 갖게 되었다. 그녀는 일을 계속해야 했다. 사실상 주말 동안 달라져야 했고, 그렇지 않으면 직장을 잃을 상황이었다. 공동체에 기여하는 기독교적 가치는 '아프리카 제비꽃 여왕'에게 매우 중요

* 엄밀히 말하자면, '아프리카 제비꽃 여왕'은 에릭슨의 내담자라 할 수 없다. 집 안에만 틀어박혀 우울해하고 있는 숙모가 걱정되어 에릭슨을 알고 있던 그녀의 조카가 에릭슨이 밀워키에 있을 때 한번 방문해 달라고 청했던 것이다.

했고, 에릭슨은 그녀가 이 가치를 실천할 방법을 찾아냈다. 그는 이 가치를 실천하는 것과 그녀의 열정이 담긴 아프리카 제비꽃 선물 간의 연관성을 보여 주었다.

적절한 행동의 실천

변해야 할 절실한 이유가 있어도 적절하게 행동하지 않는다면, 변화는 일어나지 않을 것이다. 베라는 짧은 시간 동안 수차례 엘리베이터를 타는 식의 행동을 하였다. 그렇게 하지 않았더라면, 베라는 자신의 문제를 다루지 못했을 것이다. '아프리카 제비꽃 여왕'이 교회 신도들에게 아프리카 제비꽃 화분을 선물하는 일이 좋은 생각이라고 인정했음에도 그렇게 하지 않았더라면, 그녀의 우울한 상태는 줄어들지 않았을 것이다.

지급해야 할 변화의 대가가 있다면 받아들일 준비하기

변화는 때로 고통스럽다. 변화는 약간의 불편함을 수반하며, 어떤 부분에서는 이득을 잃어버릴 수도 있다. 만약 내담자가 이러한 대가를 받아들일 준비가 되어 있지 않다면, 그들은 앞에서 논의했던 적절한 행동들을 금세 멈추게 될 것이다. 그리고 그들이 만들어 낸 변화들도 점차 사라지게 될 것이다. 베라는 노출 치료 프로그램을 시작함으로 인해 그녀가 경험하게 되는 적지 않은 불편함을 견딜 준비가 되었다. 그에 반해 오한론(O'Hanlon)의 해석으로 보자면 '아프리카 제비꽃 여왕'이 변화로 인해 어떤 대가를 겪었는지는 분명하지 않다. 그것은 아마 사람들과 떨어져 지내는 편안함을 포기해야만 하는 것이었는지 모른다. 그런 관계의 단절은 그녀에게 익숙했을 수도 있고, 우리 모두 알다시피 익숙함을 포기하는 것은 그것이 건강한 일일지라도 고통스러울 수 있다.

SST의 선택은 내담자의 몫이지만, 때로 이 선택은 제한될 수 있다

대체로 SST 분야에서는 내담자의 결정이 중요하다고 강조하는데, 치료를 단일회기로 할지 말지 여부를 선택할 책임이 누구에게 있는지에 관해서는 특히 그렇다. 자동적으로 SST가 되는 경우는 분명하다. 치료사가 내담자에게 추가 회기(들)에 참여하기를 권유할 때 다음 두 가지 상황 중 하나가 일어나는데, 첫째, 내담자는 치료사의 권유에 따르지 않기로 결정하고 약속을 잡지 않는다. 둘째, 내담자는 추가 회기를 약속하지만, 나중에 취소하거나 치료에 나타나지 않는다. 따라서 기본적으로 SST는 내담자의 선택인 것이다.

그러므로 우리는 SST가 될 가능성을 가지고 있는 것이다. 여기서 치료사는 한 회기로 상담을 종결하는 것도 가능하지만, 그렇지 않고 추가 회기도 가능하다고 말해 준다. SST가 자신의 필요를 충족시키는가를 결정할 책임은 내담자에게 있으며, 내담자는 회기가 진행된 후 선택을 하게 된다. 이 같은 상황에서 내담자는 다음과 같은 말을 듣게 된다.

> 우리는 우리가 만난 수많은 환자가 이곳을 단 한 번 방문하는 것으로도 긍정적인 결과를 얻을 수 있다는 사실을 알게 되었습니다. 물론 치료가 더 필요하다면, 우리는 더 만날 수 있습니다. 그러나 당신이 필요

한 건 무엇이든 시작할 준비가 되어 있다면 이번 한 번의 방문에서 당신의 문제가 빨리 해결되도록 돕기 위해 오늘 최선을 다해 기꺼이 당신과 함께할 것임을 알아주길 바랍니다.

(Hoyt, Rosenbaum, & Talmon, 1990: 37-38)

계획한 SST의 경우, 내담자는 처음부터 그들의 선택권을 행사할 수 있다. 그들은 (미리 준비하여) 계획한 단일회기 개입에 참여하는 데 동의하거나, 또는 즉시 치료사를 만날 수 있는 '워크-인' 서비스에 참여한다(Hymmen, Stalker, & Cait, 2013). 이 경우, 이후 치료에 대한 기대는 있을 수 없다.

마지막으로 우리가 '한 번에 1회씩' 치료(One At A Time Therapy: OAAT)라고 부르는 것이 있다. 이는 호이트(2011)가 처음 사용한 개념으로, 치료는 "한 번에 1회씩 이루어지며, 그 한 번이 필요한 모든 시간이 될 수 있다." 실제로 이 개념은 내가 5장에서 언급한 대학 내 학생상담 서비스에서 활용되고 있다. 대기자 문제를 해결하고 학생들이 상담을 필요로 하는 그 시점에 도움을 제공하고자 학교 측은 학생들이 즉시 단회 상담 회기를 예약할 수 있도록 구조를 조정했다. 추가 상담이 필요한 경우 학생들은 1회 예약은 할 수 있지만, 연속적인 상담 예약은 할 수 없다. 이는 한 번 또는 그 이상의 상담을 선택할 수 있는 것은 학생들이지만, 예약은 한 번에 1회씩만 할 수 있다는 것을 보여 준다. 이 경우에도 여전히 선택권은 내담자에게 있으나 학생들의 치료 회기는 수요와 공급 상황에 따라 제한될 수 있다.

여기서 말하고자 하는 요점은, SST 선택은 내담자의 몫이지만 치료사가 이 결정을 할 때도 있다는 것이다(14장 참고).

세 가지 핵심 주제: 마음가짐, 결정적 순간 그리고 내담자의 역량

탤먼과 호이트(2014)는 SST 및 워크-인 서비스에 대한 첫 번째 국제학술대회에서 발간된 학술대회와 같은 이름의 책, 『순간을 정확히 포착하기(Capturing the moment)』의 마무리 장에서 SST에서 핵심이 되는 세 가지 주제를 강조했다. 그것은, ① 마음가짐(Mindset), ② 결정적 순간(Time) 그리고 ③ 내담자의 역량(Client Empowerment)이다.

마음가짐

1장에서 논의한 바와 같이 SST의 특성에 관해 합의된 바는 없다. 그러나 SST를 접근 방식이라기보다는 마음가짐에 가깝다고 보는 인식이 SST 분야에서 확산되고 있다. 즉, SST 치료사는 새로운 내담자와의 치료에서 이번 회기가 내담자가 참여할 유일한 회기가 될 수 있다고 생각하고 시작하며, 결과적으로 그들은 내담자가 추가 회기에 참여하기로 선택할지라도 이번 회기에서 최대한의 것을 얻을 수 있도록 돕는 데 힘을 쏟는다. 그러나 이에 반대하며, SST는 내담자가 단일회기에 참여한 것이 전부라고 주장하는 SST 치료사들도 있다.

이 주제와 관련한 나의 입장은, SST를 마음가짐으로 보는 것이 '그저 1회기'로 SST를 보는 것보다 좀 더 유연한 시각이며, 그래서 나처럼 치료에 대해 다원적인 시각을 가진 치료사에게 더 적합하다고 본다. 또한 추가 회기가 가능하다는 것을 아는 경우라도 한 번의 회기에 전념할 그런 내담자들에게 적합하다. 따라서 SST의 마음가짐이란 치료를 한 회기로 보는 태도 그리고 내담자는 추가 회기에 참여할 수도 있다는 태도, 이 두 가지 모두를 통합한다. 여기서 내가 말하고 싶은 핵심은 첫 회기이든 아니든 내담자가 참여한 그 회기에서 최대한의 것을 얻을 수 있도록 도와야 한다는 것이다. 치료사는 내담자가 다음 회기에 올지 안 올지 알 수 없다. 내담자가 단 한 번만 참여하든 또는 더 참여하든, 가장 좋은 접근은 참여 중인 회기의 효과를 극대화할 수 있도록 돕는 것이다. 반면, 이러한 마음가짐을 기반으로 하지 않는 그저 한 회기의 SST는 상상하기 어렵다. 특히 우리가 계획하에 진행한다고 말하는 SST라면 더욱 말이 안 된다.

결정적 순간

탤먼과 호이트(2014: 469)는 "단일회기 치료는, 변화는 순간에 일어날 수 있다는 믿음과 기대에 근거를 둔다."라고 주장한다. 나는 4장에서 마이클 벤틴이 말더듬을 적극적으로 다루기 위한 탈파국화*의

* 탈파국화(de-catastrophising): 인지치료기법 중 하나로 어떤 사건에 대해 과도하게 염려하고 두려워하는 것(파국화)을 재구성하여 균형을 잡을 수 있도록 도와주는 기법-역자 주

중요성에 대해 이야기한 것을 들은 이후 말을 더듬는 행동에 대한 나의 시각이 완전히 바뀌었다고 이야기했다. 물론 나의 감정과 태도에 영향을 주기 위해서는 이런 관점의 변화에 따라 행동 역시 실천해야 했지만, 내게 있어 근원적인 변화는 벤틴의 이야기를 듣는 그 순간에 일어났다. 4세기경 아우구스티누스(St. Augustine)가 말한 것처럼, 현재는 우리가 가진 전부이다. 그러니 내담자가 그들의 과거 또는 일어날지도 모를 미래에 대한 이야기를 한다 해도, 그들은 그 순간에 그렇게 하고 있는 것이다. 마찬가지로 SST는 그 순간에 변화를 일으키려고 한다. 이것이 숙련된 SST 치료사들이 내담자가 과거에 대해 이야기하는 것을 제지하지 않는 이유이다. 그들은 지금 이 순간, 내담자의 과거가 변하고 있다는 사실을 알고 있다.

내담자의 역량

탤먼과 호이트(2014: 471)에 의하면, SST는 "내담자/환자에게는 유의미한 변화들을 만들어 내기 위해 그들의 사고, 감정, 행동을 바꿀 수 있는 능력이 있다"는 신념에 확고한 기반을 두고 있다. 물론 SST 치료사들의 기여가 있는 것은 분명하지만, 중요한 것은 그 과정에서 내담자가 무엇을 가져가는가 하는 것이다. 정말 성공적인 회기라고 생각했는데 내담자에게는 효과가 거의 없었던 반면, 그저 평범했던 회기가 내담자에게서 유의미한 변화를 끌어냈다고 SST 치료사들이 간혹 이야기하게 되는 이유가 바로 이 때문이다. 내담자 변화와 관련된 그 힘은 치료사보다 내담자에게 있다. 치료사의 역할은 내담자의 자기-변화 능력이 발휘되게끔 내담자 자신의 역량을 활용하도록 격려하는 것이다.

또한 SST는 일단 변화를 만들고 나면, 내담자들은 내면의 강점과 외적 자원 모두를 활용해서 자신들이 얻은 것을 유지하고 향상할 수 있으며, 그렇게 변화의 선순환이 시작된다는 기본 개념에 근거를 두고 있다. 탤먼과 호이트(2014: 471)는 이를 '긍정적인 파급효과'라고 불렀다. 요약하면, SST에서는 변화의 시작 그리고 이를 유지하고 향상하는 것 모두 내담자의 역량임을 강조한다.

치료 장면에서 SST를 활용하는 현명한 태도

앞에서 살펴본 바와 같이, 내담자가 참여하는 가장 빈번한 치료 회기 수는 '한 번'이다. 치료사들이 이 점을 진지하게 받아들여 평소 치료 장면에서 SST를 활용한다면 치료사들은 어떻게 할 수 있을까? 이 질문에 대해 영(2018)은 치료사들이 다음의 요점과 원칙들을 받아들이도록 권하고 있다.

- 치료사는 이번이 내담자가 참여할 유일한 회기가 될 수 있다는 것을 마음에 단단히 새기고 첫 회기에 접근해야 할 것이다. 아마도 논란이 많겠지만, 영은 내담자 문제의 심각성 또는 복잡성에 구애받지 않고 내담자가 받았을 어떤 진단에도 상관없이 치료사가 그렇게 하기를 권하고 있다. 이는 논쟁의 여지가 있는데, SST를 처음 접하는 임상가들이 종종 SST에 적합하지 않은 대상에 대해 묻기 때문이다. 나와 같은 경우 '통합된 단일 회기 인지행동치료(Single-Session Integrated Cognitive Behavior Therapy)', 즉 'SST-CBT(Dryden, 2017)'라고 알려진 나만의 SST 접근 방식에 적합하지 않은 대상에 대해 쓴 적이 있다. 영이 말하고자 하는 핵심은 여러 가지 복합적인 문제를 가진 사람들도 SST를 통해 긍정적인 효과를 얻고 있다는 것이며, 심각

하거나 복합적인 문제를 가진 사람이라는 이유가 한 회기 이상 참여할 것임을 의미하지는 않는다는 것이다. 호이트와 탤먼(2014b: 503)은 관련 연구들을 검토한 결과에서 "SST의 효과성은 '쉬운(easy)' 사례에만 국한되지 않고, 자해 행동뿐 아니라 알코올 및 물질남용 치료까지 포함하는 여러 영역에 훨씬 광범위한 영향을 끼칠 수 있다."는 것을 뒷받침하는 자료들을 제시하고 있다.

- 치료사는 내담자와 함께 치료가 종결될 때가 아니라 이번 회기가 끝날 때 달성되길 바라는 것이 무엇인지 상의할 수 있다. 이것은 내담자로 하여금 먼 미래가 아닌 지금의 목표를 구체화하도록 돕는다. 이 점을 분명히 하면, 내담자는 자신의 목표를 보다 더 달성할 수 있게 되고, 첫 회기에 만족하게 된다. 따라서 치료사가 내담자에게 이번 회기가 끝날 때의 목표를 묻는 경우 추가 회기를 요청하는 내담자는 줄어들 것이다.
- 내담자가 한 가지 이상의 목표를 설정한다면, 치료사는 내담자와 함께 집중해야 할 목표의 우선순위를 정해 볼 수 있다. 이러한 협의는 내담자-주도로 이루어지는 경향이 있다.
- 합의된 초점이 유지되는지를 확인하기 위해, 치료사는 회기 중간중간에 내담자와 함께 치료가 바른 방향으로 가는지를 점검할 것이다.
- 치료사는 잠정적이긴 하지만, 가능한 전략들과 기법들 그리고 잠재적으로 도움이 되는 제안들을 내담자와 솔직하게 공유할 것이고 적절한 때에 피드백을 줄 것이다. 이러한 개입을 하게 되는 동기는 "내가 만약 내담자를 단 한 번 만난다면, 이 내담

자와 무엇을 나누고 싶을까?"라는 생각에서 비롯될 것이다.

- 마지막으로 치료사는 적절한 자원들을 제공하고 가능한 한 다음 단계들을 명확히 하도록 내담자를 도울 수 있다.

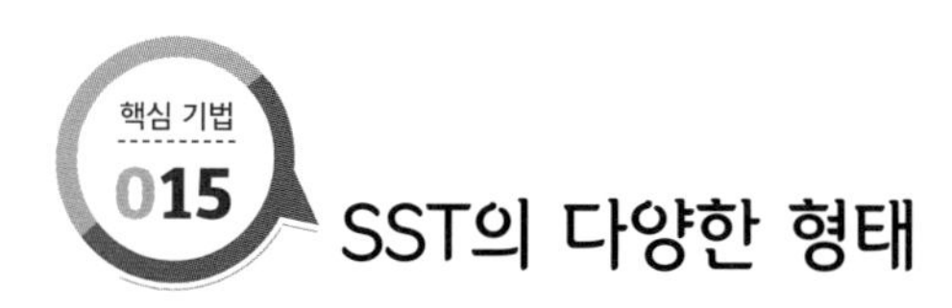

SST의 다양한 형태

아마 지금쯤이면 SST가 얼마나 다양한 분야인지는 이해했을 테니, 이 장에서는 SST가 어떻게 다양할 수 있는지를 살펴볼 것이다.

누가 SST를 주도하는가

SST는 내담자가 주도하거나, 치료사와 내담자가 함께, 또는 치료사나 관련된 제삼자가 주도할 수도 있다.

내담자가 주도하는 SST

내담자는 회기 시작 전부터 SST를 주도하거나 회기가 끝난 후, 또는 다음 회기를 예약한 후 취소하거나 회기에 나타나지 않는 것으로 SST를 주도한다.

내담자는 처음부터 SST로 시작한다. 처음부터 내담자가 SST를 주도하는 경우, 그들은 이번 한 회기에만 참여할 것이라고 미리 알린다. 이 상황에서 SST는 기정사실이 되고, 따라서 이는 치료사-내담자가 함께 주도하는 SST의 예시가 되지 않는다(다음을 참고). 처음부터 내담자가 주도하는 SST는 다양한 이유로 일어날 수 있다.

- 내담자에게는 확실한 목적이 있고, 그 목적을 달성하는 데 한 회기면 충분하다고 결정 내린다.
- 현실적인 이유로 내담자가 한 회기만 참여하는 경우도 있다. 여러 현실적 요인 중에서도 지리적 이유나 재정적 여건 때문일 수 있다. 즉, 지리적으로 내담자가 치료사와 먼 거리에 살고 있고, 치료사에게 한 번 이상 오기 힘들 수 있다. 또는 재정적으로 내담자가 한 회기 치료만 가능한 형편일 수 있다.
- 내담자가 상담을 해야 한다고 강력하게 요구하는 사람이 있고, 회기를 시작할 때 내담자는 그 사람을 만족시키기 위해 한 회기만 참여할 것이라고 치료사에게 알린다.

내담자는 회기가 끝난 후 SST로 정한다. 회기가 끝나고, 내담자는 다음 상담 약속을 할 필요가 없다고 결정할 수 있다. 내담자가 이 결정을 알리는 경우는 대개 이번 회기가 도움이 되었다는 것을 알게 되었고, 찾고 있었던 것을 상담을 통해 얻었기 때문이다. 반면, 내담자는 회기가 별로 도움이 되지 않았고, 그래서 약속을 하지 않기로 마음먹을 수도 있다. 아주 가끔은 내담자들이 이 같은 사실을 치료사에게 말하기도 하지만, 많은 경우 추가 회기를 예약하는 것에 대해 얼버무리며 이를 표현하기도 한다.

내담자는 예약된 두 번째 회기를 취소하거나 예약된 시간에 나타나지 않는다. 두 번째 회기를 약속했지만, 내담자는 상담 시간 전에 취소하거나 혹은 취소하지 않은 채 나타나지 않을 수 있다. 이러한 경우를 '계획하지 않은 SST'라고 볼 수 있으며(Talmon, 1990), 통상적으로는 이를 내담자가 '치료를 조기종결' 또는 '너무 빨리 치료를 끝내 버린' 상황으로 간주했다. 하지만 2장에서 다루었듯이 SST가 발전한 핵심적인 요인 중 하나는 탤먼(1990)이 그가 만난 200명의 환자 중 78%가 단 1회만을 참여했고, 그들 중 대다수가 계획하지 않은 상태였으며, 그 단일회기가 도움되었음을 알아낸 연구 덕분이었다.

치료사-내담자가 함께 주도하는 SST

치료사-내담자가 함께 SST를 주도하는 경우는 다음 두 가지 상황 중 하나이다. 첫 번째는 내담자와 치료사 모두 한 회기만 만나기로 합의한 경우이고, 두 번째는 한 회기 안에 최대한 끝내기 위해 애쓰겠지만 내담자가 필요함을 내비치면, 추가 회기(들)를 가질 수 있다고 합의한 경우이다. 실제 상담 장면에서 누군가 나에게 상담을 청하는 경우, 나는 먼저 SST를 포함해서 내가 해 줄 수 있는 치료 서비스의 범위를 간단히 설명한다. 그들이 SST가 좋겠다라고 말하면, 여기서 나는 내담자와 함께 내가 SST를 진행하는 방법에 대해 상의하고, 현실적인 부분들(예: 상담 일정과 상담 비용)을 설명하는 짧은 대화를 나눈다. 내담자가 그대로 진행하기를 희망하고, 내가 동의하면 우리 둘이 함께 SST를 시작하게 된다.

치료사가 주도하는 SST

경우에 따라서 치료사가 SST를 주도하기도 한다. 이는 회기 시작 전 또는 회기를 진행한 후에 일어날 수 있다.

치료사가 처음부터 SST로 시작한다. 이는 예를 들어, 치료사가 선택한 광범위한 접근 방식(예: CBT)을 내담자에게 보여 주고자 할 때가 해당될 수 있는데, 결국 치료사는 해당 접근 방식을 지속적으로 하는 치료사에게 내담자를 의뢰하게 될 것이다. 이와 같은 상황이 벌어지는 이유는 자문 역할을 하는 치료사가 또 다른 내담자를 지속해서 상담하기에는 너무 바쁘지만, 해당 접근법이 그 내담자에게 적합한지를 결정하기 위해 한 번은 만날 수 있기 때문이다. 물론 내담자가 동의한다면, 이 경우도 치료사-내담자가 공동으로 주도하는 SST의 한 예가 될 수 있겠지만 치료사가 절차를 정해 두고 내담자는 마지못해 동의하는 경우라면 시작부터 치료사가 주도하는 SST의 예시로 보는 게 최선이다.

회기 종료 시점에 치료사가 SST로 정한다. 회기가 끝날 시점에, 치료사는 내담자에게 회기를 더 제안하지 않기로 결정할 수 있으며, 결국 그 자체로 SST가 된다.

여기에는 다음과 같은 이유가 있다.

- 치료사는 내담자가 이 회기를 활용해서 문제를 해결할 수 있고, 추가 회기는 필요 없다고 생각할 수 있다.
- 치료사는 자신이 상담하는 접근법이 내담자에게 맞지 않다고 생각한다.
- 치료사는 치료 그 자체가 내담자에게 도움이 되지 않을 것이라고 생각한다.

이러한 각각의 상황에서 치료사는 내담자에게 추가 회기를 제안하지 않는 이유를 설명한다.

SST의 색다른 유형

이 책의 7부와 8부에서 더 상세히 다루겠지만, SST에는 여러 유형이 있다. 여기서는 SST의 다양한 형태를 보여 주고자 간단히 살펴보려 한다.

워크-인 치료

이름에서 분명히 알 수 있듯이, 워크-인 치료는 누구든지 치료 장면으로 '걸어 들어갈 수 있는(walks into)' 상황을 말하며 이는 단일회기 치료로 볼 수 있다. 슬라이브와 맥엘레란, 로손(Slive, McElheran, & Lawson, 2008: 6)은 이에 대해 다음과 같이 말한다.

> 워크-인 치료는 내담자가 선택한 순간에 정신건강 전문가를 만날 수 있도록 해 준다. 그곳엔 형식적인 절차(red-tape)도 없고, 선별도 없다. 접수면접과 대기자 명단 역시 없으며, 기다리지도 않는다. 그곳엔 공식적인 평가도 없고, 공식적인 진단 절차도 없으며, 단지 내담자들이 필요하다고 분명히 말하는 것들에 초점을 맞춘 한 시간의 치료만 있을 뿐이다.

그러나 슬라이브와 보벨레(2011b: 38)는 13장에서 논의했던 단일회기에서 지녀야 할 마음가짐에 대해 반복해서 언급한다.

> 워크-인 상담이 반드시 한 회기만을 의미하는 것은 아니다……. 그러나 워크-인 상담의 마음가짐을 지닌 치료사는 현재 회기가 어쩌면 마지막 회기일 수도 있음을 늘 생각하고 있다. 우리는 그와 같은 생각을 마음에 새기며 회기를 구성하고, 회기마다 최대한의 효과를 내도록 노력한다.

임상 시연

임상 시연은 치료사가 청중 중 자원한 사람을 대상으로 자신의 치료 접근법을 실제로 보여 주는 단일회기 치료이다. 시연이 전문가 워크숍에서 열리면 대개 청중은 훈련을 받은 그리고 훈련 중인 치료사로 구성되고(Barber, 1990), 대중에게 개방된 워크숍에서 열리면 청중은 관심 있는 일반인들과 치료사가 섞여 구성된다(Dryden, 2018a; Ellis & Joffe, 2002).

교육용 영상

1장에서 논의했듯이 SST의 발전에 있어 획기적인 사건 중 하나는 칼 로저스와 앨버트 엘리스 그리고 프리츠 펄스가 '글로리아'라는 내담자(그녀의 실제 이름은 아니다)를 상담했던 영상 '글로리아'가 만들어진 일이다. 이 영상과 이후 추가로 두 개가 더 제작된 시리즈의 목적은 교육이었다. 즉, 본보기가 되는 임상가들이 어떻게 상담을 하는지를 보여 주기 위함이었다. 사실상 이 상담들은 내담자가 각각의 치료사를 단일회기로 만난 SST 예시들이다. 이 같은 교육용 영상과 비슷한 형식은 계속되고 있다. 예를 들어, 미국심리학회(American Psychological Association: APA)는 임상 훈련 및 지속적인 전문성 발달에 활용하기 위해 상당히 많은 수의 이러한 DVD를 제작하고 있다.*

2차 소견

의료 분야에서 기존 의사 또는 전문가와의 치료에서 더 기대되거나 진전되는 바가 없을 때, 환자가 2차 소견(Second opinion)을 요구하거나 다른 의사에게 의뢰되는 일은 드문 경우가 아니다. 심리치료 분야도 마찬가지다. 나 역시, 동료들로부터 다른 소견을 제안해 달라는 요청을 받곤 하는데, 그러면 나는 늘 변함없이 해당 내담자를 딱 한 번 만나 본다. 이 같은 형태의 SST 예시는 '97장'에서 살펴보게 될 것이다.

* www.apa.org/pubs/videos/about-videos.aspx

SST의 목표

SST에서 현실적으로 얻을 수 있는 것은 무엇일까? 이 주제를 다루는 데 있어 나는 SST에서의 치료사 목표와 내담자 목표를 차례로 살펴보려 한다.

치료사의 목표

주로 워크-인 치료에 대해 집필한 슬라이브와 보벨레(2014)는 단일회기 치료의 종료 시점에 내담자가 얻었으면 하고 바라는 것들과 이를 촉진하기 위해 치료사가 목표로 삼아야 하는 많은 요소를 언급했다. 내담자들마다 각기 다른 요소들이 적합할 수 있다.

정서적 안도감

많은 경우 사람들은 고통스러운 문제에서 느껴지는 감정들을 '억누른다.' 이럴 때 사람들은 나름의 방식으로 이야기하도록 기회를 주고, 몰입해서 들어 주는 전문가에게 걱정되는 바를 토로하는 것만으로도 정서적 안도감을 느낄 수 있으며, 누군가에게는 이러한 정서적 안도감이 필요로 했던 전부일 수 있다.

희망감

절망감에 휩싸인 사람이 SST를 하고자 찾아온다면, 치료사는 회기가 끝날 때 그 사람이 희망을 느끼도록 도와야 한다. 그들에게 귀 기울이고, 그들의 고통을 이해하고, 그들이 잊고 있던 강점을 발견하도록 도우며, 절망감을 느끼는 문제에 자신의 강점을 적용해 보도록 격려하는 것이 치료사가 할 수 있는 가장 좋은 방법이다.

관점의 변화

사람들은 문제를 바라보는 방식, 또는 문제를 야기하는 상황에 대한 생각 때문에 문제를 유지하기도 한다. 문제나 상황을 다르게 바라보도록 돕는 것은 문제 해결에 도움이 되는 새로운 관점을 제공할 수 있다.

다른 것을 해 보기

나는 앞서 사람들이 문제 및/또는 상황을 받아들이는 관점 때문에 문제를 유지할 수도 있다고 말했다. 마찬가지로 사람들은 문제와 연관된 상황에서 하는 행동으로 인해 자신도 모르게 문제를 지속하기도 한다. 따라서 치료사와 내담자 간 상호 합의된 과제를 통해 다른 시도를 할 수 있도록 돕는 것이 유용할 수 있다.

자원 활용하기

내담자는 외부 자원을 활용함으로써 긍정적인 것들을 얻을 수 있으며, 치료사는 그렇게 하도록 조력하는 중요한 역할을 할 수 있다.

향후 치료 서비스를 이용할 수 있도록 잘 준비시키기

사람들은 내키지 않은 마음으로 워크-인 또는 단일회기 치료 서비스를 이용하기도 한다. 그런 사람들에게 가장 유용한 성과는 차후에 보다 쉽게 치료적 도움을 요청할 수 있도록 하는 것이다.

내담자가 얽매이지 않도록 돕기

단일회기 치료사로 내가 치료의 목표를 설정하는 방향은 때로 자신의 문제에 빠져 꼼짝 못 하는 내담자를 어떻게 해서든 빠져나오도록 돕는 것이다. 이 과정에는 먼저 문제에서 빠져나왔을 때의 내담자 모습을 분명히 할 수 있도록 돕고, 이를 실현하기 위해 그들이 무엇을 해야 하는지 알아내는 것이 포함된다.

내담자의 목표

SST에서 내담자에게 치료 목표를 물어보면, 간혹 광범위하고 막연하게 설명하곤 한다. 그에 반해 실현 가능한 SST의 목표는 다음의 특징을 갖는다(de Shazer, 1991).

내담자에게 가장 중요한

내담자가 SST에서 최대한의 효과를 거두려면 그들의 목표는 다른 사람이 아닌, 내담자 자신에게 중요해야 한다. 가끔 사람들은 타인이 그들에게 바라는 목표를 이루기 위해 치료에 '보내진다.' 이것은 SST로 긍정적인 결과를 얻기에 좋은 조짐이 아니다. 요컨대 SST는 내담자가 자신에게 가장 중요한 목표를 설정하도록 도와야 한다.

크게 보다는 작게

SST에서는 내담자의 목표가 원대할수록, 이룰 가능성은 낮아지는 것 같다. SST 치료사는 이런 점을 감안하여 작지만 의미 있는 목표를 내담자가 설정하도록 할 필요가 있다.

구체적이며 행동적인 모습으로 그려진

내담자의 목표가 구체적이고 행동적인 모습으로 표현이 된다면, 이는 내담자가 그 목표를 성취하는 데 도움이 된다. 따라서 SST 치료사는 광범위하게 표현된 목표를 구체화하도록 돕고 그것과 관련된 행동으로 연결하도록 해야 한다.

내담자의 현실적인 삶 속에서 달성 가능한

SST 치료사는 내담자가 달성 가능한 목표를 설정하고, 이 목표가 내담자의 삶에 통합되도록 해야 한다. 그렇지 않으면 그 목표는 달성 가능하다 해도, 내담자는 그것을 이루기 어려울 것이다.

내담자가 자신이 해야 할 것으로 받아들이는

내담자가 자신의 목표와 목표를 달성하기 위해 자신이 해야 할 것 간의 연관성을 보는 것은 중요하다. 그러므로 SST 치료사는 내담자가 이 연결고리를 만들도록 해야 한다. 그렇지 않으면 내담자는 자신의 목표를 달성하기 위해 해야 할 것을 하지 않을 것이다.

내담자가 '무엇의 끝'이 아닌 '무엇의 시작'으로 묘사하는

내담자가 자신의 목표 달성에 수반되는 과정이 있다고 인식하는 것이 중요하다. 그리고 SST는 그 과정의 끝이 아니라 시작임을 인정할수록 단일회기 내에서 얻을 수 있는 것은 더 많다. 따라서 SST 치료사의 과제는 내담자가 목표 달성을 향한 마지막 걸음이 아닌 첫걸음을 내딛도록 돕는 것이다.

기존 감정의 부재, 행동의 중단보다는 새로운 감정 및/또는 행동을 포함하기

때로 내담자들은 문제가 되는 감정을 느끼지 않거나 또는 바람직하지 않은 방식의 행동을 멈추는 것이 치료의 목표라고 말한다. 그러나 인간이라는 존재는 정서와 행동이 공백인 상태에서 충분히 기능할 수 없기에 그들이 목표로 삼을 무언가가 필요하다. 따라서 SST 치료사의 과제는 내담자가 대체할 수 있는 건강한 정서 목표와 건강한 행동 목표를 설정하도록 하는 것이다.

치료와 변화에 관한 기존 신념에 도전하는 SST

SST 개념과 이를 뒷받침하는 근거들을 처음 접하게 되면, 많은 치료사는 SST에 저항하고 있는 자신을 발견하게 된다. 더 자세히 살펴보니, 이 '저항'은 치료사들이 치료와 심리치료적 변화의 본질(nature)에 관해 고수해 온 몇 가지 소중한 신념들에 SST가 도전하는 듯 보인다는 이유에서였다. 이 장에서 나는 이러한 신념들 중 일부를 살펴보고, 이와 SST를 관련지어 논의할 것이다.

많을수록 좋다

무엇인가 도움이 된다면, 그것은 적은 것보다야 많을수록 당연히 더 이득일 것이다. 삶의 어떤 영역에서는 분명 사실일 수 있는 말이지만, 심리치료 영역에서는 그렇지 않다. 이 쟁점에 관한 연구들을 조사한 램버트(Lambert, 2013)는 내담자가 참여하는 회기 수가 거듭될수록 치료의 효과성은 점차 줄어든다는 것 그리고 치료의 후반부보다는 치료 초기에 가장 많은 변화가 일어난다는 사실을 발견했다.

변화와 심리적 장애를 측정하는 데 주관적 척도보다 객관적 척도가 더 낫다

램버트(2013)가 살펴본 대다수 연구에서는 치료를 통해 도움받은 것에 대한 내담자 답변의 의미를 주관적으로 측정하지 않고, 객관적 평가 척도를 사용하여 변화를 측정했다는 점에 주의해야 한다. 치료 효과에 관한 질문에 답을 할 때, 내담자들은 한 회기 동안 진행된 치료를 포함하여 이 치료에 대한 가치를 간단하게 표기하게 된다(Hoyt & Talmon, 2014b). 내담자가 SST에 만족했다고 답을 한다면 객관적으로 측정되는 '임상적으로 의미 있는 변화'가 나타나지 않는다 하더라도, 여기서의 중요한 핵심은 자신이 경험한 치료에 내담자 스스로가 행복해한다는 점이다.

객관적 척도로 심리적 장애를 판단하는 전문가들이 치료를 권유한다고 해서 사람들이 치료를 받으러 오는 것은 아니다. 내담자들은 정서적 고통이 있을 때 도움을 청한다. 그리고 그 고통이 멈추면 대체로 치료를 끝낸다. 언제 치료를 하면 원하는 것을 얻을 수 있는지를 가장 잘 판단하는 사람은 어쩌면 내담자일 수도 있으니 이를 고려해야 한다는 SST 관련 연구들은 우리에게 적잖은 도전이 되고 있다. 그러니 객관적으로 보았을 때, 단일회기 치료에서 내담자가 임상적으로 의미 있는 변화 기준에는 미치지 못했지만 치료를 통해 달성한 것에 스스로 행복해한다면, 우리는 이것을 어떻게 이해해야 할까? SST가 성공적이라고 해야 할까? 아니라고 해야 할까? 객관적인 측정을 따르면 '아니(NO)'지만, 내담자의 기준에 따르면 '성공(YES)'이다.

의미 있는 변화는 천천히 그리고 점진적으로 일어난다

위에서 살펴본 바와 같이 전문가들은 임상적으로 의미 있는 변화와 그렇지 않은 변화를 구분하곤 한다. 임상적으로 의미 있는 변화는 어떤 사람이 역기능적인 범위 밖으로, 또는 기능적인 범위 안으로 바뀌는 변화를 뜻한다(Jacobson, Follette, & Revenstorf, 1984). SST를 비판하는 사람들 가운데에는 SST에서도 치료적 변화는 일어난다고 인정하면서도 치료적 변화는 천천히, 점진적으로 일어나는 것이므로, SST에서의 변화는 임상적으로 의미가 없다고 주장한다. 그러나 헤이즈 등(Hayes et al., 2007)은 임상적으로 유의미한 변화가 점진적이고 순차적일 수는 있지만 누구에게나 그렇지는 않으며, 그와 같은 변화가 매우 빠르게 일어날 수도 있음을 보여 주고 있다. 실제로 심리치료 안팎에서 매우 짧은 기간에 의미 있는 변화가 일어나는 것을 보여 주는 비약적 변화(quantum change)라는 개념이 있다. 비약적 변화란 정서, 인지, 행동의 광범위한 영역에 영향을 주는 갑작스럽고, 극적이며 지속되는 변화를 일컫는다(Miller & C'de Baca, 2001). 이런 유형의 변화가 SST에서 자주 발생하는 것은 아니지만, 그렇다고 불가능하다는 것을 의미하지는 않는다. SST에서 단기간에 의미 있는 변화가 가능하다는 것은 진정한 변화는 천천히, 점진적으로만 일어난다는 기존 신념에 도전하는 것이다.

또 한 가지 짚어 봐야 할 것은 앞부분에서 언급한 SST에서의 변화 기준이다. 즉, 무엇이 의미 있는 변화인지 아닌지를 누가 결정하는가이다. 객관적으로 보았을 때, SST에서 만들어 낸 변화가 임상적으로 중요한, 또는 의미 있는 변화 기준에 미치지 못했다는 이유로 그 사람에게 주관적인 의미까지 없다고 말할 수는 없다.

효과적인 치료는 시간을 들여 맺는 치료적 관계를 기반으로 만들어진다

많은 연구는 치료사가 내담자와 함께 만들어 낸 관계의 질이 심리치료의 효과성을 결정하는 데 중요한 요인이라는 것을 보여 준다(Lambert, 2013). 이 같은 사실로 SST 비평가들은 SST의 효과를 의심한다. 왜냐하면 비평가들은 내담자와 치료사가 좋은 치료적 관계를 맺는 데는 시간이 걸린다고 주장하기 때문이다. 하지만 SST 치료사들은 내담자와 함께 도움이 필요한 문제에 집중해서 작업하고 목표 지향(또는 해결 중심) 접근을 선택한다면 내담자와 좋은 치료적 관계를 발전시키는 것이 가능하다고 주장한다. 실제 연구 결과에서 볼 수 있듯이, 내담자가 SST에서 긍정적인 결과를 얻을 때는 치료사와의 강한 작업동맹을 보고하는 반면, 내담자가 SST로 효과를 거두지 못하는 경우에는 치료사와의 동맹이 빈약했다고 보고하고 있다(Simon et al., 2012). 이는 SST 치료사와 내담자가 좋은 치료적 관계를 형성할 수 있고 그렇게 하고 있으며, 또한 매우 빠르게 형성한다는 것을 보여 준다.

SST는 단순한 문제에 직면한 내담자에게만 적합하다

41장에서 상세히 살펴보겠지만, 처음 SST를 접한 치료사들이 가장 흔히 하는 질문 중 하나는 "SST에 적합한 대상은 누구이며, 적합하지 않은 대상은 누구인가?" 하는 것이다. 영(J. Young, 2018: 48)은 이 질문에 대한 최선의 대응은 전체 서비스 체계 안에 SST를 끼워 넣고, 그러니 내담자들이 원한다면 다시 돌아올 수 있다는 것으로 답을 하지 않는 것이라고 주장한다.

> SST를 서비스 체계 안에 포함해서 마지막일 것처럼 진행한 최초 회기 이후 기관이 일반적으로 제공하는 모든 서비스를 이용할 수 있도록 함으로써, 기관과 기관 내 치료사들은 '단 한 번(one off)'의 회기에 누가 적합하고 적합하지 않은지에 대한 '불가능하진 않지만 어려운' 결정을 피할 수 있다.

많은 SST 치료사는 복잡한 문제를 지닌 사람들이 종종 이런 복잡한 문제에 간단한 해결책을 필요로 하고 SST 틀 안에서 그러한 해결책을 발견할 때 만족한다는 점에 주목한다(Hoyt et al., 2018a).

SST의 치료 시간

SST라고 했을 때, 그렇다면 단일회기의 치료 시간은 어느 정도여야 할까? 전통적인 치료 회기가 50분간 진행된다면,* SST의 회기 시간도 이 정도가 되어야 할까, 아니면 더 길거나 오히려 더 짧아야 할까? 정답은 다른 치료와 마찬가지로 '상황에 따라 다르다'(Dryden, 1991). 50분의 시간이 어떤 내담자의 경우는 충분할 수 있고, 또 어떤 내담자에게는 충분치 않을 것이다. 또 다른 내담자에게는 너무 길 수도 있다.

다음의 예시들은 SST의 다양한 치료 시간을 보여 주고 있다.

- 부베리 센터(The Bouverie Centre)는 호주 빅토리아 지역에서 잘 알려진 가족 치료 센터로, 빅토리아의 브런즈윅 인근에 있는 가족들을 대상으로 상담하고 있다. 센터는 단일회기에 처음 참여하는 가족에게 보내는 안내장에 회기는 최소 90분간 진행된다고 알린다.
- 라스 고란 오스트(Lars-Göran Öst)가 고안한 한 회기 치료(One-Session Treatment: OST)는 특정 공포증 치료로 잘 알려진 노출 치료의 집중적인 형태이다(Davis III, Ollendick, & Öst,

* 전통적으로 50분으로 알려져 있다.

2012). OST는 단일회기 내에 노출, 참여자 역할극, 인지적 검증 그리고 강화가 통합되어 있고 3시간 이상 지속된다. 내담자는 치료사-주도의 행동 실험을 활용하여 공포 위계에 따라 점차적으로 노출된다(Zlomke & Davis III, 2008).

• 96장에서 살펴볼 영상 '글로리아'는 동일한 내담자 '글로리아'를 대상으로 각기 다른 치료 접근법으로 시연했던 단일회기의 예시들이다(Daniels, 2012). 이 영상은 교육 목적으로 만들어졌다. 글로리아와 칼 로저스의 회기는 30분 22초로 진행되었고, 프리츠 펄스와의 회기는 22분 30초, 앨버트 엘리스와는 17분 24초 동안 진행되었다. 짧은 시간에 착안하여, 나는 이러한 사례들을 '초단기 치료적 대화(Very Brief Therapeutic Conversations: VBTCs)'라고 이름 붙였다. 이 사례들 속에서 내담자는 치료사를 재차 만나지 않는다는 것과 이후 전문가들을 위한 DVD로 제작된다는 것을 알고 있는 상태로 치료사와 함께 문제를 이야기한다. 나는 이와 같은 형태의 DVD 5개를 자체 제작했고* 이 회기들의 상담 시간은 28분 27초에서 52분 22초 사이이다.

• 영상으로 제작되지 않는 치료 시연은 전문가 또는 전문가와 일반인이 섞인 청중 앞에서 직접 진행된 VBTCs이다. 이때 치료사는 현재 겪고 있는 어려움에 도움을 필요로 하면서, 다른 사람들 앞에서 이 문제를 의논할 준비가 된 자원자와 함께 상담

* www.psychotherapydvds.com/epages/colt5155.sf/en_ GB/?ObjectPath=/Shops/colt5155/Categories/By_ Author/Windy_ Dryden

한다. 나는 영상으로 제작되지 않은 VBTCs에 관한 책에 이 같은 형태의 대화 기록 8개를 실었다. 회기 시간의 범위는 10분 47초에서 31분 47초 사이이다(Dryden, 2018a).

이와 같은 내용에서, 단일회기 치료는 회기의 목적과 맥락에 따라 10분 47초부터 3시간까지 얼마든지 지속될 수 있다는 것을 알 수 있다.

SST에 관한 다양한 접근

SST는 그 자체가 하나의 치료 모델 또는 이론이 아니라 서비스를 제공하는 방식이라는 관점과 같은 맥락으로 보면, SST는 다양한 치료 이론을 가진 치료사들에 의해 실시될 수 있다. 2012년 3월, 호주 멜버른에서 개최된 제1회 국제 콘퍼런스 '순간을 정확히 포착하기(CTM1)'를 기초로 한 호이트와 탤먼(2014a)의 출판물에서는 다음의 치료 이론들이 대표적인 SST 접근법들로 제시되고 있다(Talmon & Hoyt, 2014: 473-478).

- 해결-중심 접근들
- 최면을 활용한 접근들
- 환자 개인의 문제-관리 원칙을 수정하는 데 도움되는 접근들
- 신경 언어 프로그래밍(NLP)
- 감정자유기법(EFT)*
- 말(馬)-매개 치료**

* 감정자유기법(emotional freedom techniques): 1995년에 미국의 게리 크레이그(Gary Craig)가 창안한 심리치료법으로 동양의 경락이론을 바탕으로 하고 있다. 부정적 감정은 신체에너지시스템(경락기능)이 혼란된 것이라고 전제하며, 손끝으로 특정 타점(경혈)을 두드림으로써 신체에너지시스템의 혼란을 해소해 치유하는 기법이다. -역자 주

** 말 매개 치료(equine-assisted therapy): 동물 매개 치료 중 하나. 동물 매개 치료

호이트 등(2018b)은 2015년 9월 캐나다 밴프에서 개최되었던 제2회 국제 콘퍼런스 '순간을 정확히 포착하기(CTM2)'를 토대로 집필한 책의 서문에서 SST에 대한 두 개의 구별되는 접근법이 있음을 주장하고 있다. 그중 하나는 '건설적' 접근이며, 다른 하나는 '적극적-지시' 접근이라 할 수 있을 것이다.

SST에서의 '건설적' 접근

SST에서의 '건설적' 접근법은 '병리적이지 않으면서 해결-중심적인, 협력적이거나 자기서사적'인 특징을 포함하고 있다(Hoyt et al., 2018b: 14). 이러한 접근을 선호하는 치료사들은 자신의 전문성을 활용하여 '내담자가 이전에 갖고 있던 (그러나 때로 간과된) 기능들을 확인하고 적용'하도록 돕는다(Hoyt et al., 2018b: 14-15). 두 번째 CTM 콘퍼런스에서 나온 자료집에 실린 기고문의 대부분은 '건설적' 접근에 대한 예시들이다(Hoyt et al., 2018a).

SST에서의 적극적-지시 접근

호이트 등(2018b)은 사전 간행본에서 SST에서의 적극적-지시(active-directive)* 접근을 언급했었다. 이 접근에 대해 호이트 등(2018b: 19, 각주)은 다음과 같이 말하고 있다.

(animal-assisted therapy)는 동물이나 애완동물 또는 반려동물을 활용하여 매개해 주는 치료 체계를 말한다. -역자 주

* 이 용어는 출간된 책에는 표기되지 않는다. 이 용어가 확실하지 않기 때문이다.

> 변화는 주로 무엇이 문제인지에 대해 치료사가 세운 가설('내담자는 무엇에 얽매여 있는가?')과 치료에 필요하다고 치료사가 파악한 것들—통찰, 해석과 설명, 구체적 기술 훈련, 대인관계 문제를 제거하기 위한 역설적 행동 지시 등과 같은 것들—을 하는 일련의 과정을 통해 일어난다.

SST에서의 적극적-지시 접근의 예로는 "REBT/CBT(Dryden, 2016, 2017), 정신역동, 재결정(redecision)*/게슈탈트 그리고 전략적 치료 형태를 띤 것들이 있다"(Hoyt et al., 2018b: 19, 각주).

호이트 등(2018b)이 일반적으로 SST에서 통용되는 이론들을 두 개의 관점으로 나누어 제시하기는 하였으나, 처음에 SST에서의 '적극적-지시 접근'이라 부른 것은 적절한 표현이 아니라고 본다. 적극적-지시 접근에서 '무엇이 문제인지' 그리고 어떻게 하면 바로잡을 수 있는지에 대해 의견은 제시하지만, 이렇게 접근하는 치료사들은 이 문제에 대한 자신의 견해를 강요하는 것이 아니라 제안을 하며, 내담자의 의견을 진지하게 수용한다. 또한 치료사들은 내담자의 이전 기능들과 관련하여 SST 과정에서 활용할 수 있는 것들을 고려한다. 하지만 나는 적극적-지시 접근을 하는 SST 치료사들이 '건설적' 접근을 하는 동료들보다 내담자에게 잠재적 해결책을 권하지 않을 가능성이 더 높다고 생각한다. 왜냐하면 적극적-지시 접근을 하는 SST 치료사들은 잠재적 해결책이 장기적으로 봤

* 재결정 학파(redecision): 교류분석에서 펄스의 게슈탈트 심리치료를 접목한 학파 –역자 주

을 때 내담자에게 부정적인 결과를 초래할 수도 있다고 생각하기 때문이다.

PART 2

SST의 기본 가정

020 내담자–중심과 내담자–주도

021 개방성과 피드백의 상호성

022 과거와 현재에 민감하면서도, 미래–지향적인

023 준비성

024 강점–기반

025 자원–기반

026 복잡한 문제라고 해서 해결책도 복잡할 필요는 없다

027 긴 여정은 첫걸음에서 시작된다

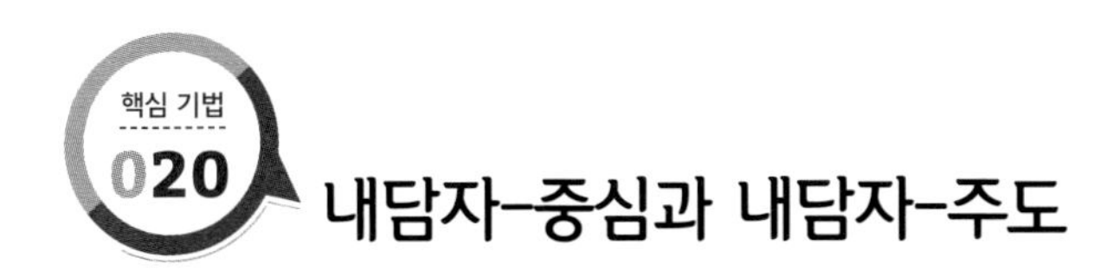

내담자-중심과 내담자-주도

효과적인 SST에는 내담자-중심과 내담자-주도 모두가 존재한다는 것이 특징이다.

내담자-중심

효과적인 SST는 내담자-중심이지만, 그것이 칼 로저스(Carl Rogers, 1951)가 창시한, 현재 '인간 중심 치료'라고 알려진 '내담자-중심 치료'에 근거를 둔다는 의미는 아니다. 그보다는 현재 내담자가 어디에 있는지 그리고 어디로 가고자 하는지를 그 중심에 두는 것이다. 이는 치료를 시작하기 전에 진행되는 간단하면서도 초점화된 위기 평가를 제외하고는, 치료사와 내담자가 함께 작업을 시작하는 순간 치료도 시작된다는 의미이다. 따라서 그 상황에서는 공식적인 평가도 없을 뿐더러, 장황한 사례개념화 역시 진행되지 않는다. 실제로, 치료는 전체 사례개념화를 한 후에 시작할 수 있다고 고집하는 나의 CBT 동료들에게 SST는 특별한 도전이 된다. 그들의 관점에서 보면, 계획에 의한 SST란 있을 수 없을 것이다.

이러한 내담자-중심 초점에 대해서는 모든 SST 치료사가 의견을 같이한다. 하지만 몇몇 치료사들은 이 초점이 내담자가 해결을 우선시하는 상황에서 가장 잘 적용되며, 그러한 해결-중심 치료에서 문제에 초점을 맞추는 것은 방해만 될 뿐이라는 입장을 고수한다(Ratner, George, & Iveson, 2012). 나를 포함한 또 다른 치료사들(예: Dryden, 2017)은, 내담자-중심 초점이 문제-중심 치료와 해결-중심 치료 모두를 아우를 수 있으며, 해결에 초점을 두는 것은 문제에 초점을 두는 치료의 현실적인 대안이라고 주장한다. 그러나 진정한 내담자-중심성(centredness)은 아마도 내담자가 자신의 초점을 결정할 수 있도록 해 주는 것이 아닐까!

내담자-중심 초점에 관련해서 위어 등(2008: 39)은, SST 치료사들이 '내담자들은 어느 순간에 어떤 변화가 어느 정도로 자신들에게 중요한지를 알려 주는 전문가'라고 믿는 경향이 있다고 주장한다. 또한 이들은 내담자-중심 초점을 표현하는 몇 가지 실천방안들을 설명하고 있다. 그것은 다음과 같다.

- 회기를 시작하면서부터 내담자가 원하는 것을 질문하고 탐색하기
- 내담자의 고민에 맞는 치료 주제(agenda)로 전환하기
- 어느 정도의 치료적 만남이 필요할지를 결정할 때 내담자와 더 솔직하게 협의하기
- 내담자의 문제에 집중하되, 내담자의 강점과 대처 능력을 인정하기
- 도움이 더 필요한지 판단할 수 있도록 내담자 스스로 시도해 볼 수 있는 기회를 만들기

내담자-주도

효과적인 SST는 주로 내담자가 주도한다. 호이트 등(2018b: 14-15)은 다음의 네 가지 방식으로 내담자가 효과적인 SST를 주도한다고 주장한다.

내담자가 치료를 선택하고 주도한다

내담자가 SST를 '주저하거나' 억지로 하는 경우, 이렇게 꺼려하는 마음을 처음에 효과적으로 다루지 않으면, SST가 원만히 진행되기 어렵다. 반대로 내담자가 적극적으로 치료를 원하고 가능한 한 빨리 '끝내고 싶은' 마음이 간절하다면, 더불어 치료사 역시 그와 유사한 열의를 보인다면 효과적인 SST로 이어질 가능성이 크다.

내담자가 치료 목표를 정한다

SST에서는 치료사가 갖는 목표(16장, 58장 참고)가 있기는 하지만 회기를 통해 내담자가 얻고자 하는 바에 치료의 초점을 맞추지 않는다면, 상담은 특히 장기적으로 효과를 거두기 어려울 것이다. 반대로 내담자가 간절히 그리고 빨리 이루고자 하는 바를 목표로 삼는다면, 그러한 동기가 상담과정을 흥미롭게 만들고 치료사와 내담자 모두에게 자극을 준다. 그 결과, 내담자는 의미 있고 지속적으로 유지되는 결과를 얻을 수 있게 된다.

내담자가 지닌 내적 요인이 가장 큰 차이를 만든다

19장에서 살펴보았듯이, 호이트 등(2018b)은 SST에 대한 이론들을 크게 두 개의 진영, 즉 '건설적' 진영과 '적극적-지시' 진영으로 나누었다. 내가 보기에, '건설적' 진영에서는 다음과 같은 견해를 내세우고 있다. 치료사는 내담자가 알고 있었으나 잊어버린, 또는 과거에는 분명히 할 수 있었으나 현재 감을 잃어버린 내적 요인들(예: 기술, 능력, 유능감)을 확인하고 활용하도도록 격려해 나가며 내담자가 그 과정을 최대한 활용하도록 한다는 점에서 SST 과정은 대체로 내담자-주도라고 할 수 있다. '적극적-지시' 진영의 치료사들도 이런 입장에 동의하기는 하지만, SST를 하기 전에 이미 가지고 있던 내적 기능들의 목록에는 없는, 새로운 것을 학습하는 것 역시 긍정적인 결과를 얻을 수 있다고 주장한다. 하지만 이 접근을 적용하여 SST에서 내담자에게 새로운 것을 가르치더라도 그들에게 의미 있는 방식으로 배우고 적용할 때에만 변화를 가져오게 될 것이다.

한 회기로 충분할지 또는 그 이상이 필요할지는 내담자가 결정한다

내담자가 한 회기만 참여할 수 있는 상황에서 도움을 구한 것이 아니라면, 일단 한 회기만 할지 아니면 한 회기 이상의 추가 회기를 예약할지는 내담자가 결정한다. 계획한 SST('나는 다시 올 필요가 없어요')든 아니면 (추가 예약은 하지만 취소되거나 지켜지지 않는) 계획하지 않은 SST든 간에 내담자가 결정한다는 것은 사실이다.

개방성과 피드백의 상호성

SST의 토대가 되는 가치들 가운데에는 개방성과 피드백이 있다. 효과적으로 진행되는 SST에서는 이 두 가치가 상호적으로 나타난다.

개방성

치료사와 내담자가 어쩌면 서로 한 회기만 만날 수도 있겠다 싶다면, 서로에게 솔직한 것이 모두에게 중요하다. 내담자는 자신이 무엇에 시달리고 있는지, 이 과정에서 무엇을 얻고 싶은지 치료사에게 털어놓아야 한다. 또한 내담자는 자신에게 도움이 된다고 생각하는 것과 그렇지 않은 것에 관해 치료사와 명확히 해야 한다. 치료사는 다음의 주제에 대해 내담자와 분명히 할 필요가 있다.

- 치료사가 SST 상황에서 할 수 있는 것과 할 수 없는 것
- 내담자를 도울 수 있는지 없는지
- 내담자와 유사한 문제를 가진 사람을 이전에 치료해 본 경험이 있는지 없는지

마찬가지로 치료사는 내담자의 질문에 성실하게 답변해 줘야 한다. 이는 내담자의 모든 질문에 반드시 답을 해야 한다는 의미가 아

니라, 어떤 질문에 대해서는 왜 답변할 수 없는지 솔직하게 이유를 설명해야 함을 의미한다.

마지막으로 치료사의 개방성은 자기-개방(self-disclosure)으로 바꿔 말할 수 있다. 치료사는 내담자가 겪고 있는 것과 유사한 문제에 직면했었고 그 문제를 극복했다고 밝힐 수도 있다. 치료사의 문제-해결 전략을 모방하거나 자신만의 전략을 고민하도록 내담자를 자극하는 데 도움이 될 수 있으므로 만약 내담자에게 도움이 된다면, 치료사는 그 문제를 어떻게 효과적으로 극복했는지 이야기할 수 있다.

호주 빅토리아에서 SST의 시행과 서비스 제공에 미치는 영향에 관한 연구를 실시한 위어 등(2008)은 응답자의 69%가 SST는 내담자들에게 있는 그대로 솔직하도록 영향을 준다는 데 동의했다고 밝혔다. 그러니 개방성을 중시하는 치료사는 SST에 끌리고, SST는 치료사가 내담자와의 상담에 보다 개방적일 수 있도록 영향을 준다.

피드백

위어 등(2008: 39)은 다음의 사실 역시 밝혀냈다.

> 임상에서 SSW 원칙*과 그 실제들을 적용해 오고 있다고 주장하는 치료사의 3분의 2 정도는 내담자에게 서비스 질에 관한 피드백을 적극 권장한다고 말했으며, 게다가 그와 같은 피드백을 상담을 계획하는 데

* SSW는 '단일회기 작업(work)'으로 SST보다 좀 더 포괄적인 용어이다.

활용하고 있었다.

SST 치료사들은 제공하는 서비스 질에 관한 피드백을 끌어낼 뿐 아니라 내담자가 해당 회기에서 얻은 것과 이후 예정된 상담일까지의 기간(예: 3개월) 동안 얻은 것에 대해서도 피드백을 받을 수 있다.

피드백은 상호적이므로, 치료사도 회기 중에 내담자에게 우리가 지금 어디에 도달했고, 둘이 함께해야 할 것은 무엇인지와 같은 피드백을 주기적으로 할 수 있다.

과거와 현재에 민감하면서도, 미래-지향적인

SST가 목표-지향적이기 때문에 단일회기 치료사들은 내담자들이 미래에—치료 과정에서 얻고자 하는 것에—초점을 두도록 권장한다. 어떤 치료사들은 내담자에게 문제보다 해결에 초점을 두도록 격려한다. 또 다른 치료사들은 내담자가 자신의 문제를 설명하는 것을 제지하지는 않지만, 문제와 관련된 적합한 목표를 빨리 구체화하도록 격려한다.

해결-중심 접근

단일회기에서의 해결-중심 접근 치료는 세 가지 방식으로 내담자가 긍정적인 결과를 얻도록 돕는다(Iveson, 2002).

첫째, 내담자는 자신의 문제에 사로잡혀 있기 때문에 해결-중심 치료사들은 내담자가 자신이 원하는 미래 또는 해결책을 구체적으로 설명하도록 격려하여 얽매여 있는 상태에서 풀려나도록 돕는다. 이와 같은 방식을 활용하면 어떤 내담자들은 그 해결책이 효과적이기 위해 자신이 무엇을 해야 하는지 매우 분명하게 알아차리고, 그것을 실천하도록 돕는 추가 회기는 필요 없게 된다.

둘째, 이브슨(Iveson, 2002)은 어떤 내담자들은 실제 자신의 문제를 해결해 왔지만 이것을 인식하지 못한다는 사실에 주목했다. 내담자 자신이 선호하는 미래를 설명하면서 스스로에게 귀 기울일 때, 이미 그것이 자신에게 일어나고 있고, 추가 회기 없이도 충분히 지속 가능하다는 것을 알게 된다.

셋째, 내담자에게 미래에 초점을 두도록 요청하면 이전에 다루기 힘들었던 것이 실은 감당할 만한 수준이라는 것을 깨닫고 현재 자기 삶에 더 감사하게 된다.

해결-중심 치료사들은 위에서 보여 준 각각의 상황이 온전히 미래에 그리고 내담자가 원하는 미래의 모습에만 초점을 두기 때문에 가능하다고 주장한다.

문제-중심 접근과 해결-지향 접근

SST에서는 문제-중심 접근과 해결-지향 접근 모두를 취하는 것이 가능하다. 실제로 나는 SST를 실시할 때, 문제의 원인이 되고 이를 지속되게 하는 요인들에 대해 나와 내담자 모두가 충분히 이해할 수 있도록 꽤 많은 시간을 할애하여 문제에 집중한다. 이렇게 하면 문제에 관한 충분한 이해를 바탕으로 내담자와 내가 최선의 해결책을 찾는 데 도움이 된다. 이렇듯 문제에 초점을 두는 접근은 가장 좋은 해결 방법을 발견하는 데 촉진적 역할을 한다.

SST가 미래를 지향하기는 하지만, 내담자가 현재 또는 과거에 대해 이야기하는 것을 허용하지 않는 것은 아니다. 실제로 위에서 살펴봤듯이, 문제에 중심을 둔다는 것은 현재 내담자가 어떤 상태인지 논의한다는 의미이다. 그러나 마찬가지로 우리가 본 바와 같이,

현재에 초점을 두는 것은 내담자가 원하는 미래가 되도록 돕는다.

내담자가 과거에 대해 이야기하길 원하는 경우도 유사하다. 과거에 관한 이야기를 할 때에도 초점은 그 과거에 대한 내담자의 현재 감정에 맞춰져야 한다. 이렇게 하여 과거와 관련한 현재의 문제가 충분히 이해되고 나면, 그때 치료사와 내담자는 위에서 말한 것처럼 미래에 초점을 둘 수 있다.

준비성

준비성(readiness)이라는 주제는 SST에서 중요한 주제 중 하나이다. 이 장에서 나는 내담자의 준비성과 치료사의 준비성 모두를 살펴보려 한다.

내담자의 준비성

나는 내담자의 준비성은 마음가짐이라고 생각한다. 여기 누군가 다음과 같이 마음을 정한다. ① 나는 문제가 있다, ② 나는 그 문제를 다루고 싶다, ③ 나는 지금 이 문제에 대한 도움이 필요하다. 그리고 나는 단일회기로 도움받을 가능성을 열어 두고 있다. 이 의미들에 대해 지금부터 하나씩 살펴보도록 하겠다.

내담자는 자신에게 문제가 있다고 진심으로 생각한다

내담자가 자신에게 문제가 있다고 생각하지 않는다면, 당연히 SST는 효과적이지 않을 것이다. 실제로 그들이 문제가 있다고 여기지 않을 경우, 치료사에게 상담하는 일은 없을 것이다. 그렇지만 예를 들어, 누군가 다른 사람의 요청으로 상담을 하게 되는 상황이라면 치료사는 그 사람을 대화에 참여시킬 수 있고, 그 결과 자신에게 정말 문제가 있다고 인정하게 할 수도 있다. 만약 그렇게 된다면, 그 회기는 도움이 되었다 할 수 있겠다. 하지만 대체로 SST는 내담자가 문제 때문에 도움을 청하는 시점에 시작하게 되며, 문제를 인식한 그 시점에서 끝이 나는 경우는 흔치 않다.

내담자는 그 문제를 다루고 싶어 한다

문제가 있긴 하지만, 다루고 싶어 하지 않는 경우도 분명 있을 수 있다. 그들이 문제를 인정하고 또한 이를 다루고 싶어 할 만한 티핑포인트*에 도달하지 않는 한, 그들은 좋든 싫든 문제를 지닌 채 살아가게 된다. 그들이 이 티핑포인트에 이르게 되면, 그렇지 않았을 때보다 SST에서 얻는 것이 더 많아 보인다. 하지만 문제를 다루고자 하는 '시점'은 그들 스스로 분명히 해야 한다.

내담자는 지금 자신의 문제에 대한 도움을 필요로 한다

자신의 문제에 대한 도움이 지금 필요하다고 내담자가 마음을 먹을 때가 바로, SST로 긍정적인 결과를 얻을 수 있는 좋은 마음상태이다. 우리가 11장에서 다뤘던 엘리베이터 공포증을 가진 베라의 이야기를 기억할 것이다. 베라는 자신의 문제를 인정했고 도움도 요청했지만 집단 치료에서 자신의 문제를 건성으로 다루면서 상당한 시간을 소비했다. 베라가 변화를 위한 준비 태세를 갖추게 된 것은 그녀의 직장 사무실이 건물 5층에서 105층으로 이전하게

* 티핑포인트(tipping point): 작은 변화들이 처음에는 아주 미미하게 진행이 되다가 어느 정도 기간을 두고 쌓여, 이제 작은 변화가 하나만 더 일어나도 갑자기 큰 영향을 초래할 수 있는 상태가 된 단계-역자 주

되었다는 것을 알았을 때였다. 사무실이 이전한다는 것은 이제 더는 사무실까지 계단으로 걸어 올라갈 수 없으며, 꼼짝없이 엘리베이터를 탈 수밖에 없다는 것을 의미했다. 그녀가 이렇게 준비성을 갖춘 상태가 되었을 때, 그녀는 문제를 해결하기 위해 자신이 해야 할 일, 즉 두려움을 더는 느끼지 않을 때까지 반복해서 엘리베이터 타기를 했다.

내담자는 단일회기로 도움받을 가능성을 열어 두고 있다

내담자들이 지금 자신의 문제를 다루고 싶어 한다 해도, 우리는 그들이 그 문제를 효과적으로 다루는 데 어느 정도의 시간이 걸릴 거라 예상하는지 여전히 알 수 없다. 단 한 번의 방문으로도 효과적으로 문제를 다루는 데 도움을 받을 수 있는 가능성을 내담자 스스로가 열어 두고 있다면, 준비성의 이 마지막 요소는 적어도 내담자의 관점에서 SST를 가능하게 해 주는 것이라 할 수 있다.

치료사의 준비성

치료사의 준비성이란 치료사의 마음가짐과 실현 가능성의 조합이라고 생각한다.

치료사의 마음가짐

SST는 치료사가 그 가능성을 믿기 때문에 가능하다. 이는 13장에서 다루었던 SST 마음가짐의 일부라고 볼 수 있다. 따라서 치료사는 '준비된' 마음가짐을 위해 다음 사항을 기억해야 한다.

- 필요하다면 추가 회기가 가능하지만, 단일회기 내에 내담자가 자신의 문제를 해결하는 것을 도와줄 수 있다.
- 목표를 달성하기 위해 내담자와 함께 최선을 다해 상담할 것이다.

실현 가능성

치료사가 제대로 '준비된' 마음을 갖는 것도 중요하지만, 치료사와 내담자 모두 '준비'되어 있다 하더라도 가장 효과적인 SST를 위해서는 SST에 맞는 실현 가능성이 있어야 한다. 즉, 내담자가 자신의 문제를 '지금' 다루고자 할 때, 이 준비성을 활용할 수 있도록 치료사가 상담 약속을 잡는 것이 중요하다. 그러나 실제 현장에서는 내담자가 도움받을 준비가 되어 있다 해도 도움을 청한 기관에서 그들을 대기시키는 일이 너무나 빈번하고, 이렇게 되면 정작 내담자가 치료사를 만날 수 있을 때에는 더는 준비된 상태가 아닐 수 있다. 이것이 내가 이 책의 7부에서 논의하고자 하는 워크-인 치료를 지지하는 이유이다. 즉, 상담이 가능한 시점이 아니라 상담을 필요로 하는 그 시점에 상담이 가능해야 한다.

결론

SST의 힘은 내담자가 되도록이면 한 회기 내에 도움받고자 하는 준비가 되어 있을 때, 치료사도 그 도움을 제공할 준비가 되어 있으며, 또한 내담자가 상담하길 원하는 시점에 치료사가 그렇게 할 수 있을 때 작용한다.

강점-기반

사람들은 자신의 문제를 치료하고자 할 때, 약점으로 여겨질 수 있는 미숙한 것들을 드러내게 된다. 전통적으로 치료사는 내담자가 자신의 약점을 해결하고, 강점을 발전시키도록 돕는다. 따라서 내담자의 문제가 비현실적인 사고에 기인한 것이라면 치료사는 현실적인 사고를 키우도록 돕는다. SST에서 '적극적-지시' 접근을 하는 치료사들은 이와 유사하게 하는 반면(19장 참고), 대부분의 SST 치료사들은 내담자가 자신의 문제를 해결하는 데 활용할 수 있는 기존의 강점들을 찾도록 돕는다. 강점이란 "한 사람이 일상에 대처하도록 돕는 것 또는 나와 타인의 삶을 더 충만하게 만들어 주는 것"이라 정의된다(Jones-Smith, 2014: 13). 그리고 나는 '강점'이란 내담자의 내면에 존재하는 것으로, 외부에 있는 '자원'(25장 참고)과 구별되는 어떤 요인들이라고 본다.

내담자의 강점을 고려한다는 측면에서 보면, SST 치료사들은 강점-기반 치료사들과 유사한 생각을 가지고 있다(Murphy & Sparks, 2018). 즉, SST 치료사는, ① 내담자에게 강점이 있다고 믿고, ② 내담자의 강점을 끌어내며, ③ 내담자의 강점을 치료에 포함한다.

내담자의 강점을 어떻게 알아내는가

어떤 SST 치료사들은 내담자와 대면 회기 전에 사전 연락을 하곤 한다(Dryden, 2017). 이때 치료사는 내담자에게 강점에 관한 간단한 설문(예: VIA 강점설문조사)*을 권하고 대면 회기 전에 치료사에게 보내게 한다. 설문 결과는 단일회기에서 활용되며, 내담자 문제를 해결하는 데 적용될 수 있다. 회기 전에 내담자와 그 어떠한 접촉도 없는 SST 치료사라면 내담자에게 직접 강점을 물어봐야 한다. 여기 관련된 질문들의 몇 가지 예시가 있다.

- 한 개인으로서, 당신의 강점은 무엇입니까?
- 문제를 해결하는 데 도움이 될 만한 당신의 강점은 무엇입니까?
- 만약 취업 면접 상황에서 당신이 지닌 강점을 묻는다면, 당신은 어떻게 대답하겠습니까?
- 당신을 특히 잘 알고 있는 굉장히 친한 친구는 당신의 강점을 무엇이라고 말할까요?

머피와 스파크(Murphy & Sparks, 2018)는 SST 치료사들에게 내담자의 강점을 기반으로 한 회복탄력성에 초점을 맞춘 좋은 질문들을 제시하고 있다.

- 삶에서의 모든 일이 진행되고 있는데, 당신은 어떻게 매일 일

* Via Character Strengths Survey–www.viacharacter.org/survey 참고

어나서 해야 할 일들을 해 나갈 수 있나요?
- 당신이 포기하지 않도록 해 주는 것은 무엇인가요?
- 당신은 이러한 도전들에 직면할 용기를 어디서 얻나요?
- 당신은 어떻게 일이 더 악화되지 않도록 할 수 있었나요?
- 당신이 이러한 과제들을 다루는 방법과 관련하여 당신 친구들이 가장 크게 칭찬하는 것은 무엇인가요?

때로 SST에서 치료사가 내담자에게 '문제 해결' 강점에 초점을 두도록 격려하는 경우, 이러한 초점은 그 자체로 충분히 그 과정에 책임을 지고 문제를 해결할 수 있다는 것을 내담자에게 전달한다. 내담자가 자신의 강점을 잃어버린 채 지내 온 경우, 그 강점들을 단순히 상기시키는 것만으로도 내담자는 어떻게 해야 하는지를 아주 분명하게 알 수 있으며, 할 수 있을 거라 확신하기 때문에 자신의 문제를 효과적으로 해결하는 데 필요한 전부가 된다. 보통 내담자에게는 문제 해결에 자신의 강점을 어떻게 활용할 수 있는지를 알 수 있도록 도와주고, 가능하다면 회기 내에 이를 연습하도록 해 주는 치료사가 필요하다. 그러나 어떤 경우에는 강점에 초점을 맞추는 것이 물론 중요하기는 하나, 내담자의 문제 해결에는 충분치 않을 수 있다. 왜냐하면 내담자의 '문제를 유발하는' 약점에 초점을 두고 집중해야 할 필요가 있기 때문이다. 이 경우 내담자에게는 '약점'을 해결하고, 가능하다면 이를 강점으로 바꿔 줄 수 있는 치료사의 도움이 필요하다.

나의 관점에서 위의 내용들을 정리해 보자면, SST 치료사들은 내담자의 강점을 활용하도록 도울 뿐 아니라 내담자의 약점도 다룰 준비가 되어 있어야 하며, 치료사가 내담자와 함께 상담하기 전까지는 어떤 접근이 필요할지 분명치 않을 것이다. 다른 경우와 마찬가지로 여기서도 치료사의 유연성이 변화를 촉진하는 중요한 요인이 된다.

자원-기반

앞 장에서 나는 강점과 자원을 나눠 구분하면서, 내담자의 강점은 개인 내 요인으로, 자원은 개인 외 요인으로 설명했다. 내담자가 활용할 수 있는 자원이 SST에서 하는 역할을 잘 보여 주는 유명한 문구가 있다. '당신만이 그것을 할 수 있지만, 그렇다고 혼자 할 필요는 없습니다.' 이는 내담자의 내적인 노력이 SST의 성과를 결정하는 가장 중요한 요인이지만, 외적인 요인 역시 내담자의 노력을 돕는 데 있어 중요하다는 의미이다.

어떤 의미인지 예를 들어 살펴보자. 한 남자가 나에게 연락을 해 왔다. 그는 어머니를 잃은 슬픔에 괴로워하면서도, 이 감정이 남자다움에 대한 자신의 이상적 이미지, 그에 따르면 '침착하게 절제하는' 이미지에 위협이 된다는 것을 알게 되었다. 그는 내가 SST 프로그램을 진행한다는 것을 알고, 프로그램을 신청했다. 나는 SST 프로그램의 일부이며, 대면-회기를 최대한 활용하는 데 도움이 되고자 계획한 사전 전화상담(98장 참고)을 그와 30분간 진행했고, 통화를 마무리한 다음 이틀 뒤에 만나기로 약속했다. 대면 회기에 왔을 때, 그는 훨씬 안정되어 보였다. 내가 이 부분을 짚어 주자, 그는 나에게 다음과 같은 이야기를 전했다. 우리가 전화로 이야기 나눈 후, 그는 어릴 적 학교 친구들과 함께 동창회 식사 모임을 갖게 되었다. 이 식사 자리에서 그는 친구들에게 슬픔과 그 슬픔으로 인한 고통에 대해 용기 내어 이야기했다. 그는 친구들 거의 대부분이 예외없이 슬픔과 비슷한 감정을 경험했고, 이런 감정으로 힘들어했었다는 사실을 알고 매우 놀랐다. 이러한 감정들을 경험한 결과로 나의 내담자는 몇 가지 중요한 사실을 깨닫게 된다.

- 상실로 인한 슬픔을 경험하는 사람이 나만은 아니다.
- 대부분의 친구들 역시 슬픔으로 고통스러워했다.
- 비록 내가 침착하게 절제하지 못한다 해도 나는 여전히 남자답다.
- 침착함과 절제는 상실에 대한 건강한 반응이 아니다.

내담자는 이러한 중요한 가르침을 치료 과정 중 나에게서 배운 것이 아니라, 동창회 식사 모임에서 친구들을 통해 배웠다. 그는 자신이 활용할 수 있는 외부 자원, 이 사례에서는 어릴 적 학교 친구들을 건설적으로 활용했다.

이 일화는 내담자가 자신의 문제를 해결하는 데 도움을 청할 수 있는 자원을 찾도록 돕는 것이 SST 치료사에게 중요하다는 것을 알려 준다. 그와 같은 자원의 예시는 다음과 같다.

- (앞에서 언급한 나의 내담자와 같이) 내담자가 문제를 해결하는 데 있어 어떤 식으로든 도움이 될 수 있는 지인들
- 내담자가 알지는 못하지만 조언을 구할 수 있는 사람
- 내담자가 문제-해결을 위해 노력하는 데 도움이 될 만한 기관
- 유용한 문제-해결 정보를 제공할 수 있는 인터넷 사이트

복잡한 문제라고 해서 해결책도 복잡할 필요는 없다

심리치료사가 자신을 전문가로 여기는 것은 당연하다. 그들은 훈련과 전문가 인증을 받아야만 하며, 상담에 대한 지도감독도 받는다. 게다가 심리치료 분야의 발달 동향에 대한 최신 정보도 당연히 알고 있어야 한다. 이러한 이유들로 인해 치료사들은 내담자의 문제를 복합적으로 보는 경향이 있다. 이렇게 파악된 문제들은 아마도 개인 내, 개인 간 그리고 환경 요인들의 복잡한 상호작용으로 다양하게 결정되고 유지되는 것 같다. 최근 여러 이론의 치료사들은 이렇게 복잡한 상호작용 요인들이 내담자 문제를 어떻게 악화시키고 지속시키는지를 보여 주는 사례개념화의 시각적 표현을 개발하고 싶어 한다.

이와 같은 복잡함을 감안한다면 심리치료사들이 심각하고, 복잡한 문제는 복합적인 해결책이 필요하다고 생각하는 것도 무리가 아니다. 물론 거창하고 복합적인 해결책은 실시하고 진행하는 데 시간이 걸린다. 하지만 이러한 생각 모두가 SST 원리 및 실천에 반대되는 것이며, 내담자의 바람과도 종종 어긋난다. 내담자가 자신의 문제에 복잡한 해결책을 원할까, 아니면 간결한 해결책을 원할까? 나의 경험상 그들은 후자를 원한다. 물론 그 해결책이 효과적이라면 말이다. 호이트 등(2018b) 역시 이 점을 강조하고 있다. SST 치료사는 내담자의 문제가 복잡하다는 사실을 인지하더라도 그들은 적용이 복잡하지 않은, 간결한 해결책을 찾는다. 그래서 SST 치료사와 대부분의 내담자들은 문제가 복잡한지 단순한지와는 상관없이, 효과적이고 간결한 해결책을 찾는 데 합의한다.

해결-중심 치료사들의 상담은 이러한 간결한 해결책을 효과적으로 탐색해 가는 방식을 보여 주고 있다. 치료사들은 다음과 같은 질문을 하게 된다. "당신이 문제 해결을 시작했음을 알아차릴 수 있게 해 주는 것은 무엇입니까?" 이 신호를 확인하고 나면, 치료사는 내담자에게 그 신호를 어떻게 활용할 것인지 물을 수 있다. 내담자와 치료사는 내담자가 문제 해결 방식을 찾을 때까지 이와 같은 방식으로 작업할 것이다.

생각해 보면, 내담자가 기억하기에 간결한 해결책이 복잡한 해결책보다 더 쉽다. 그리고 내담자가 해결책을 기억할 수 있다면, 후에 그것을 실천할 기회가 생길 것이다. 좀 더 복잡한 해결책은 간결한 형태의 해결책보다 더 정교할 수는 있지만 내담자가 쉽게 잊어버린다면, 결국 실천에 옮기지는 못할 것이다.

어떤 SST 치료사들은 회기에서 상담한 결과, 실천하기로 합의한 것을 간략하게 메모*하여 내담자에게 건네는 방법을 선호한다. 치료에서의 과제 부여 활용에 관한 연구에서는 내담자가 실천하기로 합의한 과제가 분명할 때, 그렇지 않을 때보다 해당 과제를 더 쉽게 수행한다는 것을 보여 준다(Kazantzis, Whittington, & Dattilio, 2010).

---

* 일부 SST 치료사들은 내담자가 스스로 메모하는 것을 선호한다.

끝으로 나는 주의할 사항을 언급하면서 이 장을 마무리하려고 한다. 단지 해결책이 간결하다고 해서 실천하는 것이 쉽다는 의미는 아니다. 예를 들어, 두려움에 직면하기와 같은 경우 그 개념은 간단하지만, 이를 실천한다는 것은 상당한 불편감을 견뎌 낸다는 의미일 것이다. 따라서 (11장에서 다룬) 베라가 엘리베이터 공포증을 효과적으로 다루기 위해 반복적으로 엘리베이터에 탑승한다는 것은 간단한 해결책을 실천한 것이지만 그녀가 이것을 실천하는 것이 과연 쉬웠을까? 어림없는 소리!

긴 여정은 첫걸음에서 시작된다

SST의 목표는 내담자를 치료하는 것이 아니며 그들이 목표에 도달하도록 돕는 것도 아니다. 나는 SST의 기본 목표는 진전이 일어나도록 돕는 것이라고 생각한다. 내담자들은 흔히 문제에 얽매여 있기 때문에 치료하러 온다. 그들은 문제에 빠지게 된 이유에 대한 정교한 설명을 반드시 원하지는 않는다. 그보다 문제에 빠져 꼼짝할 수 없는 이 상황에서 빠져나올 방법을 찾는다. 나 역시 컴퓨터 모니터가 멈췄을 때, 나의 IT 관리인, 안토니가 왜 모니터가 멈췄는지 설명해 주기를 원치 않는다. 그저 내 일을 계속할 수 있도록 모니터가 돌아가게 해 주길 바랄 뿐이다.

얽매여 있다는 것은 내담자에게 건설적인 진전이 없는 상태이다. 진전이 없다고 할 수는 없지만 그런 진전이 건설적이지 않은 경우도 있다. 이런 경우는 얽매임의 징후일 뿐 아니라 실제로 상황을 악화시킬 수도 있다. 예를 들어, 당신이 눈길에서 자동차를 운전하고 있고, 차는 눈보라 속에 갇혀 있다고 상상해 보자. 당신은 무엇을 하겠는가? 당신은 빠져나오기 위해 엔진의 회전 속도를 더 빠르게 높이려 할 가능성이 있다. 그러나 많은 경우 정반대의 결과가 나타난다. 당신은 더 갇히게 된다. 그러므로 당신은 뭔가 다른 시도를 해야 한다. 당신이 삽을 가졌다면, 눈길에서 빠져나오기 위해 땅을 파는 것이 더 생산적이라는 것을 알 수도 있다. 만약 삽이 없다면, 당신은 누군가에게 차가 움직일 수 있게 같이 밀어 달라고 부탁할 수도 있다. 그 누군가는 당신이 빠져나올 수 있게 도와준 다음 뒤로 물러설 것이고, 당신은 차를 몰고 떠날 수 있다.

나는 이것이 SST를 바라보는 적절한 방식이라고 생각한다. 자신의 문제에 갇힌 내담자는 치료사와 힘을 모은다. 그들이 함께 노력한 결과, 내담자는 얽매여 있던 문제에서 빠져나오게 된다. 이 시점에서 치료사는 뒤로 물러나고, 내담자는 그들의 삶으로 돌아간다.

이렇듯 문제에서 빠져나오는 가장 좋은 방법은 다른 것을 실천해 보는 것이며(O'Hanlon, 1999), SST 치료사들은 궁극적으로는 내담자가 문제에서 벗어나는 데 도움이 될 실천 가능한 방법들을 찾을 수 있도록 조력하는 데 능숙하다. 내담자에게는 이미 과거에 효과가 있었던 방법들이 있지만, 잊어버리고 있을 수도 있다. 이럴 때에는 내담자에게 그 방법들을 활용하도록 상기시켜 주는 것만이 그들이 문제에서 빠져나오도록 돕는 데 필요한 전부가 되기도 한다. 혹은 내담자가 이전에는 시도해 보지 않았지만 앞으로 효과가 있을 법한 방법들을 발견하도록 치료사가 도울 수도 있을 것이다. 또는 내담자가 해 볼 법한 대처들을 치료사가 직접 제안하기도 한다. 여기서 중요한 점은 내담자가 처음 해 보는 방법의 가치를 깨닫고, 이를 실천하는 것이 변화를 촉진한다는 것을 아는 것이다. 긍정적일 가능성이 있는 대처를 할 수 있다면, 내담자들은 이를 실천한 결과를 곧 발견하게 될 것이다. 그 대처가 도움이 된다면, 이는 내담자가 또 다른 방법을 실천해 보게끔 해 주고, 또한 변화의 선순환을 시작하도록 도와줄 것이다. 만약 그 방법이 도움이 되지 못했다면, 이러한 결과는 내담자로 하여금 한 걸음 물러서서 생각하게 하고 좀 더 유익한 방법을 찾도록 도울 수 있다. 옛 속담을 바꿔서 말해 보면, SST에서 치료사는 다음의 원칙에 따라 내담자의 성장을 돕는다.

“첫 술에 배부르랴. 다양하게 시도하고 또 시도하라. 성공할 때까지.”

PART 3

SST의 촉진적 조건

의도성

SST에 관한 문헌들에서는 간혹 계획한 SST와 계획하지 않은 SST를 구분한다. 계획하지 않은 SST는 치료사와 내담자가 한 회기만 만나기로 계획하지 않았지만 결국 SST가 된 상황을 말하는데, 이는 내담자가 다음 약속을 취소하거나 취소하지 않은 채 상담에 오지 않았기 때문이다. 우리가 8장에서 살펴보았듯이, 치료사는 계획에 없던 종결을 비관적으로 생각하는 경향이 있다. '너무 이른 종결' '끝내지 못한 치료' 또는 '치료의 조기종결'이 그와 같은 상황을 묘사하는 용어로 사용되어 왔다. 하지만 이런 식으로 상담에 오지 않은 내담자들에게 의견을 묻자, 그들 중 상당수가 자신이 참여한 치료에 만족했으며 더는 도움이 필요하지 않았다는 사실 또한 알게 되었다. 내담자들은 신중하게 생각하여 치료를 종결했다. 그들은 흔히 말하는 치료의 '조기종결'을 한 것이 아니라 그들 관점에서 치료가 완료되었다고 결론 내린 것이다. 물론 참여했던 유일한 첫 회기에서 도움을 받지 못했거나 만족하지 못한 사람들도 여전히 많다. 그럼에도 불구하고 대다수의 사람들은 행복해한다.

계획하지 않았음에도 SST가 효과적일 수 있다면, SST를 계획하는 경우라면 치료적 잠재력을 끌어올릴 수 있어야 한다. 이때 의도성(Intentionality)이 바로 SST의 핵심이 되는 촉진 조건이다. 치료사와 내담자가 모두 이 의도성을 지닌 채 치료 과정에 참여한다면 어떤 일이 벌어질까?

치료사의 의도성

SST에서 치료사의 의도성은 내담자가 상담에 열심히 임할 준비가 되었을 경우, 치료사 역시 가능한 한 빨리, 아마도 첫 회기 내에 내담자가 문제를 해결하도록 도울 수 있다고 생각하며 이를 전달하는 것으로 뚜렷하게 나타난다. 치료사가 가지는 의도성의 핵심 요소는, ① '팔을 걷어붙이고' 하루라도 빨리 상담 시작하기 그리고 ② 가능한 한 빨리 내담자를 돕겠다는 열정이다. 필요하다면 추가 회기(들)가 가능하다는 보호장치도 있다. 그렇지만 치료사가 얼마나 열정적으로 성실히 상담을 할 의도가 있느냐와 상관없이, 내담자의 의도성 역시 비슷한 수준으로 맞춰질 때에만 치료의 긍정적인 결과를 끌어낼 것이다.

내담자의 의도성

SST에서 내담자의 의도성은 자신의 문제를 가능한 한 빨리 해결하고자 하는 간절함으로 표현된다. 이러한 간절함이 있을 때 내담자는 두 가지 영역에서 개방적인 태도를 보인다.

첫째, 내담자는, ① 자신의 문제, ② 자신의 목표 그리고 ③ 가능한 한 빨리 해결하길 원하는 이유에 대해 기꺼이 공개하려 한다. 11장에서 다루었던 베라를 보면, 빨리 문제를 해결해야 할 이유가 생겼을 때 개방적인 태도를 보여 주었다.

둘째, 내담자는 가능성 있는 다양한 해결책을 기꺼이 심사숙고하고, 그들에게 가장 적합할 뿐 아니라 빠른 해결을 가져올 수 있는 하나를 선택하는 부분에서 개방적이다. 베라는 문제 해결에 주어진 시간 내에서 유일하게 실행 가능한 해결책을 선택했다. 다시 말해, 시간의 압박은 그런 압박을 겪지 않을 때 그녀가 피해 왔던 것을 실천할 수 있도록 열린 마음을 가지게 해 주었다.

결론적으로, 치료사와 내담자가 가능한 한 빨리 목표를 완수하려는 동일한 의도를 지닌다면 SST에서 많은 것을 얻을 수 있다.

변화를 기대하기

1968년은 기대(expectations)의 역할에 관한 심리학 분야의 출판물들로 매우 흥미로운 한 해였다. 교실 내에서의 교사의 기대를 다룬 획기적인 책에서, 로젠탈과 제이콥슨(Rosenthal & Jacobson, 1968)은 잘 해낼 것이라고 교사들이 기대했던 아이들이 기대하지 않았던 아이들보다 실제로도 더 많이 성취했다는 사실을 발견했다. 두 그룹의 아이들 간에는 다른 어떤 차이가 없었음에도 그와 같은 결과를 보였다. 역시 같은 해, 심리치료 분야의 독창적인 책 『설득과 치유(Persuasion and Healing)』(1961)의 저자이며, 탤먼(1990)의 SST 책 서문을 쓴 제롬 프랭크(Jerome Frank)는 심리치료에서 기대의 역할에 관한 중요한 논문을 발표했다(Frank, 1968). 논문에서 프랭크의 기본 핵심은, 치료 결과의 일부는 치료 과정 및 그 과정에서 내담자가 얻는 것에 대한 치료사와 내담자 둘의 기대에 달려 있다는 것이다.

이와 같이 SST의 성과를 촉진하는 조건 중 하나는 치료사와 내담자가 치료 과정에 품고 오는 기대감이다. 두 사람 모두 변화를 기대한다면, 그렇지 않을 때보다 더 쉽게 변화가 일어난다. 만약에 치료사는 회기를 통해 내담자가 변할 수 있다고 기대하지만 내담자는 이를 믿지 않는 경우, 상담의 '분위기'는 치료사가 자신의 속도에 저항하는 내담자를 끌고 가는 듯 느껴질 것이다. 반대로 내담자는 회기에서 원하는 것을 얻을 수 있다고 생각하지만 치료사가 아니라면, 붙잡고 늘어지는 치료사로 인해 내담자가 좌절하는 '분위기'로 상담이 흘러갈 수 있다.

치료사와 내담자 모두 SST에 대한 현실적인 기대감을 갖는 것 역시 중요하다. 변화가 일어난다 해도 밀러와 치드 바카(Miller & C'de Baca, 2001)가 언급한 생생하고, 놀라우며, 좋은 영향을 주면서 지속되는 개인의 변화를 의미하는 '비약적 변화(quantum change)'는 매우 드물다. 오히려 내담자가 문제 상황을 다른 관점으로 바라본다거나 또는 어떤 방법으로든 자신의 행동을 바꾸는 변화가 훨씬 보편적이다.

치료사와 내담자 모두 SST를 통해 후자와 같은 보편적인 변화를 기대한다 해도, 치료사가 변화를 밀어붙인다면 변화는 일어나지 않을 것이다. 이런 경우, 치료사는 회기 성과에 과하게 몰두하여 결국 회기 과정에 해를 끼치게 된다.

결론적으로 앞의 모든 요소를 고려했을 때, 가장 촉진적인 상황은 다음과 같다. 치료사와 내담자 모두 SST에서 달성 가능한 현실적인 기대를 가지고, 목표 그 자체에 지나치게 몰두하기보다는 내담자의 목표가 이루어질 수 있는 과정에 참여하여 이를 이룰 수 있도록 열심히 노력한다.

명료성

BBC 방송의 리얼리티 TV프로그램인 〈견습생(The Apprentice)〉에서 영국의 억만장자 사업가인 슈가 경(Lord Sugar)은 12주 과정의 우승자가 제안한 사업에 파트너가 되겠다고 25만 파운드의 투자금을 제안한다. 기업가를 꿈꾸는 참가자들은 사업과 관련된 다양한 도전에 참여하면서 서로 경쟁한다. 프로그램을 시청하면서 눈에 띄는 점은 슈가 경이 참가자들에게 보여 주는 명료성(clarity)이다. 참가자들은 도전 과제의 본질이 무엇인지 그리고 그들에게 기대되는 바가 무엇인지에 대해 아무런 의심의 여지가 없다.

SST 치료사가 치료 과정에서 해야 하는 과제 중 하나는 매우 분명하게 의사를 표현하는 것이다. 그렇지 않으면 내담자는 혼란에 빠지게 될 것이고, 혼란스러워진 내담자는 SST에서 그다지 좋은 결과를 얻지 못할 것이다. 이런 점에서 내담자의 자기-자각을 과대평가하지 않는 것은 중요하다. 유능한 SST 치료사는 당연한 사실이라도 분명히 하기 위해 말하는 것을 주저하지 않는다. SST에서 치료사가 명료해야 하는 이유는 내담자의 이해를 촉진하기 위함이다. 이러한 이유에서 볼 때, 다음의 상황들은 명료성을 향상시킨다.

- 치료사가 강조하는 점을 내담자가 이해할 수 있는 속도로 말할 때

- 치료사가 전하고 있는 것을 내담자가 소화할 수 있도록 '의미 있는 정보들로 나누어 줄 때'
- 의미 전달을 위해 치료사가 목소리 톤을 조절하고 단조로운 말투를 삼가할 때

치료사의 명료성은 치료 과정 내내 중요하지만, 특히 세 가지 상황에서 더욱 중요하다.

- **치료사가 내담자에게 SST 과정에 관한 정보를 제공할 때.** SST 과정에 관한 정보를 제공하는 것은 내담자 자신이 어디쯤 와 있는지를 알 수 있도록 해 준다. 이는 내담자가 과정에 온전히 참여할 수 있게 충분히 안심하도록 돕는다. 만일 딱 한 회기만 이용할 수 있는 경우라면, 이 사실을 분명히 해야 한다. 추가 회기가 가능하다 하더라도, 단일회기에서 얻을 수 있는 것을 크게 훼손하지 않으면서 이를 전달할 필요가 있다. 이런 맥락에서 치료사는 다음의 예시처럼 이야기할 수 있다.

 만약 당신과 내가 상담에 성실히 임할 준비가 되었다면, 우리는 이 회기에서 당신이 얻고자 하는 것을 얻을 수 있을 것입니다. 하지만 당신이 생각하기에 추가 회기가 필요하다면, 물론 가능합니다. 이를 기준으로 하여 진행하는 게 어떠신가요?

- **내담자가 행동 변화를 계획하고 있을 때.** 이 경우 내담자는 자신이 하려는 것이 무엇인지 아는 것이 중요하며 이것은 치료사

가 그 주제에 관해 분명히 함으로써 촉진된다.

- **치료사와 내담자 두 사람이 그때까지 해 온 것들을 치료사가 주기적으로 요약할 때.** 요약은 둘의 치료적 관계가 적절히 유지되게 하고, 그들이 어디에 와 있는지, 어디로 가야 하는지에 대해 함께 이해할 수 있도록 해 준다.

효과적인 회기 구조

13장에서 언급했듯이 시간은 SST에서 중요한 요인이며 치료사와 내담자가 시간을 어떻게 활용하는지에 따라 단일회기의 결과가 좌우되기도 한다. 특정한 핵심 과제의 완수를 위해서는 회기가 구조를 갖는 것이 일반적으로 중요하다. 이렇게 말을 한다고 해서 SST 치료사가 반드시 따라야 하는 정해진 구조가 있다고 제시하는 것은 아니다. 그보다 SST에서는 치료사와 내담자 둘 모두 차례대로 수행해야 하는 몇 가지 과제들이 있다. 어쨌든 어떤 내담자들은 매우 구조화된 회기에 잘 반응하는 반면, 또 다른 내담자들은 적절하다면 수정 가능한, 좀 더 유연한 구조를 선호한다는 점은 유념하는 것이 좋겠다.

효과적인 회기 구조의 요소

다음은 구조화가 잘된 회기의 특징들이다. 이 핵심들 중 몇 가지는 다음 기회에 좀 더 심도 있게 살펴보도록 하고, 여기서는 이 특징들이 합쳐져 어떻게 하나의 구조를 만들어 내는지 설명하기 위해 간단히 다루어 볼 것이다.

회기 자체를 완전한 것으로 보고 이를 분명하게 합의하기

치료사와 내담자가 추가 회기(들)가 가능하다고 동의하더라도, 참여하고 있는 해당 회기 그 자체를 둘 모두 완전한 것으로 여길 때, 치료의 구조화가 용이해진다. 이것 역시 인정되고 합의되어야 한다. 하지만 만약 연이은 회기들, 심지어 그 회기들이 많지 않다 하더라도 연속된 회기들 중 첫 번째 회기로 생각하는 경우, 회기의 중심 구조는 흔들리고 결국 SST의 효과는 약해지기 쉽다.

쓸 수 있는 시간에 맞춰 회기를 계획하기

18장에서 나는 SST에서 단일회기의 치료 시간은 매우 다양하고 치료사와 내담자 모두 쓸 수 있는 시간에 맞춰 치료사가 회기를 계획하는 것이 중요하다고 강조했다. 이러한 실력은 경험에서 나오며 SST가 낯선 치료사들은 자기 속도 유지에 서툴기 때문에 회기가 종료될 무렵 서두르게 되는 것이 당연하다. 이들은 특히 회기 초반에 내담자가 두서없이 말하는 데 너무 많은 시간을 소비하는 경향이 있다. 그러나 대개 치료사들은 슈퍼비전과 경험을 통해 내담자들이 초점에 맞춰 이야기하게끔 하는 방법을 배우고, 이를 통해 시간을 능숙하게 활용할 수 있고 구조화된 회기를 제대로 수행할 수 있게 된다.

초점 맞추고 그것을 유지하기

SST는 내담자가 도움을 요청하는 구체적인 문제를 갖고 있을 때 가장 효과가 좋다. 내담자가 한 가지 이상의 문제를 가진 경우, 치료사는 내담자가 어떤 문제에 초점을 맞추고 싶은지 선택하도록 도와준다. 이것이 되고 나면, 치료사는 내담자가 이 초점을 유지할 수 있도록 한다.

목표 지향하기

SST는 치료사와 내담자 모두 그들이 어디를 향해 가고 있는지 알고 있을 때 가장 효과적이다. 따라서 치료사는 회기 내내 내담자가 목표 지향적인 태도를 취하고 유지하도록 하는 것이 중요하다. 나는 이 주제를 다음 장에서 충분히 다룰 것이다.

해결 방안을 만들고 가능하다면 그것을 연습해 보기

내가 말하는 해결책이란 내담자가 더는 도움이 필요 없다고 느끼도록 그들의 문제에 효과적으로 대처할 수 있게 도와주는 무언가를 뜻한다. 어떤 방법을 활용하든 내담자가 이러한 해결책을 회기 내에 직접 연습해 보게끔 치료사가 도울 수 있다면, 내담자가 일상생활에서 이를 실천할 가능성은 높아질 것이다.

주기적으로 요약하기

치료사는 회기 내에 내담자가 그리고 내담자와 치료사가 해 온 일들을 적절하게 요약해야 하고, 둘 모두 목표를 향해 순조롭게 나아갈 수 있도록 이를 주기적으로 해야 한다. 회기 종료 시점에는 내담자에게 그 회기에서 얻은 것을 요약하도록 요청해야 한다.

회기를 종결로 이끌기

회기의 마지막 단계는 종료이다. 이 단계에서는 내담자의 요약뿐 아니라, 치료사와 내담자 간에 몇 가지 합의가 이루어져야 한다. 즉, 둘은 다음 사항들에 합의할 수 있다.

- 회기를 더는 갖지 않는다.
- 회기는 더 없으나, 향후 정해진 날짜에 추후 상담을 한다.
- 내담자가 그 회기를 이해하고 해결책을 실천해 보도록 기다렸다가 필요하다면 추가 회기를 요청한다.
- 추가 회기를 예약한다.

결론적으로 SST의 효과적인 회기 구조의 특징은 합의된 시작과 확실한 종료 그리고 합리적인 중간 단계이다.

효과적인 목표 설정

16장에서 SST는 목표-지향적이라고 언급한 바 있다. 또한 같은 장에서 SST에 효과적인 내담자 목표에 대해 드세이저(1991)의 연구에서 추론한 다음의 특성들도 강조했다.

- 내담자에게 가장 중요한
- 크게보다는 작게
- 구체적이고 행동적인 모습으로 그려진
- 내담자의 현실적인 삶 속에서 달성 가능한
- 내담자가 자신이 해야 할 것으로 받아들이는
- 내담자가 '무엇의 끝'이 아닌 '무엇의 시작'으로 묘사하는
- 기존 감정의 부재, 행동(들)의 중단보다는 새로운 감정 및/또는 행동(들)을 포함하기

SST에서 내담자에게 목표를 물어보면 그들은 모호하거나 보편적인 목표(예: "행복했으면 좋겠어요.")로 대답하기도 하고, 문제가 되는 상태를 없애거나(예: "불안을 느끼고 싶지 않아요.") 또는 긍정적인 상태가 되기를 바라는 반응(예: "확신이 생겼으면 좋겠어요.")을 보이기도 한다. 이런 반응을 보일 때 치료사는 빠르고 효과적으로 다음과 같이 대응해 줄 수 있다.

1. 내담자가 말한 최초의 목표를 존중한다.
2. 내담자가 좀 더 구체화할 수 있도록 돕는다.
3. 회기 종료 시점에 얻으면 좋을 만한 것으로, 더는 회기가 없어도 혼자서 해 볼 만하다는 생각이 드는 것은 무엇인지 묻는다.

내담자의 고민과 연관된 목표를 설정하도록 돕기: 개인상담 접근에서

내담자는 종종 고민거리가 생겼을 때 SST에 오게 된다. 내담자는 고민을 효과적으로 다루기 전에 먼저 이를 꼭 다루고자 하는 마음 상태여야 한다. 이 고민이라는 것이 부정적이기 때문에 내담자가 부정적인 감정을 갖는 것은 건강한 것이며, 부정적인 감정들은 문제 해결의 의욕을 꺾기보다는 오히려 자극이 된다. 다음에 나오는 나와 내담자 간의 대화에서 보이듯이 여기서 치료사의 역할은 내담자가 그러한 정서를 구체화하도록 돕는 것이다. SST에서 목표 설정에 접근하는 방식들은 다양하지만, 다음의 대화는 내담자가 고민거리를 효과적으로 다뤄야 하는 상황에서 내가 활용하는 개입 방식을 보여 준다.

윈디(Windy): 그러니까 당신은 공개 발표 자리에서 바보같이 말할까 봐 불안하군요. 맞나요?

내담자: 네, 맞아요.

윈디: 바보같이 말할까 봐 느끼는 불안이 발표를 잘하도록 도와주나요? 아니면 도움이 안 되나요?

내담자: 도움이 안 되죠.

윈디: 그렇다면 당신이 발표할 때, 바보같이 말할 수도 있다는 것과 관련해서 당신의 목표는 뭐죠?

내담자: 글쎄요, 저는 발표에 자신감을 갖고 싶어요.

[이것은 내담자의 흔한 반응이다. 여기서 내담자는 그 상황에서의 고민에 대해(발표 시 바보같이 말하는 것) 건강하지만 부정적인 정서가 아닌 그 상황(발표 상황)에서의 긍정적인 정서 상태를 목표로 설정하고 있다.]

윈디: 바보같이 말할까 봐 불안해하는 것이 공개 발표에 자신감을 갖도록 도울 수 있을까요?

내담자: 아니요.

윈디: 그렇군요. 그럼 제가 만약 당신이 공개 발표에 대해 걱정은 할 수 있지만 바보같이 말할까 봐 불안해하지는 않도록 돕는다면, 당신이 말하는 자신감을 키우는 데 도움이 될까요?

내담자: 네, 그게 가능한가요?

윈디: 그리고 제가 이번 방문에 당신이 그렇게 할 수 있도록 돕는다면…?

내담자: 그거 아주 좋겠어요.

[나는 내담자가 자신감을 개발하고자 하는 마음가짐을 갖기 전에 다루어야 할, 이 고민에 관해 현실적이면서도 건강한 목표를 설정하도록 도왔다. 이것이 되고 나면 사례에서 언급한 그런 자신감은 때로 내담자 스스로 높일 수 있다.]

내담자와 함께 목표 설정에 시간을 할애하는 것은 SST에서 시간을 제대로 활용한 것이다.

전문가가 아닌 전문성을 활용하는 치료사

나는 20장에서 SST는 내담자-중심이며 내담자-주도임을 강조했다. 단일회기 치료는 내담자가 회기 중에 자신의 목표를 달성하는 데 활용할 수 있는 모든 기술, 능력 및 강점들에 초점을 둔다는 것이 SST 커뮤니티 안에서 보편적으로 인정되고 있다. 그렇다 하더라도 치료사는 내담자가 다음의 사항들도 실천할 수 있도록 도와주는 임상적 자질(능력과 기술)을 갖춰야 한다.

- 자신의 기술, 능력, 강점들 발견하기
- 추구하는 목표와의 관련성 알기
- 목표 달성에 이르기까지 이러한 기술, 능력, 강점들을 실천할 수 있는 방법 선택하기

더불어 SST 치료사는 이러한 모든 것을 신속하고 명확하게 할 수 있어야 한다.

이와 관련하여 호이트 등(2018b: 15)이 정말 훌륭하게 표현한 바가 있다. SST에서 치료사의 역할은 “본래 내담자가 자신들의 전문성을 더 잘 활용할 수 있도록 하기 위해 치료사의 전문성을 이용하는 것”이다. 호이트 등(2018a)의 기고에서도 알 수 있듯이, SST 문헌

들을 보면 SST 치료사의 주된 역할 중 하나는 촉진적 역할이다. 나는 이 같은 접근을 '건설적' 접근(19장 참고)이라고 불렀다. 이런 식의 접근에서는 문제를 해결하는 데 필요한 모든 것은 내담자에게 있다고 보며, 치료사의 기본 과제는 내담자들이 이것을 깨닫고 실천하게 하는 것이다.

치료사들이 여러 가지 이론으로부터 얻은 다양한 접근으로 SST를 할 수 있다는 것은 인정되는 반면(19장 참고), SST 커뮤니티에서는 호이트 등(2018b)이 집필한 책의 사전 간행본에서 초창기에 '적극적-지시'라고 불리던 접근법에 대해 다소 부정적인 견해를 보인다(Hoyt et al., 2018a). (CBT, REBT, 정신역동, 게슈탈트 치료 같은) 적극적-지시 접근을 활용하는 SST 치료사들은 '건설적' 접근을 쓰는 동료들에 비해 내담자의 문제 그리고 문제를 다루는 방법에 대해 의견을 제시할 가능성이 높다. 앞의 문장에서 가장 중요한 단어는 제시이다. 적극적-지시 접근을 효과적으로 활용하는 SST 치료사들은 내담자들에게 그들의 문제와 가능한 해결책에 대한 견해를 물어볼 수 있다. 이러한 내담자의 견해가 의도와 달리 역효과를 낳는다면—치료사의 관점일지라도—치료사는 자신들의 의견에 대한 근거를 밝히고, 내담자가 검토한 의견에 대해 대안적인 견해를 제공할 것이다. 대안적인 견해가 괜찮다면, 이후 치료사와 내담자는 그 지점부터 앞으로 나아간다. 만약 그렇지 않다면, 더 많은 논의와 협의가 진행되어야 할 것이다.

나는 SST란 내담자가 SST 과정에 가져오는 것과 치료사가 그 과정에 제공하는 것의 조합이라고 보며, 치료사가 제공하는 것에 있어서는 다원적인 견해를 가진다. 당연히 SST 치료사는 내담자의 재능을 활용하는 데 애쓰고, 내담자의 목표를 달성하는 데 그 재능을 활용하도록 권장할 것이다. 그러나 SST 치료사들은 내담자가 모르는 것을 알려 주고 내담자에게 새로울 수 있는 방법들을 제안함에 있어서도 자유로워야 한다. SST 치료사는 둘 중 하나가 아닌, 둘 모두를 해야 한다. 이와 같은 방식으로 치료사는 내담자의 권한을 뺏을지도 모를 역할의 '전문가'로 있는 것이 아니라 치료사 자신의 전문성을 나눌 수 있다. 셸던 콥(Sheldon Kopp, 1972)은 SST 치료사들에게 다음과 같이 조언했다. 당신은 전문지식을 가지고 있을 뿐 구루*가 아니라는 것을 내담자에게 보여 주라. 당신 역시 고군분투 중인 한 인간일 뿐이다.

* 구루(guru): 힌두교, 불교, 시크교 및 기타 종교에서 일컫는 스승으로, 자아를 터득한 신성한 교육자를 지칭한다. -역자 주

SST 치료사에게 도움이 되는 태도

탤먼(1990: 134)은 SST에 큰 영향을 끼친 자신의 책에서 "내가 생각하기에 단일회기 치료사에게 도움이 되는 태도 목록 중 일부"를 나열하면서 결론지었다. 여기에 몇 가지를 추가하여 〈표 1〉에 제시한다. 제시된 표를 보면, 태도들을 네 개의 범주로 분류했다. 이 네 개의 범주들을 본 장에서 다루어 보고자 한다.

회기의 힘과 완전성

SST 치료사의 초점이 회기 그 자체와 회기를 바라보는 방식이라고 했을 때, 치료사의 태도는 회기의 힘과 완전성에 집중하는 듯하다. 에미넴(Eminem)은 자신의 노래 〈너를 맡겨 봐(Lose Yourself)〉 도입부에서, 단 한 번의 기회가 주어진다면 당신은 무엇을 할 것인지 묻는다. SST 치료사들은 분명 이렇게 답할 것이다. '그 기회를 포착하라.' 이 점에 있어 SST와 워크-인 치료에 대한 처음 두 번의 국제 컨퍼런스 제목이 '순간을 정확히 포착하기(Capturing the Moment)'와 '순간을 정확히 포착하기 2(Capturing the Moment 2)'인 것은 주목할 만하다. 이러한 독특함 덕분에 SST는 힘을 갖는다. 한편으로 이 범주에서 보이는 태도들로 인해 SST는 완전성 또한 지닌다. 그것은 완전하다. 설령 이후에 그 이상의 회기가 가능하다 하더라도, 지금 이 순간은 우리가 가진 전부이다.

맥락 안에서의 SST

앞선 범주에서의 태도들은 회기 그 자체에 초점을 맞추는 반면, 내가 '맥락 안에서의 SST'라고 부르는 범주의 태도들은 SST를 맥락 안에 두는 것이 중요하다는 것을 보여 준다. 이런 태도들을 분명히 함에 따라 SST는 단기적 그리고 장기적으로 내담자의 삶에 깊이 새겨지며, 회기에서 만들어진 삶의 변화들은 회기 밖으로 퍼져 나간다. 이를 깨닫지 못한 SST 치료사는 내담자가 알아차리고 활용하도록 자신이 준비할 수 있는 것 이상의 변화 기회가 내담자의 삶에 있다는 사실을 알지 못한다.

표 1 SST 치료사에게 도움이 되는 태도에 관한 네 개의 범주 (Talmon, 1990에서 수정, 확장함)

회기의 힘과 완전성

바로 이것이다!
각 회기 그리고 모든 회기를 전체로 보고, 그 자체로서 완성하라.
지금이 당신이 가진 전부이다.
모든 것은 여기에 있다.
지금 여기와 미래를 탐색하는 데 집중하라.

맥락 안에서의 SST

치료는 첫 회기 이전에 시작되고 종결 후에도 오래도록 지속될 것이다.
회기 밖에서의 자발적인 변화들에 관심을 보여라.
치료는 내담자의 일생 동안 일어난다. 단 한 번으로 끝나는 것이 아니다.

삶은 놀라움으로 가득하다.
삶은 치료보다 훨씬 더 훌륭한 스승이다.
시간과 자연, 삶은 좋은 치료제이다.

천천히, 꾸준히, 겸손하게

한 번에 한 걸음씩 나아가라.
서두르거나 불필요하게 애쓰지 않아도 된다.
작은 변화라도 충분할 수 있다.
도움이 되는 모든 것을 알지 않아도 된다.

낙관성

힘은 내담자 안에 있다.
내담자의 강점을 결코 평가하지 말라.
변화를 기대하라. 그것은 이미 잘 되고 있다.

천천히, 꾸준히, 겸손하게

처음 SST에 대해 들었을 때 나는 내담자에게 비약적인 변화를 가져다주는 눈부신 구루 같은 치료사를 상상했다. 하지만 내가 '천천히, 꾸준히, 겸손하게'라고 부르는 이 범주의 태도들을 보면 전혀 다르다. 오히려 그들은 인내심 있고, 현실적이며, 체계적이고 겸손한 등등의 모습을 보여 준다. 게다가 집중하는 모습까지!

낙관성

한편, 균형이 잘 잡힌 겸손함은 SST에 대한 치료사의 낙관적인 관점과도 밀접하게 연관되어 있다. 이와 관련한 태도들은 내가 '낙관성'이라 이름 붙인 네 번째 범주에서 볼 수 있다.

요약하자면 SST 치료사들은 SST를, 침착하면서도 낙관적이고 내담자의 강점을 활용할 줄 아는 전문가들에 의해, 작지만 중요한 변화가 촉발될 수 있는 상황에서 내담자의 삶과 연결되는 강력한 방법으로 내담자와 상담하는 방식이라고 생각하는 경향이 있다.

'유능한' SST 치료사의 특징

탤먼(1993: 128-129)은 내담자를 위한 SST 안내서에서 유능한 SST 치료사들은 다음과 같은 경향이 있다고 조언했다.

- 경청하고 이해하며 내담자와 관계를 잘 맺는다.
- 내담자가 바꿀 수 있는 문제와 바꿀 수 없는 문제를 구분하고, 바꿀 수 있는 문제에 집중하도록 돕는다.
- 유용한 변화들과 내담자의 강점들을 알아내고 확장한다.
- 내담자의 목표 달성에 장애가 되는 것들을 효과적이고 효율적으로 제거한다.

'통합된 단일회기 인지행동치료(SSI-CBT)'라고 알려진 나의 SST 접근 방식에서, 나는 효과적인 SSI-CBT 치료사들의 특징들을 강조했었다(Dryden, 2017). 내 생각에 이 특징들의 대부분은 유능한 SST 치료사들의 일반적인 특징들을 담고 있으며, 그 특징은 다음과 같다.

내담자에 관한 정보가 부족해도 견딜 수 있다

우리가 알고 있듯이, SST의 본질적인 특징은 초점을 맞추는 것이다. 때문에 치료사들은 관련한 문제들을 상세히 알아볼 시간도 없을 뿐더러 장기 치료에서 하는 것만큼의 많은 정보를 요구할 수도 없을 것이다. 이런 이유로 유능한 SST 치료사들은 내담자에 관한 정보가 자신들이 알고 싶어 하는 것만큼 많지 않다는 것을 견딜 수 있어야 한다.

내담자와 관계를 빠르게 맺을 수 있다

SST에서 내담자와 관계를 맺을 수 있는가 하는 것은 중요하다. 이것은 보통 초기에 내담자의 문제 및/또는 그들이 SST에서 얻고자 하는 것에 집중함으로써 이루어진다. 혹은 내담자를 좀 더 효과적으로 돕는 데 있어 치료사를 지원해 줄 수 있는 내담자의 강점과 기타 다른 변수들을 끌어냄으로써, 내담자와 더욱 효과적으로 관계를 맺을 수도 있다. 왜냐하면 치료사가 내담자의 결핍에 초점을 두기보다 그들의 기여에 초점을 맞추기 때문이다. 뿐만 아니라 진심으로 가능한 한 빨리 내담자를 돕고자 관심을 기울인다는 태도와 행동을 SST 치료사가 보여 줌으로써 내담자와의 빠른 관계 형성이 용이해진다.

진정성 있는 카멜레온이 될 수 있다

고인이 된 나의 친구이자 동료 아놀드 라자루스(Arnold Lazarus, 1993)는 심리치료 논문에서 '유능한' SST 치료사의 특징을 "진정성 있는 카멜레온(authentic chameleon)"으로 묘사했다. 카멜레온 같은 치료사는 전혀 다른 내담자에 따라 자신들의 대인관계 스타일을 확실하게 달리할 수 있고, 내담자가 어떤 스타일과 잘 맞는지 통찰력 있게 결정할 수 있다. 내담자와 동일한 스타일의 치료사가 SST를 진행할 수도 있지만, 개인적으로는 이러한 치료사들보다 내담자와의 관계 형성에 있어서 융통성 있는 치료사가 더 효과적이라고 생각한다.

유연하고 다원적인 세계관을 갖는다

13장에서 언급했듯이 SST는 구체적인 접근 방식이 아닌 마음가짐으로 간주되는 것이 가장 적절하며, 그렇기 때문에 SST에서는 다양한 접근법이 적용될 수 있다. 따라서 SST를 실시하는 치료사들은 치료 과정에 자신들의 접근 방식을 활용한 그들만의 방식을 도입할 것이다. 그렇지만 나는 유능한 SST 치료사는 SST를 유연하고 다원적으로 실시할 준비가 되어 있다고 생각한다(Cooper & McLeod, 2011). 이것은 몇 가지 방식으로 표현될 수 있다.

- SST를 하는 데 단 한 가지 옳은 방법이란 없음을 인정한다. 유능한 SST 치료사들은 저마다 다른 내담자에 따라 자신의 치료에 변화를 주고, 자신이 선호하는 접근과 선호하지 않는 접근 모두를 필요한 상황에 맞게 활용할 수 있도록 준비되어 있다.
- 치료에 대해 둘 중 하나의 관점이 아닌 둘 모두의 관점을 도입한다.
- 24장과 25장에서 논의한 것처럼 내담자의 강점과 자원을 활용한다.

• 과정의 단계마다 내담자를 충분히 참여시킨다.

빠르게 결단을 내릴 수 있다

어떤 치료사들은 충분한 시간을 들여 치료하고, 전개되는 과정들을 여유 있는 태도로 심사숙고하기를 선호한다. 그러한 치료사들에게는 그 자리에서 빨리 판단하기를 요구하는 SST가 상당히 어려울 것이다. 빠른 판단이 수월하고, 이를 활용할 기회를 즐기는 치료사들이 효과적인 SST 치료사가 되는 경향이 있다. 그렇긴 해도 어떤 SST 치료사들은, 특히 가족을 상담하면서 관찰팀의 지원을 받는 SST 치료사들은 해당 회기에 대해 고민하고 개입 전략 수립을 도와줄 동료와 상의하고자 치료 활동에서 잠시 떨어져 있는 '생각할 시간'을 계획할 것이다.

내담자가 빠르게 초점을 맞추도록 도울 수 있다

중요한 점은, 효과적인 SST 실행은 내담자가 의미 있는 치료의 초점을 발견하도록 돕는 치료사에게 달려 있다는 것이다. 그러한 초점을 발견할 수 없다면, SST 방식을 통해 얻을 수 있는 효과는 상당히 떨어진다. 따라서 내담자가 초점을 맞추도록 도울 수 있으며, 그것도 내담자를 몰아세우지 않으면서 빠르게 할 수 있는 치료사가 SST를 매우 잘 실행하는 경향이 있다(31장 참고).

내담자에게 맞는 은유와 격언, 이야기, 심상을 활용할 수 있다

이론적으로 말하자면, SST 과정은 내담자의 정서에 영향을 주어야 한다. 이는 대개 치료적 대화 과정에서 일어나는데, 만약 SST 치료사가 적합한 은유나 간결하면서도 내담자에게 의미 있는 격언, 적절한 이야기 또는 내담자 스스로 만들었거나 치료사가 제안한 심상을 사용하는 경우, 정서적 영향은 좀 더 강화될 수 있을 것이다. 이러한 방법들은 기억하기 쉬운 방식으로 상담에서 배운 주요 포인트를 내담자가 요약 · 정리하도록 돕고, SST가 끝난 후에도 배운 핵심 내용과 방법 모두 잘 기억하게 한다. 그런 방법들을 수월하게 활용하는 치료사는 직설적 표현의 대화에만 치우친 치료사들보다 SST를 실시하는 데 더 적합할 것이다.

SST에서 해야 할 것

앞에서도 언급했고 39장에서도 더 다루겠지만, SST는 다원적이고 유연하다. 그렇다고 해도 SST에서 해야 할 것과 하지 말아야 할 것에 대해서는 일치하는 의견들이 있다고 말해도 괜찮을 것 같다. 이 장에서는 해야 할 것들에 대해, 다음 장에서는 하지 말아야 할 것들에 대해 간략하게 살펴볼 것이다. 대부분의 내용들이 다른 곳에서 자세히 설명되기는 하지만, 그럼에도 SST를 실행함에 있어 (이 장에서 살펴볼) 우리가 지향해야 하는 사항들과 (다음 장에서 살펴볼) 피해야 할 사항들이 있다는 점을 전체적으로 전달하고자 이렇게 제시했다. 다음의 사항들은 블룸(1992), 탤먼(1990), 폴과 반 오메렌(Paul & van Ommeren, 2013) 그리고 드라이덴(2017)의 연구와 같은 다양한 자료들을 통해 추론한 것이다.

- 내담자가 신속하게 치료를 진행하도록 한다.
- 우리가 왜 여기에 있는지 그리고 우리가 어떤 것을 할 수 있고 어떤 것을 할 수 없는지에 대해 분명히 한다.
- 신중하게 행동한다. 치료사로서 당신이 하는 행동은 내담자를 수동적으로 만드는 것이 아니라, 내담자가 능동적일 수 있게 힘을 실어 주어야 한다.
- 집중하고, 내담자도 집중하도록 돕는다.

- 필요하다면 내담자의 말을 막아서라도 집중하게 한다. 사전에 이 같은 행동에 대해 이유를 설명하고, 내담자의 동의를 구한다. 요령껏 재치 있게 끼어든다.
- 내담자의 관점에서 문제를 끌어낸다.*
- 그 문제를 평가한다.**
- 내담자의 목표/향후 원하는 바를 분명히 하고, 여기에 초점 맞춘다.
- 되도록이면 앞의 초점이 가치에 연결되게 한다. 내담자가 자신의 가치를 마음에 새기고 있다면, 상황이 힘들어지더라도 자신의 목표를 향해 나아갈 것이다. 만약 SST와 관련한 가치를 찾게 된다면, 회기 중에도 그리고 회기가 끝난 후에도 내담자가 이 가치를 마음에 간직하도록 격려한다.
- 향후 원하는 바/목표를 달성하기 위해 어떤 희생을 감내할 준비가 되었는지 확인한다.
- 가능할 때마다 내담자가 원하는 것과 연결 짓는다.
- 할 수 있을 때마다 당신이 무엇을 하고 있는지 설명한다.
- 가능하면 내담자가 구체적으로 이야기하도록 격려하되, 이를 전체적으로 종합할 기회를 염두에 둔다.
- 내담자의 내적 강점을 확인하고 이런 강점들을 활용하도록 격려한다.
- 내담자에게 유용한 외부 자원들을 확인하고 관련 자원들을 활용하도록 격려한다.
- 문제해결을 위해 이전에 시도했던 것들을 확인한다. 그중 성공적인 시도들은 활용하고 실패한 시도들은 멀리한다.

---

* 해결-중심 SST 치료사들에게는 해당되지 않을 것이다.

** 이 역시 해결-중심 SST 치료사들에게는 해당되지 않을 것이다.

- 내담자의 학습 스타일을 확인하고 염두에 둔다.
- 자유롭게 질문한다. 내담자가 당신의 질문에 답할 시간을 준다. 당신이 질문한 것에 대해서는 내담자가 확실히 답하게 한다.
- 중요할 수 있는 사항들에 대해 내담자가 이해했는지 확인한다.
- 비언어적으로 표현되는 것까지 포함하여 내담자의 의구심, 거리낌, 저항을 확인하고 대응한다.
- 정서에 영향을 줄 수 있는 방법을 찾는다. 그러나 정서에 영향을 주려고 할수록 오히려 더 어려워지므로 강요하지는 않는다.
- 회기에서 내담자가 의미 있는 점 한 가지는 꼭 찾고, 이를 실천할 계획을 반드시 세우도록 노력한다.
- 가능하다면 회기 중에 해결책을 연습해 본다.
- 과정을 순조롭게 진행하고, 계속해서 진척시키기 위해 주기적으로 요약한다.
- 종결 직전에, 내담자가 회기와 그 회기에서 얻은 것을 요약하게 한다. 필요하다면 내담자가 놓친 중요한 것들을 분명히 한다.
- 남아 있는 미진한 부분들을 마무리한다.
- 다른 회기(들)의 가능성에 대해 의논한다.
- 추후 상담을 계획한다.

SST에서 하지 말아야 할 것

이 장에서는 SST 치료사들이 대체적으로 잘 하지 않는 치료적 활동 몇 가지를 살펴보려 한다. 재차 말하지만, 이 사항들은 블룸(1992), 탤먼(1990), 폴과 반 오메렌(Paul & van Ommeren, 2013) 그리고 드라이덴(2017)의 연구에서 추론한 것들이다.

- 상세한 과거력을 알려 하지 않는다. 리키 저베이스(Ricky Gervais)는 영화 〈고스트타운(Ghost Town)〉에서 배가 아프다고 호소하며 응급실을 찾는 뉴욕의 냉소적인 치과 의사를 연기한다. 그는 응급실 접수창구에서 '관련 없다'고 답하게 되는 많은 질문을 받게 된다. 이 장면은 내담자의 고민과 관련된 질문만을 해야 한다는 것을 SST 치료사들에게 잘 일깨워 준다. 치료사는 상세한 과거를 알아야 할 이유도, 시간도 없다.
- 내담자가 초점 없이 대충 말하도록 두지 않는다. 내담자가 하고 싶은 대로 내버려 두면, 대개의 경우 내담자들은 초점 없이 대략적으로 자신들의 걱정거리를 이야기할 것이다. SST에서는 시간이 매우 귀하다는 점을 고려한다면, 그렇게 대충 초점 없이 이야기하는 것은 내담자가 단일회기에서 최대한의 것을 얻는데 도움이 되지 않을 것이다. SST에서는 초점에 맞춰 구체적으로 이야기하는 것이 필요하다.
- 중립적인(non-directive) 듣기 자세로 너무 많은 시간을 소비하지 않

는다. 치료사들은 일반적으로 치료 초기에 새로운 내담자가 자신만의 방식으로 이야기할 시간을 길게 주고, 주의 깊게 비판단적으로 들어야 한다고 배운다. SST에서도 내담자의 이야기를 듣는 것은 중요하지만, SST 치료사는 내담자에게 비판단적인 주의를 기울이면서도 내담자가 자신의 주된 어려움에 초점을 맞추도록 하고 있는지 확실히 해야 한다. 그래서 SST 치료사들은 중립적인 듣기 자세로 그리 많은 시간을 소비하지 않는다.

- **SST에서의 과업과 관련 없는 라포(rapport)는 맺지 않는다.** 앞서 말한 것에 뒤이어 SST를 비평하는 사람들은 치료사가 내담자와 라포를 형성하기 위해서는 한 회기 이상이 필요하고, 그런 라포는 문제 및/또는 해결에 초점을 맞추기 전에 선행된다고 주장한다. SST 치료사들은 이에 동의하지 않으며, 관련 연구에서는 SST 치료사들이 그들의 내담자와 강한 작업동맹을 맺을 수 있고, 또 그렇게 하고 있음을 보여 준다(Simon et al., 2012).
- **관련 없는 것은 평가하지 않는다.** 모든 SST 치료사가 문제를 평가하는 것은 아니다. 그러나 평가를 하는 일부 치료사들은 궁금하기는 해도 SST에서의 초점에 불필요한 평가는 삼간다. 나는 SST를 실시하면서 대체로 문제를 평가하는 상태에 꽤 오랜 시간 머문다. 특히 나에게는 내담자가 매달려 싸우고 있는 문제가 무엇인지 그리고 어떻게 그들의 문제가 의도치 않게 지속되는지 면밀하게 아는 것이 중요하다. 그렇지만 이와 같은 평가에서도 조금이라도 불필요한 자료수집은 없도록 초점을 맞춘다(Dryden, 2017, 2018a).

- 복잡한 사례개념화는 실시하지 않는다. 사례개념화는 내담자 문제의 발생과 지속의 원인이 되는 요인들과 이 요인들이 어떻게 연결되어 있는지에 대한 전체적인 그림을 얻기 위해 치료사와 내담자가 함께 작업하는 것을 의미한다. 이러한 사례개념화는 가치 있는 과정이긴 하나, SST에서는 치료사와 내담자가 그렇게 할 수 있는 시간적 여유가 없으며, 이런 이유로 나는 SST는 사례개념화가 아닌 문제 평가를 기반으로 한다고 말한다(Dryden, 2017). 3장에서 말했듯이, 이는 사례개념화를 통해 얻는 사전 정보 없이 치료를 하기란 어렵다고 알고 있는 CBT 치료사들에게 도전이 되고 있다.
- 내담자를 재촉하지 않는다. SST에서 단지 시간이 귀하다는 이유로(Dryden, 2016), SST 치료사들이 내담자를 재촉하게 되는 일은 생기지 않는다. 사실 그와 같이 행동하는 치료사들은 대체로 무능하다. 예를 들어, 아스날(Arsenal)의 축구선수 메수트 외질(Mesut Özil)은 매우 유능하지만, 전혀 조급해 보이지 않는다. 유능한 SST 치료사들은 여유가 있다!
- 당신이 무엇을 하고 있는지, 또는 왜 그것을 하고 있는지에 대해 당신의 내담자가 알고 있을 거라 짐작하지 않는다. 치료사가 무엇을 하고 있는지 그리고 그 이유가 무엇인지 안다고 여겨지는 비언어적 표현을 내담자가 내비친다면, 치료사는 그들이 실제로 이해했다고 착각하기 쉽다. 유능한 SST 치료사는 이렇게 짐작하지 않고, 자신이 무엇을 하고 있으며, 왜 하고 있는지를 설명하는 데 지나치다 싶을 정도로 주의를 기울일 것이다(30장 참고).

- 복잡한 질문을 하지 않는다. SST 치료사들이 많은 것을 물어보는 경향이 있긴 하지만, 그렇게 하면서 인내심도 보여 준다. 그들은 내담자의 반응이 빠르게 나오지 않을 경우, 복잡한 질문은 피한다. 앞 장에서 보았듯이 유능한 치료사는 내담자에게 생각할 시간을 준다.
- 당신의 내담자를 기다리게 하지 않는다. 회기가 계속 이어지는 치료에서는 회기가 끝날 때쯤 잠시 내담자를 기다리게 하는 시간이 있다. 이때 약간의 긴장감이 조성되는데, 이는 내담자로 하여금 스스로 자신에게 좋은 영향을 준 것들을 떠올려 보도록 자극한다. 그러나 미해결 과제 없이, 깔끔하게 종결하는 것이 효과적인 단일회기의 상징이 되는 SST에서는 원칙적으로 이렇게 해서는 안 된다.

SST에 도움이 되는 환경

치료는 외부와 단절된 상태에서 일어나지 않는다. 그렇기 때문에 SST를 촉진하는 조건들을 생각해 볼 때, SST가 진행되는 환경적 맥락을 고려하는 것은 중요하다. 그렇다면 SST에 도움이 되는 환경적 조건에는 어떤 것들이 있을까?

수요와 공급

어떤 기관에서 치료사들을 고용하고, 치료사들의 치료 서비스에 대한 수요 조절이 가능하다면, 기관에서 SST를 도입할 가능성은 낮다. SST가 고려될 때는 서비스의 공급이 수요를 충족하지 못할 때이다. 학생상담 서비스 체계를 SST 방식으로 재설계하고자 나에게 자문을 청했던 대학의 경우도 상담을 위해 6주를 기다려야 하는 대기자 명단이 생겼기 때문이었다.

도움이 되는 구조적 요인

상담 기관에서 SST가 잘 진행될 것인가 하는 것은 도움이 되는 다양한 구조적 요인에 의해 결정된다.

교육

기관에 소속된 상담사들에게 SST의 원리와 실제에 관련된 적합한 교육이 제공되면서 SST에 대한 의문점과 거리낌, 의구심에 대해 자유롭게 논의하는 것이 적극 권장된다면, 해당 기관에서의 SST 실행과 성장은 힘을 받는다. 반대로 그와 같은 훈련을 전혀 제공해 주지 않거나 SST에 대한 의문들을 표현하지 못하는 아주 초보적인 방식의 교육만을 제공하는 경우라면 SST가 잘되기는 어렵다.

팀의 적극적인 태도와 지원

만약 치료사들이 자신들에게 SST를 강요하고 있다고 느낀다면, 치료사들은 이를 매우 불쾌해할 것이며, 어떻게 해서든 SST 도입을 방해할 것이다. SST 도입을 위해서는 직원들의 지지가 필요하다. 이는 '치료사가 가진 상담의 주된 신념과 실행 방식'에 SST가 대체적으로 맞아떨어질 때 훨씬 수월하다(Weir et al., 2008). 덧붙여 탤먼(2018: 150-151)은 "치료사가 훈련과 연구 과정에 적극적인 역할로 참여하면서 팀으로 일하는 곳"에서 SST가 훨씬 활성화될 수 있다고 강조한다.

호주 빅토리아에서 실시된 SST 운영에 관한 연구를 보면, 팀의 지원은 SST의 실행을 가능하게 해 주고, 뿐만 아니라 SST의 실행은 다시 치료사의 사기에 긍정적인 영향을 끼친다는 것을 알 수 있다(Weir et al., 2008).

구조적인 지원

함께하는 팀의 지원이 SST를 시행하고 유지함에 있어 중요한 반면, 이러한 형태의 상담 서비스 제공은 적극적인 구조적 지원 없이는 살아남기 어렵다. 이러한 지원은 행정적으로, 슈퍼비전과 자문으로 이루어져야 한다.

SST와 치료사의 수입

치료사의 수입이 시간당 비용을 근거로 하지 않는다면, SST를 택할 가능성이 더 크다. 주로 개인이 운영하는 상담실에서 일하는 치료사들은 개인상담실에 SST를 도입하려 할 때 예상 수입을 걱정하게 된다. 탤먼(1990)은 개인상담실의 치료사들이 통상적인 치료보다 SST에 좀 더 많은 비용을 책정하도록 권한다. SST는 회기를 기준으로 진행할 때보다는 더 비쌀 수 있지만, 하나의 치료를 기준으로 진행하는 것과 비교해 보자면 더 저렴하다.

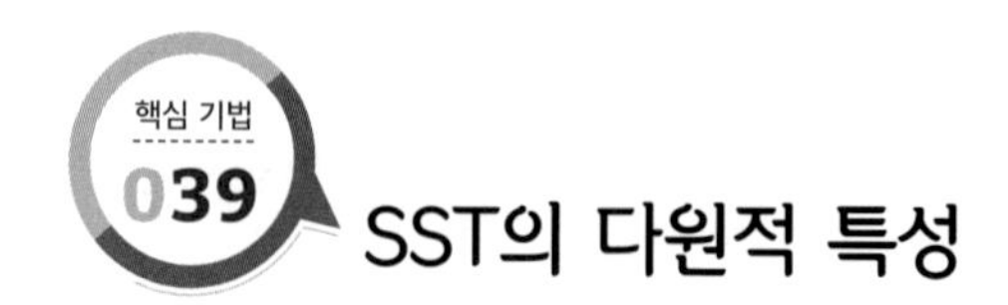

SST의 다원적 특성

SST가 지닌 다원적 특성에 대해서는 앞서도 언급한 바 있다(1장, 33장, 35장 참고). 내 생각에 다원적 관점을 취하는 것은 SST를 성공으로 이끄는 길이다.

다원주의란 무엇인가

다원주의는 '어떤 실질적인 의문에 대해 이치에는 맞으나, 서로 충돌할 수 있는 다양한 반응을 인정하는' 철학적 신념으로 정의 내릴 수 있다(Rescher, 1993: 79). 내가 다른 곳에서도 주장했듯이(예: Dryden, 2018b), 다원주의는 모든 것을 아우르는 단 하나의 '진리'를 경계하고, 다양성에 가치를 두려는 노력을 보여 준다.

SST와 관련된 다원주의 원칙

다음은 SST와 관련된 몇 가지 다원주의 원칙이다.

- 내담자의 문제와 해결책을 파악하는 데 있어 완벽하게 옳은 단 하나의 방식은 존재하지 않는다. 서로 다른 관점들은 각기 다른 내담자들에게 유용하다.
- SST를 실시하는 데 완벽하게 옳은 단 하나의 방식은 없다. 서

로 다른 내담자들은 필요로 하는 것이 다르고, 그렇기 때문에 SST 치료사들은 폭넓은 치료 기술들을 가지고 있어야 한다.

- SST 분야에서의 논쟁과 의견 차이는 '둘 중 하나'를 선택하기보다 '둘 모두'를 선택함으로써 어느 정도 풀어 나갈 수 있을 것이다.
- SST 치료사들은 서로의 치료를 존중하고 그것이 지닐 수 있는 가치를 인정하는 것이 중요하다.
- SST 치료사들은 내담자의 다양성과 독특성을 최대한 인지하고 인정해야 한다.
- 내담자들이 SST 과정 내내 충분히 참여하는 것이 가장 적절하다.
- 내담자들은 그들이 갈등을 겪는 문제뿐만 아니라 자신의 강점과 자원에 대해서도 이해해야 한다.
- SST 치료사들은 SST를 어떻게 실행할 것인가에 관한 다양한 지식의 원천에 가능한 한 개방적이어야 한다. 여기에는 연구, 개인적 경험, 이론이 포함된다.
- SST 치료사들이 자신만의 이론과 실천에 비판적인 시각을 갖는 것은 중요하다. 즉, 자신의 입장에서 행한 것들을 기꺼이 검토하고 거기서 물러서서 생각할 수 있는 능력을 갖는 것이다.

SST에서의 다원적 상담의 예시

탤먼(2018: 153)은 SST에서 다원적인 상담을 실천하는 바람직한 예시들을 다음과 같이 소개한다. 그는 이것을 SST의 '역동적인 극단(dynamic pole)'이라고 부른다. 탤먼은 서로 상반되는 입장을 취할 수도 있겠지만, 이러한 입장들은 둘 중 하나가 아닌 둘 모두를 고려해야 한다고 말한다.

- 공감적 경청을 통해 내담자의 이야기를 타당화하는 동시에, 동일한 이야기 안에서 문제가 되는 사항에 도전하기
- 희망감 또는 현실적인 낙관성을 늘리면서, 어떤 부분에서는 혹독한 현실도 수용하도록 돕기
- 회기 중 어떤 부분에서는 중립적인(때로는 수동적이고 침묵하는) 경청을 하고, 또 다른 부분에서는 목적이 분명한 의문들을 적극적으로 제기하기
- 회기의 어느 시점에서는 비지시적으로 있지만, 또 다른 순간에는 지시하는 것처럼 방향성 제시하기

여기에 나는, 어떤 사람들에게는 문제를 평가하고, 목표를 설정하고 해결책을 찾는 것이 중요한 것이 아니라 한 시간 내내 자신만의 방식으로 자신만의 속도에 맞춰 이야기를 하고, 자신을 이해해 줄 치료사를 만날 기회가 주어지는 것이 중요하다는 것을 덧붙이고자 한다.

'좋은' SST 내담자의 특징

35장에서 나는 '유능한' SST 치료사들의 특징이라 할 수 있는 것들을 설명했다. 치료사에게서 그러한 특징들이 보일 경우, SST 결과가 좋을 가능성은 높아진다. 이 장에서는 '좋은' SST 내담자들의 특징들을 설명하고, 마찬가지로 내담자가 이러한 특징들을 가지고 SST에 온다면, 그렇지 않을 때보다 더 많은 것을 얻어 갈 수 있다는 점에 대해 다루려고 한다.

말란과 동료들의 연구

말란 등(Malan et al., 1975)은 타비스톡 클리닉(Tavistock Clinic)에서 초기 면담에는 참여했으나 치료는 받지 않은 44명의 내담자를 대상으로 치료에 도움이 된 심리기제에 관한 연구를 진행했다. 연구 자료는 다음과 같은 내담자들이 SST에서 가장 큰 효과를 얻는다는 점을 보여 준다.

- 통찰력을 발휘하는
- 자기-분석 능력을 보여 주는
- 주변 사람들과 감정을 나눌 수 있는
- 정상적인 성숙과 성장을 보여 주는

- 도움이 되는 관계를 경험해 본 (특히 결혼생활에서)
- 자신의 삶을 책임질 수 있는
- 자신과 자신을 둘러싼 환경 간의 악순환을 깰 수 있는
- 진정한 안도감에서 도움을 얻을 수 있는
- 경험으로부터 직접적으로 배울 수 있음을 보여 주는

탤먼(1993)은 내담자를 위한 SST 안내서에서 다음의 특징들은 SST와 같은 치료를 최대한 활용할 수 있도록 도울 것이라고 설명했다. 그에 따르면 '좋은' SST 내담자는 다음과 같은 경향이 있다.

- 자신의 문제를 도전과제로 본다.
- 자신의 문제에 정면으로 맞선다.
- 자신의 문제와 잠재적인 해결책에 책임감을 갖는다.
- 바로 적용할 수 있는 준비가 된 유용한 해결책에 초점을 맞춘다.
- 자신의 회복력, 연민, 관용의 능력을 인정한다.
- '잘하고 있다면, 고칠 필요가 없다'는 관점을 가지고 있다.

나는 SSI-CBT(Dryden, 2017)의 효과적인 결과를 촉진하는 내담자의 특성 몇 가지를 설명한 적이 있는데, 이 특징들도 일반적으로 SST에서 내담자가 최대한의 효과를 얻을 수 있도록 도울 것이라고 본다. 이를 통해 본 '좋은' SST 내담자들은 다음과 같다.

SST에서 얻을 수 있는 것에 대해 현실적인 목적을 갖는다

SST에서 할 수 있는 것과 할 수 없는 것에 대해 내담자가 현실적인 목적을 가지고 있고, 그러한 목적을 가지고 과정에 참여할 준비가 되었다면, 이는 과정에 도움이 된다. 내담자가 SST와 관련하여 비현실적으로 높거나 낮은 기대를 가지고 있다면 그 과정이 제대로 진행되기는 어렵다.

지금 그 문제를 처리할 준비가 되어 있다

내담자가 지금 자신의 문제를 다룰 준비가 되었을 때, SST는 최상의 효과를 거둔다. 그렇기 때문에 내담자가 필요로 하는 시점에 치료가 제공되는 것이 매우 중요하다. 동시에 치료사도 내담자와 함께할 준비가 된다면, SST의 효능은 최대한 활용된다. 그러나 SST 치료사가 얼마나 능력이 있고 준비가 되어 있는지 여부와 상관없이 내담자가 처리할 준비가 되어 있지 않다면, 그 과정에서는 어떠한 의미 있는 효과도 일어나지 않을 것이다.

치료 과정에 가능한 한 적극적으로 참여할 준비가 되어 있다

SST의 효능은 내담자가 현명한 치료사의 수동적인 수혜자가 아닌 적극적인 참여자가 될 때 가장 잘 발휘된다.

해결을 원하는 문제 및 관련된 목표에 집중할 수 있고, 알기 쉽게 구체적으로 분명히 표현할 수 있다

내담자가 자신의 삶에 적용할 수 있으며 변화를 가져올 수 있는 의미 있는 한 가지를 SST에서 얻는다면, 치료사는 자신의 일을 완수한 것이다. 하지만 이러한 결과는 내담자가 구체적인 목표를 가지고 원하는 도움이 무엇인지를 분명히 하며 여기에 흐트러짐 없이 집중할 수 있을 때에만 얻을 수 있다.

회기 중에 배운 것을 실행에 옮길 준비가 되어 있다

배운 것을 적용하지 않는다면, SST는 내담자에게 단지 흥미로운 경험으로 남을 뿐이다. 과정으로부터 진정한 도움을 얻으려면 배운 것을 행동으로 옮겨야 한다.

회기 중에 해결 방안을 연습할 수 있는 활동에 참여할 준비가 되어 있다

앞서 서술한 실생활에서의 적용에서 최대한의 효과를 거두기 위해 회기 중에 그와 같은 활동들을 연습하는 데 참여할 준비가 되어 있는 내담자는 SST를 통해 놀라운 성과를 얻기도 한다.

은유와 격언, 이야기, 심상을 이해할 수 있다

SST를 경험한 내담자는 흔히 의미 있는 격언, 은유적 이야기 또는 시각적 이미지를 기억하곤 한다. 의미를 전달하는 이 같은 방식을 이해하는 내담자들은 필요할 때 그 의미들을 끌어낼 수 있기 때문에 이해하지 못하는 내담자보다 때로 더 많은 것을 얻는다.

유머 감각이 있다

레마(Lemma, 2000)가 보여 준 것처럼 유머는 강력한 치료적 요소이다. 그러므로 내담자가 유머 감각이 뛰어나고 너무 심각하지 않으면서 스스로를 진지하게 받아들일 수 있다면, SST를 최대한 활용하는 데 있어 매우 도움이 된다(Ellis, 1977).

PART 4

SST와 관련된 기준

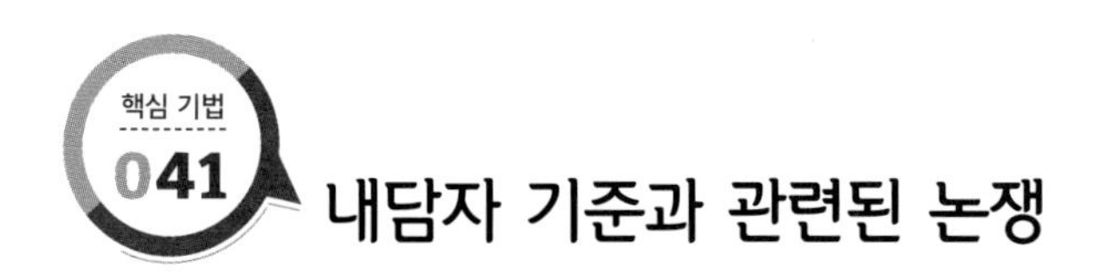

내담자 기준과 관련된 논쟁

내가 SST에 대한 발표를 할 때마다 가장 자주 듣는 질문은 SST와 관련한 권고사항과 제한사항에 관한 것이다. 여기서 내가 '내담자 기준'이라 부르는 것을 바라보는 두 개의 관점이 있다. 첫 번째는 관련한 권고사항과 제한사항이 있다고 말하며 그것이 무엇인지를 간단히 설명하고자 한다. 두 번째는 그러한 기준 자체가 없다고 주장하며 이 입장을 옹호하고자 한다. 이 장에서 나는 둘 모두를 다뤄 보려 한다.

기준이 있다: SST를 권고하는 내담자와 제한하는 내담자

기준에 근거하여 SST를 적용해야 한다는 입장의 치료사들은 권고사항과 제한사항에 대한 많은 항목을 기술하고 있다. 관련한 예시들은 다음과 같다.

SST를 권고하는 대상

- 살아가면서 흔히 있는, 비임상적인 정서 문제를 경험하는 사람들. 불안, 비임상적 우울, 죄책감, 수치심, 분노, 상처, 질투와 시샘 등이 그 예에 포함된다.

- 가정 그리고 직장에서의 관계 문제
- 일상에서 자기–조절(self–discipline)의 어려움을 경험하는 사람들
- ‘비임상적인’ 문제이며, 단일회기 접근에 잘 맞고 지금 그 문제를 다룰 준비가 된 사람들. 다루지 않는다면, 이 문제는 ‘임상적’인 문제가 될 수 있다.
- ‘임상적인’ 문제이긴 하나, 단일회기 접근으로 처리할 수 있으며 지금 그 문제를 다룰 준비가 된 사람들. 단순 공포증의 한 회기 치료(Davis III et al., 2012) 또는 공황장애를 위한 SST(Reinecke et al., 2013) 등을 이 경우의 예로 들 수 있다.
- 문제에 빠져 있지만, 그곳에서 벗어나 앞으로 나아가는 데 약간의 도움이 필요한 사람들
- 치료란 생애 주기 전반에 걸쳐 제공되는 간헐적 도움이라고 생각하는 사람들
- 자기–개발 또는 코칭을 목표로 하는 사람들
- ‘임상적인’ 문제가 있긴 하지만, ‘비임상적인 문제’를 해결하고자 준비가 된 사람들. 예를 들어, 성격장애가 있지만, 미루는 습관에 초점을 맞춰 도움받기를 원하는 사람들
- 치료에 개방적이기는 하지만, 결정하기 전에 먼저 경험해 보고 싶은 사람들
- 일종의 예방적 도움을 원하는 사람들
- 상위–감정(meta–emotional)의 문제(예: 불안한 상태에 대한 수치심)를 가진 사람들
- 신속하고 집중적인 위기 관리가 필요한 사람들
- 현실적인 딜레마를 가진 사람들

- 임박하게 중요한 결정을 내려야 하는 사람들
- 삶의 어떤 면에서 적응하기 어렵다고 느끼는 사람들
- 치료가 어떻게 자신의 문제를 해결해 줄지 조언을 구하는 사람들
- 다른 사람을 대하는 데 있어 도움과 조언을 구하는 사람들
- 내키지는 않지만 치료 회기에 한 번은 참여할 준비가 된 사람들
- 어떻게 하면 자신들로부터 그리고 자신의 삶으로부터 더 많은 것을 얻을 수 있을지 도움과 조언을 구하는 사람들('코칭'에 초점을 둘 경우)
- 짧은 기간만 그 '지역'에 머물면서, 그곳에서 어떤 도움을 필요로 하는 사람들
- 청중 앞에서 시연 회기를 자원한 사람들(예: Dryden, 2018a)
- 시연 회기 녹화에 자원한 사람들(글로리아)
- 치료 중에 2차 소견을 구하는 내담자들(또는 그들의 치료사)
- 치료를 진행 중이긴 하지만 자신의 치료사는 도울 수 없거나 그다지 도움이 되지 않을 것 같은 문제에 간단한 도움을 원하는 내담자
- 다른 관점에서 치료를 받는다는 것이 어떤 것인지 알고 싶은 훈련생들

SST를 제한하는 대상

- 지속적인 치료를 요청하는 사람들. 누군가 계속 진행되는 치료를 원한다면, SST로 긍정적인 결과를 얻을 수 있다 해도 꺼리게 된다.
- 지속적인 치료가 필요한 사람들. 많은 복합적인 문제를 가진 사람들은 SST가 제공할 수 있는 것보다 더 많은 치료를 필요로 할 것이다.

- 여러 가지 모호한 불만들이 있으면서 구체화할 수 없는 내담자들. 지금까지 이 책에서 여러 번 언급했듯이, SST는 구체적인 문제를 확인하고 초점을 맞출 수 있는 사람들에게 가장 많은 것을 제공해 주며 이렇게 하는 것이 매우 어렵다고 생각하는 사람들에게는 아마도 권장되지 않을 것이다.
- 내담자가 치료적 관계를 신속하게 발전시키는 것이 어렵다고 생각하는 경우. SST는 치료사와 내담자의 신속한 관계 발전을 필요로 한다. 내담자가 이것을 매우 어렵다고 생각한다면, 아마 SST를 권하지 않을 것이다.
- 내담자가 치료사에게 버림받는 것처럼 느끼는 경우. SST는 내담자가 치료사와 관계를 신속하게 맺도록 요구할 뿐 아니라, 동시에 관계에서 신속하게 분리되는 것 또한 필요로 한다. 이것이 어려운 내담자의 경우, 역시나 SST를 권하지 않을 것이다.

기준이 없다: SST는 모두에게 개방되어 있다

기준에 근거한 SST 접근법에 반대하는 경향을 보이는 SST 치료사들은 두 집단으로 나뉜다. 하나는 내가 'SST를 끼워 넣은'이라고 부르는 집단이고, 또 하나는 '워크-인' 치료 집단이다.

SST를 끼워 넣은 집단

SST를 끼워 넣은 집단의 예로 영(48-49)의 접근이 있는데, 누가 SST에 적합한지 그리고 적합하지 않은지에 관한 질문에 그는 다음과 같이 대답한다.

우리는 전체 서비스 체계 안에 SST를 끼워 넣고, 내담자들이 원한다면 다시 올 수 있다는 것으로 그 질문에 대한 답을 피하는 것이 최선의 반응이라고 생각한다. SST를 서비스 체계에 도입하여, 마치 마지막 회기일 것처럼 진행한 최초 회기 후에도 기관이 일반적으로 제공하는 모든 서비스를 이용할 수 있게 해 준다는 것이다. 이것으로 '단 한 번'의 회기에 누가 적합하고 적합하지 않은지 '불가능하진 않지만 어려운' 결정을 피할 수 있다. 복합적인 문제를 가진 내담자들은 장기 치료에서만 일어날 수 있는 '심도 있는' 변화를 필요로 한다는 가정은 많은 치료사와 기관의 관리자들에게 꽤나 강력하게 자리 잡고 있다. SST 문헌은 이런 가정에 도전이 되는 데이터를 계속해서 수집하고 있다.

워크-인 치료 집단

기준을 근거로 한 SST 접근법을 지지하지 않는 SST 치료사 중 두 번째 집단은 워크-인 치료 서비스 분야에서 일하는 사람들이다. 워크-인 치료의 특성상, 그 서비스를 필요로 하고 이용하려는 누구에게나 치료를 제공한다. 그런 치료사들은 단지 위기에 초점을 둔 평가만을 수행하는데, 내담자가 위기에 처한 상황이라 할지라도 변함없이 워크-인 치료의 전형적인 예인 단일회기 내에서 그들에게 도움을 제공한다. 이와 같은 치료사들은 SST로 누가 긍정적인 결과를 얻고 누가 얻을 수 없을지 예측하기란 거의 불가능하다는 영의 의견에 동의한다.

SST 치료사를 위한 권고사항 및 제한사항

모든 치료사가 SST를 실시하는 데 관심이 있는 것은 아니며 모두가 효과적인 SST 치료사가 되는 것도 아니다. 나는 이 장에서 SST 치료사를 위한 권고사항과 제한사항을 살펴볼 것이다. 앞서 34장에서는 SST 치료사들이 지니고 있어야 할 도움이 되는 태도 그리고 35장에서는 '유능한' 치료사의 특징들을 살펴보았으나 SST 실시를 제한하는 치료사의 요인이 무엇인지는 아직까지 살펴보지 않았다.

SST 치료사를 위한 권고사항

SST 치료사를 위한 권고사항과 관련하여 문헌에서 나타나는 다양한 목록을 살펴보면(예: Dryden, 2017; Hoyt & Talmon, 2014; Talmon, 1990, 1993), 나에게는 모든 것이 유연성과 다원성이라는 주제 아래 놓일 수 있다고 보인다.

효과적인 SST 치료사는 조망과 실행에 유연하고 다원적이다

SST에서 치료사가 유연하다는 것은 근본적으로 가장 중요한 두 가지를 의미한다.

- 치료사가 선호하는 접근이 있을 수 있지만 이러한 접근들을 적용하는 데 있어 유연하고, 내담자와 관련이 없을 뿐더러 유용하지도 않다는 것이 분명할 경우 선호하는 개입이라도 활용하지 않을 것임을 의미한다.
- 치료사는 내담자가 SST를 최대한 활용할 수 있도록 하기 위해서 치료 과정에 개입하는 방식은 다양하게, 그러면서도 태도는 진실되게 한다는 것을 의미한다. 아놀드 라자루스(1993)는 이것을 '진정성 있는 카멜레온' 되기라고 부른다.

SST에서 치료사가 다원적이라는 것은 다양한 상황에서 서로 다른 내담자들과 모순되는 듯 보이는 입장들도 수용하고 견딜 수 있음을 의미한다.

- SST의 힘과 완전성을 신뢰하면서 동시에 그것을 내담자 삶의 맥락 속에서 좀 더 넓게 바라보는 것을 의미한다.
- 이것이 내담자에게 유일한 회기가 될 수 있다는 가능성을 열어 두는 동시에 내담자가 추가 회기(들)를 요청할 수 있다는 가능성도 열어 두는 것을 의미한다.
- 할 수 있는 것과 할 수 없는 것에 관해 겸손함을 갖는 동시에 변화가 일어날 것을 낙관적으로 기대하는 것을 의미한다.
- 신속하게 라포를 형성하고, 내담자가 주요 문제에 초점을 맞추고 그것을 유지하도록 도우면서도 동시에 치료 과정을 재촉하지 않으면서 시간을 들여 천천히 하는 것을 의미한다.
- 문제와 그에 적합한 해결책이 무엇인지에 대한 내담자의 관

점을 특별히 여기지만 동시에 적절할 때 이러한 주제들에 대한 자신의 관점을 제공하는 것을 의미한다.

SST 치료사를 위한 제한사항

이와는 대조적으로 SST를 제한해야 하는 치료사는 경직성과 서툰 기술, 이 두 개의 주요 범주로 나뉘는 것 같다.

비효과적인 SST 치료사는 조망과 실행에 경직되어 있다

비효과적인 SST 치료사들은 SST의 과정과 치료사로서의 자신을 너무 심각하게 받아들이는 경향이 있고, SST를 이해하고 실행하는 방식이 경직되어 있다. 그 결과 그들은 SST는 단 한 회기만 실시해야 하고 그 회기가 끝난 후에 만약 내담자를 돕지 못했다면, 스스로를 실패자로 여기는 경향이 있다. 이런 경직된 시각을 지니면 치료사는 내담자를 심하게 재촉하고 밀어붙이게 되고, 결국 심한 저항을 낳게 되어 내담자의 긍정적인 결과에 방해가 될 것이다.

내담자의 변화를 촉진함에 있어 가장 중요한 변수가 바로 자신들이라는 생각 때문에 그들은 내담자의 강점과 회복탄력성을 평가절하하고 충분히 활용하려 하지 않으며, 그리하여 성장을 촉진하는 두 가지 중요한 요소를 과정에서 없애 버린다.

비효과적인 SST 치료사는 SST를 제대로 실시하는 기술이 부족하다

치료사가 SST에 대해 유연하다 해도 서툰 기술로 인해 비효과적으로 실시할 수 있다. 비효과적인 SST 치료사들은 여러 가지 면에서 실패한다.

- 내담자와 효과적인 작업동맹을 신속하게 형성하는 데 실패한다.
- 내담자와 의사소통을 분명히 하는 데 실패한다.
- 내담자가 그들의 핵심 문제에 집중하도록 돕는 데 실패한다.
- 일단 맞춰진 초점을 내담자가 유지하도록 하는 데 실패한다.
- 내담자가 상담 목표를 설정하도록 돕는 데 실패한다.
- 내담자의 강점과 자원들을 확인하고 활용하는 데 실패한다.

만일 치료사들이 이런 기술의 부족을 해결할 수 없다면, 개인적인 의견이긴 하지만, 그들은 SST 치료사가 되어서는 안 된다.

SST 서비스 제공과 관련된 권고사항 및 제한사항

38장에서 언급했듯이, 서비스를 제공하는 하나의 방식으로 SST가 효과적일 것인가 하는 것은 상당 부분 실시되는 환경에 달려 있다. 이 장에서 나는 SST를 포함한 서비스 제공과 관련된 사항들을 살펴보면서 SST에 대한 권고사항과 제한사항들에 대한 논의를 마무리하려 한다.

SST 서비스 제공과 관련된 권고사항

다음은 서비스를 제공하는 방법으로서 SST가 활성화될 수 있는 좋은 권고사항들이라고 생각한다.

- 서비스 제공에 대한 전반적인 지지. 서비스와 관련한 대다수 직원들이 서비스 제공 수단으로 SST를 지지하는 것이 중요하다. SST가 도입되기 전, 서비스와 관련한 모든 이해 당사자는 SST에 대한 자신들의 흥미를 공유할 수 있어야 하고 SST에 대한 의문과 거리낌, 이의를 제기할 수 있어야 하며, 이러한 점들을 서로 존중하는 태도로 논의할 수 있어야 한다. SST의 도입 여부를 결정하는 과정에는 관리자와 치료사, 행정 직원 모두가

포함되어야 한다. SST를 도입하더라도 참여하기를 원하지 않은 치료사들의 의사 역시 존중해야 한다. 이리하여 SST를 방해하려는 은밀한 시도들은 최소화될 것이다.

- 적절한 교육. 기관에서 SST를 실제 운영하기 전에 모든 핵심 인력이 교육을 충분히 받는 것이 중요하다. 교육은 전문적인 기술 개발뿐 아니라 SST에 대한 의심과 거리낌, 저항들을 공유하고 논의할 기회도 포함하고 있어야 한다.
- 지속적인 슈퍼비전 지원. 기관에 SST를 도입하기 전에는 충분한 교육이 필요한 반면, SST 실시에 관한 지속적인 슈퍼비전은 치료 기술들을 개선하고 내담자를 보호하는 측면에서 중요하다.
- 적절한 행정 지원. 조직이나 기관에서 SST 서비스를 지원하기 위한 행정적 뒷받침이 충분하지 않다면 SST는 곧 시들해질 것이다. SST가 활성화된 기관을 보면, 기관 내 행정 직원들이 적극적으로 참여하며, 그들의 피드백은 서비스를 순조롭게 운영하는 데 결정적이다.
- 제공되는 서비스 안에 포함된 SST. SST가 열정이 많은 한두 명이 운영하는, 그래서 기관에서 제공하는 서비스에서 따로 떨어져 나온 '분리된' 영역으로 비춰지는 것보다 기관에서 제공하는 서비스 안에 완전히 통합되는 것이 중요하다.
- 대중들이 접근하기 쉬운 SST. SST 서비스를 제공할 때, 서비스를 홍보하는 측면뿐 아니라 지리적 위치 면에서도 일반 대중이 접근하기 쉬운 것이 중요하다. 즉, 사람들이 SST에 관해 알고 있고 접근도 수월하다면 SST를 쉽게 이용할 것이다.
- 지속적인 연구와 평가. 위어 등(2008)은 내담자 성과 데이터뿐만

아니라 서비스 전달과 관련한 데이터로 입증되는 결과가 있다면, SST 서비스가 성공할 가능성이 있다고 주장했다. 서비스 관계자들이 이런 활동에 적극적으로 참여한다면, 그 서비스는 긍정적인 결과를 얻게 될 것이다.

- 지속적인 전문성 개발(CPD). 치료사가 서비스 전달을 향상하는 방법에 관해 새로운 아이디어를 자주 도입한다면, SST 서비스는 향상될 것이다. 또한 CPD 활동에 참여하는 것은 치료사들에게 활력을 주며 이것은 SST 서비스 제공에 당연히 좋을 것이다.
- 치료사는 SST만 고집해서는 안 된다. SST 치료사로서 참신함을 유지하는 한 가지 방법은 치료 기간이 다른 치료를 실시하는 것이다. 이 경우 SST는 기간이 더 긴 치료의 영향을 받고, 기간이 더 긴 치료는 SST의 영향을 받는다. 이렇게 되면 기관은 자신의 일에 다양성을 갖춘 치료사들로 인해 대체로 긍정적인 효과를 거둔다.
- SST가 실시되는 다른 기관과 연계한다. SST 서비스를 제공함에 흥미와 열정을 유지하고, 이를 통해 계속적인 성공 기회를 늘리는 방법 중 하나는 SST 서비스를 제공하는 다른 기관과 연계하는 것이다. 이러한 연계는 두 기관이 각자의 실수에서 배운 경험들을 공유하고 다른 기관에서 실행하는 것들을 시도해 볼 수 있도록 할 것이다.
- 다른 직원들을 위한 교육 제공. SST 서비스 제공을 추진하고 기관의 전체적인 업무 안에 SST를 포함시켜 일정 기간 성공적으로 운영하고 난 다음, 기관에서는 나머지 직원들을 위한 SST

교육을 고려해 볼 수 있다. 이러한 교육은 SST 서비스 전달 방법을 배우고 싶어 하는 직원들에게 해당 서비스가 어떻게 운영되는지 정기적으로 보여 주는 파급효과가 있다. 열성적인 초보자들이 하는 피드백은 일이 잘되고 있다는 약간의 우쭐함에 빠진 직원들을 다시금 환기시키는 방식으로 정형화된 운영방식에 도전하도록 할 수 있다.

SST 서비스 제공과 관련된 제한사항

SST가 활성화되는 데 적절치 않은 여건이라면, 서비스 제공 방식으로서의 SST는 실패할 수도 있다. 만일 다음과 같은 상황 아래 있으면서 그 상황을 바꿀 수도 없다면, 결국 이런 상황들이 SST 서비스와 관련한 제한사항이라고 생각한다.

- SST를 강요하다. 간혹 기관이 긴 대기자로 골머리를 앓을 때, 그들은 현장에 적절한 준비도 하지 않은 채 허둥대며 서비스 제공 방식으로 SST의 도입을 강요한다. 적절한 업무지시를 들은 적도 없고 교육도 받지 않은 치료사에게 SST를 강요해서는 안 된다.
- 소수의 열렬한 지지자들이 이끈다. 때로 SST에 대한 계획은 SST를 열렬히 옹호하는 한두 명에 의해 기관에 도입된다. 이에 대해 관리자와 다른 치료사들 그리고 행정 직원들과의 충분한 의논을 통한 현장 준비도 없이 그들 마음대로 서비스를 시작하는 경우, 그 서비스는 필요한 만큼의 강력한 지지기반이 부

족하기 때문에 불안정한 모습을 보일 것이다.

- 교육이 충분치 않다. 치료사들이 SST를 제대로 훈련받지 못한 경우, 그들은 효과적인 서비스를 제공하기 쉽지 않고 이것은 내담자 피드백으로 나타나게 될 것이다.
- 슈퍼비전이 충분치 않다. 마찬가지로 효과적인 슈퍼비전이 부족하면, SST를 실시하면서 흔히 생기는 치료사의 실수를 바로잡지 못하게 되며 이것은 다시 내담자의 형편없는 피드백으로 이어질 것이다.
- SST가 기관에 통합되지 않았다. SST가 기관 내에서 분리되어 있다면, 결국 이것은 가장 열성적인 SST 치료사들에게조차 부정적인 영향을 주게 될 것이다. 얼마 되지 않아 이 열성적인 치료사들이 떠나고 나면, 대체하기도 어려울 것이다.
- 행정적 지원이 전혀 없다. 어떤 치료 기관이라도 적절한 행정적 지원은 중요하기 때문에 기관에서 SST 분야를 위한 지원을 제공하지 않는다는 것은 대체로 그것의 종말을 예견한다.
- 기관의 분위기가 의심, 거리낌과 저항(DROs)의 표현을 장려하지 않는다. SST에 대한 치료사들의 우려 섞인 목소리가 표현되도록 장려하지 않는다면, 이런 우려는 계속 남아 간접적으로 표현되면서 결국 SST 서비스 전달에 해를 끼치게 될 것이다.
- 일반 대중들이 다가가기 쉽지 않다. 기관에서 SST가 제공된다는 것을 사람들이 알지 못한다면 그리고 접근하기 어려운 곳에 있다면, 결국 서비스는 활용되지 않을 것이다.
- SST가 실시되는 다른 기관과의 연계가 없다. SST 실시에 대해 비슷한 생각을 가진 다른 기관과의 연계가 없다면, SST는 영광

스러운 고립(splendid isolation)*의 상태로 존재하고, 이는 SST 지속을 위협하는 요소가 되어 결국 퇴화하게 될 것이다.

* 영광스러운 고립(splendid isolation): 19세기 말 유럽 대륙의 내부 대립에 대해 영국이 취한 고립정책-역자 주

PART 5

SST 첫 단추 잘 꿰기

내담자의 최초 연락에 효과적으로 반응하기

즉각적으로, 세심하면서도 접근하기 쉽게 반응하라

어떤 종류의 치료든 누군가 연락을 해 올 경우, 나는 그들이 치료 기관에 있는 다가가기 쉽고 세심한 사람으로부터 신속한 응답을 받는 것이 당연하다고 생각한다. 만약 그 사람이 처음부터 적극적으로 SST를 원하는 것이 분명한 경우라면, 쇠뿔도 단김에 빼듯 치료사는 그 기회를 잡아야 하고, SST와 그 외 치료사 또는 치료 기관이 제공하는 기타 서비스들에 관해 설명하는 시간을 가지면서 그 사람의 준비성을 파악하는 기회로 활용해야 한다.

무엇을 원하는지 파악하고 그에 맞춰 반응하라

누군가 치료사에게 연락을 해 온다면, 그들은 치료를 문의하려는 사람이거나 치료를 신청하려는 사람 중 하나이다. 치료를 문의하려는 사람이라면, 그들은 (사설 상담실인 경우) 자신이 지급할 수 있는 금액에 맞는 치료 방법 및/또는 적합한 치료사를 찾고 있는 중이며, 아직 어떤 결정도 내리지 않았다. 만약 치료를 신청하려는 사람이라면, 그들은 특정 치료사를 만나기로 결정했거나 특정 기관에 도움을 구하기로 마음을 먹었으며, 이때 그 사람에게 도움을 줄 수 있을지 여부를 판단할 책임은 치료사에게 있다. 만약 도움을 줄 수 없다면, 적절한 곳으로 의뢰해야 한다. 치료 진행에 대해 그 사람이 사전동의를 했을 때에만 내담자가 될 수 있다는 점을 명심해야 한다.

서비스의 주요 내용을 설명하라

어떤 경우에는 치료사(또는 기관의 설명자료)가 SST에 대한 간단한 설명을 포함해서 어떤 서비스들이 제공되는지 대략적으로 설명해 주는 것이 좋다. 그렇게 하면 그 사람은 SST가 자신에게 적절한지, 만약 그렇다면 이 치료사(또는 기관)가 가장 적합한지 여부를 결정할 수 있다.

SST에 적합한 사람인지 아닌지를 초기에 감지하라

만약 그 사람이 SST를 선택했다면, 연락을 받은 사람은 그 사람에게 SST가 가장 적합한지 아니면 다른 치료사(또는 기관)가 제공하는 서비스가 적절한지 여부를 최대한 파악해야 한다. 이때가 41장에서 살펴본 권고대상/기준을 적용해야 할 시점이다. 내담자 기준을 따로 두지 않고 누구에게나 개방하는 방침을 채택한 경우라면 다음의 사항들을 기억해야 한다.

- 사전 전화 연락을 위한 약속을 정해야 한다(45-47장 참고).

- (사전 연락을 제공하기 어려운 경우라면) 치료 회기를 예약해야 한다.
- (또는) SST로 진행되는 워크-인 서비스에 방문하도록 권해야 한다.

SST 과정을 설명하라

SST가 그 사람을 위한 방법임이 분명하다면, 치료사는 그 사람이 다음 단계를 보다 잘 준비하도록 SST 과정을 더 자세하고 세심하게 설명해야 한다. 호이트 등(Hoyt et al., 1992: 69)이 제시한 대화의 첫 시작에 하는 말을 활용해 보면, 치료사는 다음과 같이 말할 수 있을 것이다. "치료를 찾는 많은 사람은 단일회기가 꽤 도움이 될 수 있다는 것을 알게 됩니다. 우리 두 사람 모두 당신의 문제를 다룰 준비가 되어 있다면, 나는 이 한 번의 치료에서 당신이 원하는 것을 얻도록 돕는 데 최선을 다할 것입니다. 그 후 만일 당신이 추가로 도움이 필요하다면, 그 역시도 가능합니다. 이렇게 진행하시겠어요?"

대면상담 회기 준비 I: 관련 정보 얻기

워크-인이 아닌 예약으로 진행하는 SST의 경우 몇몇 SST 치료사들은 내담자와 사전에 연락을 해서 치료사 자신뿐 아니라 내담자들도 대면 회기를 준비하게끔 하는 것을 선호한다. 사전 연락의 목적은 내담자가 그다음에 진행되는 회기를 최대한 활용하도록 돕는 것이다. 또한 연락을 하는 중에 그 사람에게 SST가 적합하지 않으며 다른, 좀 더 적절한 치료적 대안이 제공되는 상황으로 바뀔 수도 있다. 이 장에서 나는 사전 연락을 통해 치료사가 알면 유용할 정보가 무엇인지 살펴볼 것이다. 즉, 치료사는 그 사람이 목표를 달성하도록 돕는 데 이 정보들을 활용할 수 있다. 보통 사전 연락은 전화로 진행되지만(예: Dryden, 2017), 스카이프(또는 유사한 플랫폼) 또는 이메일을 통해서도 가능하다. 다음은 치료사들이 알고자 하는 관련 정보와 왜 알고자 하는지 그 이유들에 대한 예시들이다.

- 현재 도움을 요청하는 이유. 내담자가 왜 지금 도움을 요청하는지 아는 것은 치료사에게 유용하다. 내담자가 지금 고통스러워하고 있고, 지금 도움을 원하므로 이 같은 정보는 내담자를 가능한 한 신속히 돕는 데 활용될 수 있다. 이것이 사전 연락 후에 대면 회기를 최대한 빨리 예약하는 것이 중요한 이유이다.
- 관련된 다른 사람들. SST 치료사들이 문제와 관련된 다른 누군

가를 찾는 것은 중요하다. 이 정보는 치료에 참여할 사람이 누구인지(Talmon, 1993) 그리고 내담자의 변화를 지지하는 사람으로 다가가기 쉬운 사람이 누구인지 결정하는 데 영향을 줄 것이다.

- 내담자의 목표. 내담자가 치료를 통해 얻고 싶은 것이 무엇인지 치료사가 알아차리는 것은 도움이 된다. 그래서 현실적인 목표들에 중점을 두고, 비현실적인 목표들은 인정하고 상의하여, 바라건대 현실적으로 가능한 목표들로 바꿀 수 있도록 한다.
- 내담자의 일정. 내담자의 일정을 파악하는 것은 중요하다. 내담자가 신속하게 도움을 받고 싶어 한다면, 이는 SST의 취지와 맞아 떨어진다(Talmon, 1993). 그렇지 않다면 SST에 적절한 대상이 아닐 수 있다.
- 문제를 해결하기 위한 이전 시도들과 그 결과. 내담자가 문제를 해결하기 위해 지금껏 해 온 것들과 이런 시도들의 결과를 아는 것은 치료사가 도움이 되는 전략은 활용하고 도움이 되지 않는 전략은 멀리하도록 돕는다.
- 비슷한 문제를 해결해 본 경험이 있나요? 내담자가 다른 문제들은 어떻게 해결해 왔는지 알아내는 것은 이러한 해결 방안들을 현재 문제에서도 적용해 보도록 치료사가 내담자를 돕는데 효과적이다.

대면상담 회기 준비 II: 변화에 유리하도록 균형 맞추기

나는 사전 연락의 목적 중 하나는 내담자의 변화에 유리한 영향을 줄 수 있는 정보를 모으는 것이라고 생각한다. 다음은 SST 치료사가 정보를 모으기 위해 다루게 되는 영역들의 예시이다. 나는 치료사가 이 모든 영역을 사전 연락에서 다룰 것을 제안하는 것이 아니라, 내담자와 그들의 어려움, 그들의 상황과 관련 있는 영역들을 선택하기를 제안한다는 점을 유념해 주었으면 한다.

내적 요인

내가 말하는 내적 요인이란 그 사람의 내부에 존재하고 있는 요인들을 의미한다.

다음은 내담자의 변화에 유리하도록 치료사가 활용하면 좋을 내적 요인들을 확인할 수 있도록 만든 질문 목록이다.

- 강점들. 당신이 가진 강점들 중에 SST 과정과 관련하여 활용할 수 있는 것은 무엇입니까?
- 장점들. 당신이 가진 장점(덕목) 가운데 우리가 함께하는 상담을 최대한 활용하도록 도와줄 수 있는 것은 무엇입니까?

- 가치들. 당신이 지닌 가치들 중 우리 상담을 지지해 줄 만한 관련 있는 가치들은 무엇입니까?
- 학습 스타일. 당신이 대면상담 회기를 최대한 활용하는 것과 관련해서 선호하는 학습 방법은 무엇입니까?
- 선호하는 도움 방식. 우리가 대면상담을 할 때, 제가 어떻게 하면 당신을 가장 잘 도울 수 있을까요?

외적 요인

내가 말하고자 하는 외적 요인은 그 사람의 외부에 있는 요인들을 의미한다. 재차 언급하지만, 다음의 질문 목록은 내담자의 변화에 유리하게끔 치료사가 활용할 수 있는 외적 요인들을 확인할 수 있게 만든 목록이다.

- 자원. 당신이 활용할 수 있는 자원 가운데 치료에 도움이 될 만한 자원은 무엇입니까? 여기에는 사람, 조직, 환경, 기술 자원이 포함될 수 있습니다. 당신의 편은 누구인가요? 당신을 지지해 줄 수 있는 사람은 누구인가요?
- 미술, 음악, 문학. 변화를 일으킨다고 했을 때 연상되는 음악, 문학, 미술작품은 무엇인가요?
- 삶이 가르쳐 주는 것. 삶이 당신에게 가르쳐 준 중요한 교훈은 무엇입니까? 당신을 안내해 주는 인생의 원칙들은 무엇입니까? 이러한 원칙들은 때로 격언같이 표현되기도 합니다(예: '구하지 않으면, 얻지 못할 것이다.').

• 롤 모델/영향력 있는 인물. 당신이 원하는 방향으로 변하도록 응원해 줄 롤 모델이나 영향력 있는 인물들은 누구인가요? 당신이 깊이 존경하는 그 사람은 당신이 직면한 그 문제를 어떻게 다룰까요? 당신은 이를 통해 무엇을 배울 수 있을까요?

대면상담 회기 준비 III: 어떻게 하면 당신을 가장 잘 도울 수 있을까요

39장에서 나는 SST의 다원적 특성에 대해 살펴보았다. 그러한 다원적 특징 중 하나는 SST 과정에서 핵심이 되는 요소들에 대한 내담자의 관점을 진지하게 받아들인다는 것이다. 따라서 치료사가 대면 회기를 준비하면서 내담자에게 자신이 어떻게 하면 가장 도움이 될 수 있을 거라고 생각하는지 그리고 자신이 회기에서 하지 말아야 할 것은 무엇인지 알려 달라고 요청하는 것이 도움이 된다. 〈표 2〉는 이러한 정보들을 얻기 위해 내담자에게 대면 회기 전에 작성해 달라고 요청할 수 있는 양식*이다.

내가 생각하기로 SST는, 내담자가 SST 과정에 가져오는 것과 치료사가 가져오는 것의 조합이라고 생각한다. 그렇기 때문에 치료사가 이와 같은 정보를 알아내지 못하는 것이 실수일 수도 있지만, 오히려 내담자가 알려 준 대로 하는 것이 내담자에게 향후 문제가 될 소지가 있다면, 치료사가 내담자에게 꼭 맞춰야 한다고 생각할 필요는 없다. 여기서도 다른 상황에서와 마찬가지로 SST 치료사는 솔직해야 하며, 이러한 측면에서 내담자가 선호하는 도움받는 방식(들)에 관한 자신들의 우려를 함께 나누어야 한다.

* 양식을 주는 시기에 따라 문구는 달라질 것이다.

표 2 치료사가 가장 잘 도울 수 있는 방식과 피해야 할 방식에 관한 내담자의 제안

오늘 이 회기가 우리가 함께할 수 있는 유일한 회기라고 가정하고, 아래의 목록에서 고르시오.

- 내가 당신을 도울 수 있는 가장 적절한 방식 두 가지:

✓✓ = 가장 좋은 방법; ✓ = 두 번째로 좋은 방법

- 내가 피해야 할 방식 두 가지:

해당되는 칸에 X표를 하시오.

당신은 ___________를 통해 나를 도울 수 있다.

내가 건설적인 태도를 키우도록 돕기	
내가 뒤로 한 걸음 물러서서 다른 관점에서 볼 수 있도록 격려하기	
내가 이야기할 수 있게 해 주고 뭔가를 털어놓을 수 있게 하기	
내가 갈등을 겪고 있는 다른 사람을 이해하도록 돕기	
내가 바꿀 수 있는 것과 바꿀 수 없는 것을 구분하도록 돕기	
나의 행동을 변화시키도록 격려하기	
상황이 바뀔 수 있다고 가정하고, 내가 문제가 되는 상황을 어떻게 바꿀 수 있는지 함께 의논하기	
상황이 바뀔 수 없다고 가정하고, 문제가 되는 상황에 내가 적응하도록 돕기	
내가 일상에서 다른 사람들의 지지를 얻도록 나를 격려하기	
내가 활용 가능한 주변 자원들에 대해 함께 의논하기	
나에게 새로운 문제 해결 방식 또는 대처 기술을 가르치기	
내가 이미 경험해 본 문제 해결 방식 또는 대처 기술을 향상하도록 돕기	
내가 그들을 있는 그대로 수용하도록 돕기	

그 외 치료사가 해 주기를 원하거나 하지 말았으면 하는 것을 자유롭게 작성해 주세요.

이렇게 도와주세요: ______________________________

____

____

이것은 피해 주세요: ______________________________

____

____

사전 연락과 대면 회기 사이에 해 볼 만한 과제 제안하기

13장에서 이미 살펴보았듯이, 유능한 SST 치료사들은 SST의 결정적인 순간을 효과적으로 활용하도록 장려하는 경향이 있다. 따라서 치료사가 SST를 진행하는 방식에 사전 연락을 포함하는 경우, 사전 연락과 대면 회기 사이의 시간적 간격은 매우 짧아야 한다. 나의 경우를 보자면 사전 전화 연락을 활용하고, 가능하면 이틀 내에 대면 회기에서 만나는 것을 목표로 한다(Dryden, 2017).

결정적 순간에 대한 SST 치료사들의 관점을 고려해 보면, 대체로 SST 치료사들은 사전 연락과 대면 회기 사이의 기간을 효과적으로 활용할 수 있는 시간이라 생각한다. 그러한 이유로 치료사는 이 두 접촉 지점 사이에 내담자가 어떤 것을 하도록 제안하기도 한다.

무슨 일이 일어나길 바라는지 알아차리기

모셰 탤먼(1990)은 전화로 사전 연락을 하면서 처음에는 실수할까 걱정되어 내담자에게 뭔가 제안하는 것을 경계했다. 하지만 그는 SST 치료사로서 경험이 쌓이고 확신이 생기면서, 내가 '무슨 일이 일어나길 바라는지 알아차리기'라고 부르는 과제들을 제안하기 시작했다. 탤먼(1990: 19)은 그러한 예시 하나를 보여 준다.

> 지금 이 시간부터 우리가 함께할 첫 회기 사이에 당신에게 일어나는 일들, 특히 앞으로 계속해서 일어나길 바라는 일들에 주목해 주었으면 합니다. 이를 통해 당신은 당신의 목표와 당신이 해야 할 것에 관해 제가 더 많이 알 수 있도록 도와줄 수 있을 겁니다.

이런 제안은 여러 의미를 전달해 준다.

- 내담자는 변화를 촉진하는 방식으로 사전 연락과 대면 회기 사이의 시간을 보낼 수 있다.
- 초점이 현재에서 미래로 옮겨간다('지금부터 우리가 함께할 첫 회기 사이')(Talmon, 1990: 19).
- 내담자는 그들 삶에서 잘못되고 있는 것(그들의 문제) 대신 제대로 될 수 있는 것(그들의 목표)에 관심을 집중할 수 있다.
- 변화 과정에 내담자가 적극적인 참여자로 등장한다.

사전 연락과 대면 회기 사이에 전환점 만들기

45장에서 47장에 걸쳐, SST 치료사들이 사전 연락에서 내담자가 SST 과정을 최대한 활용하도록 하기 위해 다뤄 볼 수 있는 영역들을 간단히 살펴보았다. 이를 실제로 할 수 있는 한 가지 방법은 사전 연락과 대면 회기 사이에 내담자가 어떤 것을 해 보도록 치료사가 제안하는 것이다. 이것은 내담자가 사전 연락에서 특별히 떠올리게 된 어떤 것과 관련되었을 수도 있고 또는 그 시점에는 다루지 않았던 것일 수도 있다.

이 중 전자의 경우와 관련한 예를 하나 들어 보면, 나의 SST 내담자 중 한 명은 치료 과정에서 자신의 강점들을 찾고 활용해야겠다는 생각을 떠올렸다. 그래서 나는 그것이 도움이 된다고 느껴진다면, 자신의 문제를 다루는 데 이러한 강점들을 어떻게 활용할 수 있을지에 대한 아이디어를 대면 회기 때 가져와 달라고 요청했다. 그녀는 그러겠다고 말했다. 그러고는 그녀와 그녀의 가까운 친구 몇몇이 정한 강점 목록과 함께 자신의 문제를 풀어 나가는 데 이러한 강점들을 어떻게 활용할 수 있을지에 관한 몇 가지 아이디어들을 가져왔다.

만약 치료사가 사전 연락을 활용한다면 '제대로 된' 치료는 대면 회기로 시작한다는 관념을 떨쳐 버리는 것이 중요하다. 이러한 맥락에서 사전 연락에서의 제안 또는 과제는 치료가 이미 시작되었고, 사전 연락과 대면 회기 사이에 그들이 실천하는 것은 변화를 위한 긍정적인 과정을 시작할 수 있게 해 준다는 의미를 전달한다.

한 가지를 전적으로 다르게 해 보기

스티브 드세이저(Steve de Shazer, 1985)는 단기치료에 큰 영향을 끼친 자신의 책에서, 내담자가 한 가지를 다르게 해 보도록 제안하는 과제를 소개했다. 이 과제는 어떤 것을 동일한 방식으로 지속하기 때문에 하나의 패턴에 얽매이게 되는 내담자들에게 특히 유용하다. 그렇게 얽매여 있는 내담자에게 다른 어떤 것을 하도록 권할 때에는 정신이 번쩍 들어 고착된 패턴에서 빠져나오게 할 만큼 매우 다른 것을 하길 바라기 때문에 '전적으로 다른'이라는 문구를 사용한다. 드세이저(1985)는 구체적이지 않은 과제가 오히려 내담자의 창의성을 발휘할 기회를 주기 때문에 치료사가 내담자에게 과제를 권할 때 구체적일 필요는 없다고 말한다. 이러한 방식으로 변화가 시작될 수도 있다는 사실에 내담자가 놀라는 일은 꽤 자주 있는 일이다.

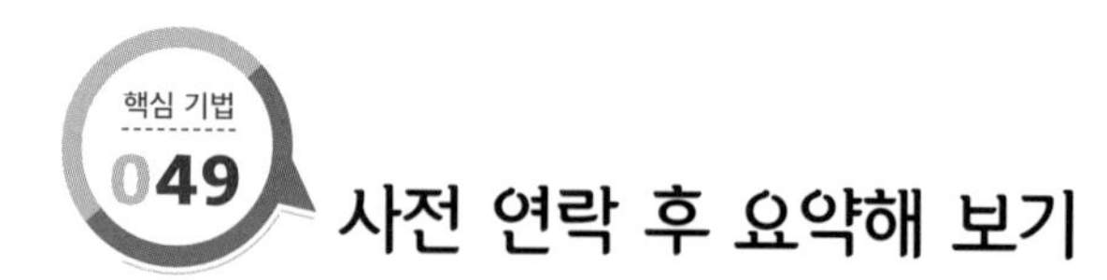

핵심 기법 049 사전 연락 후 요약해 보기

사전 연락을 마무리하면서, 오늘 나눈 이야기들 가운데 대면 회기에서 도움이 될 만한 것은 무엇인지 선택하여 요약해 보도록 요청하는 것은 도움이 된다. 그러나 어떤 내담자들은 스스로 요약하는 것에 능숙하지 않고, 치료사로부터 약간의 도움을 받는 것을 반길 것이다. 이런 경우라면 사전 연락에서 상의했던 것들을 치료사가 요약해 주는 것도 유용하다.

가끔 내담자들은 사전 연락과 관련한 요약 · 정리를 자신들이 하든 치료사가 하든 상관없이 치료사에게 함께 논의한 내용과 대면 회기 전에 자신이 실천하기로 한 목록을 요약해서 적어 보내 달라고 요청하기도 한다. SST 성과에 좋은 징조가 아닌, 수동적 입장을 취하는 것처럼 보이는 경우를 제외한다면 나는 대체로 내담자의 그런 요청을 호의적으로 들어준다. 이런 상황에서 나는 내담자가 요약한 내용을 적어 보내 주면 나도 요약 정리하여 이메일로 보낼 수 있다고 말한다.

〈표 3〉은 한 예시로, 단일회기 내담자 중 한 명인 로버트에게 그와 전화로 진행했던 사전 연락을 마치고 보냈던 요약 이메일이다.

내담자가 요약해 달라는 요청을 하지 않고, 나 역시 보내지 않을 때라도 요약 · 정리해 두는 것은 나에게 좋은 훈련이 되고, 회기 자체를 효과적으로 계획하는 데 도움이 된다는 것도 알 수 있었다.

 표 3 **이메일 요약의 예시**

로버트 씨께.

다음은 우리가 나눈 이야기를 간단하게 요약한 것과 생각해 보았으면 하는 것들입니다.

1. 당신은 최고가 되는 것을 가치 있게 생각하는 사람이며, 힘들게 시작해서 많은 것을 성취해 온 사람입니다.
2. 최근 몇 년간 당신은 가까운 가족들의 여러 질환과 사별을 겪어야 했습니다. 비교적 짧은 기간에 많은 일이 일어났지요.
3. 당신은 이런 상실들에 감정적인 반응들을 보였고, 충분히 그럴 만한 상황이었습니다. 그리고 당신은 정서적으로 뭔가 통제가 안 된다고 느꼈습니다. 다시 한번 말하지만, 이 모두가 당연히 그럴 수 있습니다.
4. 저의 추측입니다만, 저는 당신의 문제가 통제가 안 되는, 조급해지는 그 감정이 아니라, 이렇게 당연한 상황에 대한 당신의 반응이라고 생각합니다.

당신은, 정서는 반드시 조절해야 한다고 믿고 자랐으며, 여전히 그렇게 믿고 있습니다. 바로 이처럼 경직된 생각과 고통을 완전히 없애고자 하는 마음이 당신의 문제입니다. 우리가 이러한 이야기를 나누지는 않았지만, 나는 당신이 당신의 반응을 부끄럽게 느끼는지 궁금합니다. 수치심은 정서가 통제되지 않을 때, 정서를 통제해야만 한다는 고집스러운 요구에 동반되는 감정이기 때문입니다.

당신의 느낌과 반응들이 불쾌하겠지만—그리고 나 또는 어떤 누구라도 이런 사실을 바꿀 수 있다고 말할 수 없겠지만—당신 스스로를 약한 사람이라기보다 실수도 할 수 있는 평범한 사람으로 받아들이면서, 당신이 느끼는 대로 느끼고, 반응하는 대로 행동하도록 허용해 주는 유연한 마음을 키울수록 당신은 정서적 안정감을 더 많이 얻게 될 것입니다.

이 메일이 당신에게 도움이 되었으면 합니다. 월요일에 만나길 기대하겠습니다.

윈디 드라이덴 드림

사전 연락만으로도 충분할 수 있다

처음 사전 연락은 여러 목적을 위해 설계되었다.

- 내담자와 접수자 모두 초기에 잠정적으로 SST가 도움이 될 수 있겠다고 결정한 후, 대면 회기 전에 진행하는 사전 연락은 내담자에게 빨리, 좀 더 다가가는 반응을 제공한다.
- 사전 연락 초반에 치료사는 내담자가 SST에 적합한지를 확인하기 위해 노력한다. 따라서 비록 최초 연락에서는 내담자가 기준에 적합했다 해도, 이후 추가적인 정보를 통해 내담자에게 다른 치료 서비스가 필요하다는 결론에 이르기도 한다.
- 45장부터 47장까지 살펴보았듯이, 사전 연락은 내담자와 치료사 모두에게 대면 회기를 최대한 활용할 수 있는 기회를 제공한다.

사전 연락은 그 자체만으로 치료가 되도록 설계되지는 않았다. 그러나 내가 SST를 시작하고 SST 과정에 사전 전화 연락을 포함했을 때, 치료를 원하는 많은 사람이 첫 회기만으로도 충분했다는 사실이 증명된 것처럼 사전 연락만으로도 충분했다는 사람이 꽤 많다는 것이 입증되었다(Dryden, 2017).

사전 연락으로 충분한 경우

사전 연락으로 충분한 경우는 다음의 이유들 중 하나 이상에 해당하는 경향이 있다.

- 내담자가 문제에 관해 이야기하는 것은 자신의 문제를 다른 관점에서 볼 수 있도록 한다. 사전 연락을 하면서 아마도 내담자는 치료사에게 도움이 필요한 문제에 대해 이야기하게 될 것이다. 이것은 그 문제를 말로 표현하는 첫 시도가 될 수도 있으며, 그렇게 말을 하는 것은 내담자가 뒤로 물러나서 그 문제를 좀 더 건설적인 시각으로 달리 바라볼 수 있도록 해 준다. 이렇게 하면서 그들은 더는 치료가 필요치 않다고 마음먹을 수 있다.
- 내담자가 문제에 관해 이야기하는 것은 자신이 그것을 어떻게 다룰 것인지 생각하도록 돕는다. 내담자가 자신의 문제를 치료사와 상의하는 것은 그 문제를 다루는 데 이전에 생각해 본 적 없는 방법을 개발하도록 도울 수 있다. 만약 내담자가 대면 회기 전에 이 방법을 실천해 보고 도움이 된다면, 그들은 상담이 더는 필요치 않다고 결정할 수도 있다.
- 내담자가 자신의 강점을 검토해 보는 것은 문제를 다루는 데 필요한 것을 자신이 지니고 있다는 사실을 깨닫도록 한다. 사람들이 문제에 관심을 두면, 대체로 자신의 결점에 집중하게 된다. 내담자에게 SST 과정에 어떤 강점을 가져올 수 있는지 묻는 것은 그들이 잊고 있던 문제 해결 방법을 확인하고, 자신의 문제를 다루는 데 이런 강점들을 활용할 수 있다는 사실을 깨닫도록 격

려할 수 있으며, 그러면 내담자는 대면 회기를 더는 필요로 하지 않는다.

- 내담자의 롤 모델에 관해 질문하는 것은 변화를 촉진한다. 사전 연락을 하면서 SST 치료사는 내담자의 문제를 다루는 데 직간접적으로 도움이 될 수 있는 롤 모델을 확인하기 위한 질문을 할 수 있다. 그와 같은 시도는 두 가지 면에서 도움이 된다. 첫째, 내담자가 롤 모델을 모방할 수 있고, 둘째, 내담자가 스스로 문제를 다루는 데 그 사람에게서 지지를 받고 있다고 상상할 수 있다. 어떤 경우든 내담자는 스스로 문제를 다뤄 볼 기회를 원하고 대면 회기에는 참여하지 않기로 선택한다.
- 내담자가 변화를 알아차리는 것은 무엇이 가능한지를 알게 하고 그 결과 계속 나아갈 수 있게 한다. 마지막으로 치료사가 내담자에게 사전 연락과 대면 회기 사이에 변화를 알아차리도록 요청한다. 내담자가 그렇게 할 경우, 내담자는 그들이 변할 수 있다는 것을 깨달을 수 있고, 혼자 해 보기로 선택할 수 있으며 대면 회기에 참여하지 않기로 마음먹을 수 있다.

내담자가 사전 연락 이후 대면 회기를 취소할 경우, 치료사는 자기-주도적 변화에 힘을 보태기 위해 그 이유를 찾고 내담자의 결정을 지지해 주며, 내담자가 필요하다면 다시 돌아올 수 있다고 상기시키는 것이 중요하다.

PART 6

한 회기를 최대한 활용하기

합의하거나 검토해야 할 치료 범위

SST 관련 문헌들을 보면, 계획한 SST와 계획하지 않은 SST 사이에는 중요한 차이가 있다. 계획하지 않은 SST의 경우 내담자는 1회 상담을 하고 치료사와 함께 다음 회기(들)를 진행하기로 동의하지만, 일정 변경 없이 이 약속을 취소하거나, 혹은 두 번째 회기에 나타나지 않는다. 8장에서 살펴본 바와 같이 이러한 경우 대부분은 치료의 '조기종결'로 간주되지만, 상당수의 내담자들은 그들이 상담한 1회기에 만족해하며 도움이 더는 필요치 않다고 결정한 것이다.

계획한 SST에서는 치료사와 내담자가 처음부터 단일회기를 진행하기로 계획한다. 이처럼 SST는 대체로 사전 예약으로 진행된다. 치료사가 SST를 실시하는 방식에 따라 추가 회기가 없을 수도 있고, 필요하다면 추가 회기(들)가 가능할 수도 있다. 또한 계획한 SST는 내담자가 예약 없이 쉽게 가서, 치료사를 만나고 다시 돌아가면 된다고 알고 있는 워크-인 서비스에서도 이루어진다. 그들은 또 다른 상담을 위해 나중에 다시 방문할 수도 있지만, 아마도 다른 치료사와 함께하게 될 것이다. 이와 같은 워크-인 상황이 아니라 사전 예약으로 SST가 진행된다면, 치료사는 보통 사전 전화 연락을 제안하기도 한다. 그렇지 않을 경우 SST 과정은 치료사와 내담자가 SST를 하고자 직접 대면할 때 시작된다.

계획한 SST가 어떤 접근으로 진행되든 대면 회기가 치료사와 내담자의 첫 만남이라면, 치료사와 내담자는 치료 범위(parameters)에 대해 합의하거나, 또는 사전 연락에서 이미 합의했다 하더라도 다시 검토하는 것이 중요하다.

치료 범위란 무엇인가

지금쯤이면 SST 분야에 보편적으로 합의된 원칙과 실시 요강은 거의 없다는 사실이 분명해졌을 것이다. 하지만 공감대가 형성되는 영역은 있다. 그러한 영역 중 하나는, 치료 계약의 성격을 명확히 하는 것이 내담자와 치료사 둘 모두에게 중요하다는 것이다. 다음에 언급되는 사항들이 아래와 같이 다양해질 수 있다.

추가 회기의 가능성을 열어 두고 진행하는 한 회기

이미 살펴본 것처럼, 오직 한 회기만을 진행하는 SST 치료사들이 있다. 이런 경우라면 치료사는 처음부터 이를 분명히 하고 내담자의 동의를 얻어야 한다. 덧붙여 추후에 상담이나 연락을 한다면, 이 사항을 정리하여 상담 일지에 적어 둘 필요가 있다.

그러나 SST에 관한 문헌(예: Hoyt & Talmon, 2014a; Hoyt et al., 2018a)에서 보면, 치료사는 한 회기로도 충분하지만 필요한 경우에는 더 많은 회기도 가능하다는 메시지를 전달한다고 보는 견해가 우세한 것 같다. 예를 들어, 치료사는 다음과 같이 말할 수 있다. "오늘 이렇게 합의하에 만났고, 만약 우리 둘 다 정말 집중한다면 당신이 적절한 방향으로 향하도록 함께할 수 있을 것입니다. 그렇게 된다면 이 회기가 끝날 무렵 당신에게 필요했던 것은 이것이 전부라고 결정할 수도 있습니다. 하지만 그렇지 않다면, 추가 상담도 가능합니다. 이렇게 가정하고 진행해 볼까요?"

기대

일부 SST 치료사들은 SST에 맞는 '현실적 기대'라는 것에 대해 명시하기를 선호한다. 현실적 기대란 짧은 기간에 이루어질 수 있는 변화를 나타내는 것으로, 이러한 변화는 회기 중에 치료사의 도움을 받으면 내담자가 주도해 나아갈 수 있으며, 이후 내담자 스스로 이 변화 과정을 지속하는 것도 가능하다. 만약 내담자가 여러 가지 문제를 가지고 있다면, 치료사는 그 가운데 내담자에게 가장 도움이 되는 한 가지에 초점을 맞추고, 이를 해결하고자 노력할 것이다.

치료사의 고유한 특징

SST를 실시하는 데 있어 치료사의 고유한 특징이 있다면, 치료사는 처음부터 이를 분명히 밝히고 내담자의 동의를 구해야 한다. 예를 들어, 나는 SST를 실시하면서 그 회기를 녹음할 수 있도록 허락을 구한다. 나는 내가 제공하는 SST 패키지의 일부에 내담자가 나중에 되짚어 볼 수 있도록 회기를 녹음한 파일과 녹취록을 내담자에게 보내는 것이 포함되어 있다고 설명한다. 이는 원래 내담자를 위한 것이지만, 내가 나의 상담을 되돌아보고 서비스 제공 방식을 개선하는 데도 역시나 도움이 된다고 확신한다(Dryden, 2017).

SST에서의 작업동맹에 유념하기

SST에서 긍정적인 결과를 얻은 내담자들은 그렇지 못한 내담자들에 비해 치료사와의 작업동맹이 훨씬 더 좋았음을 보여 주는 연구가 있다(Simon et al., 2012). 그러므로 SST 치료사들이 내담자와의 작업동맹에 주의를 기울이는 것은 매우 중요하다. 다음은 보딘(Bordin, 1979)의 작업동맹 3요소 모델을 재구성한 것이다(Dryden, 2006, 2011). 여기서는 동맹의 네 가지 요소로 정신적 유대감(bonds), 관점(views), 목표(goals), 과제(tasks)를 가정한다.

- 치료사는 내담자와 좋은 정신적 유대감을 가능한 한 신속하게 형성할 필요가 있다. 이를 위해 치료사가 할 수 있는 가장 좋은 방법은 치료사가 진심으로 최대한 빨리 내담자를 돕고자 하지만, 그렇다고 내담자를 재촉하고 싶지는 않다는 것을 보여 주는 것이라고 생각한다.
- 치료사와 내담자가 SST의 본질과 목적에 관해 같은 관점을 공유하는 것이 중요하다. 특히, 더 많은 회기가 가능한 상황이라면 회기를 시작하기에 앞서 치료사는 이를 확실하게 할 필요가 있으며, 내담자의 이해와 동의를 구해야 할 것이다.
- SST에서 얻을 수 있는 것에 대해 합의된 현실적 목표를 가지는 것이 치료사와 내담자에게 중요하다. 나의 경험상, SST는 내

담자가 갇힌 문제에서 벗어나 일상을 계속 유지할 수 있도록 돕는 데 가장 유용하다. 따라서 문제에서 빠져나오는 것을 의미하는 합의된 목표는 특히 가치가 있다.

- 내담자들이 치료사가 제안하는 과제들을 이해하고, 이 과제의 실행과 목표 달성 간의 연관성을 아는 것이 중요하다. SST의 특성을 고려할 때 제안된 과제는 이해하기 쉬워야 하며, 실천하기 쉽지 않은 과제라도 실행에 옮기는 것이 중요하다.

많은 치료사가 SST를 경계한다. 왜냐하면 내담자에게 도움이 되는 작업을 할 만큼의 강력하고 충분한 작업동맹은 한 회기 내에 형성할 수 없다고 생각하기 때문이다. 이에 대해 나는 앞서 언급한 사항들과 사이먼 등(2012)의 연구가 다른 시사점을 줄 수 있기를 바란다.

회기 시작하기 I: 사전 연락과 대면 회기 사이에 실행한 과제와 활동에 초점 맞추기

45장부터 49장에 걸쳐, 내가 내담자와의 '사전' 연락('Pre-Session' Contact: PSC)이라고 지칭한 것을 치료사가 실제로 진행하는 상황에 대해 살펴보았다. 주로 전화를 통해 이루어지는 사전 연락에서는 다음에 진행될 대면 회기(Face-to-Face Session: FFS)를 내담자가 최대한 활용하도록 돕기 위해 치료사와 내담자가 함께 작업한다. 47장에서 나는 PSC와 FFS 사이에 내담자가 참여하도록 치료사가 과제를 제안하기도 한다는 점을 언급했다. 예를 들어, 내담자에게 변화 과정을 시작하는 무언가를 하도록 요청할 수도 있고, 또는 좀 더 심사숙고하는 '변화 알아차리기' 과제에 참여하도록 할 수도 있다. 그러한 과제들을 제안했다면, 치료사는 PSC와 FFS 간의 연속성을 유지하기 위해 과제에 대한 질문을 하면서 FFS를 시작하게 된다.

'실행하기' 과제를 제안했다면

치료사가 '실행하기(doing)' 과제를 제안했다면, 이렇게 물어볼 수 있다. "우리가 통화했을 때, 어떤 일이 일어나는지 보기 위해 'X'를 해 보자고 제안을 했었지요. 'X'를 했을 때 무슨 일이 일어나던가요?" 내담자가 그 과제를 했고, 결과적으로 문제가 개선되었다고 이야기한다면, 치료사는 그 변화를 가져오기 위해 내담자가 무엇을 했는지 물어보면서 이야기를 이어 나갈 수 있다. 그러고 나서 치료사는 내담자가 했던 것들에 따른 지금의 긍정적인 성과를 활용하여 하던 것들을 계속하도록 격려할 수 있다.

만약 내담자가 과제를 했지만 별다른 개선이 없었다고 이야기한다면, 치료사는 내담자에게 도움이 되지 않는 것에 관한 유용한 정보를 얻었다고 언급하면서 긍정적인 관점으로 표현할 수 있다. 그리고 그들에게 도움이 되는 것들을 검토하는 출발점으로 이를 활용하자고 제안할 수 있다. 마지막으로 내담자가 과제를 전혀 하지 않았다면, 치료사는 그 이유를 물어보고 이번 회기가 변화 쪽으로 방향을 잡는 데 그 정보를 긍정적으로 사용할 수 있다.

'알아차리기' 과제를 제안했다면

치료사가 내담자에게 '변화 알아차리기(noticing)' 과제를 제안했다면, 이렇게 물어볼 수 있다. "우리가 통화한 이후로 어떤 변화들을 알아차렸나요?" 만약 내담자가 어떤 변화를 이야기한다면, 치료사는 다음과 같이 질문할 수 있다.

- "그 변화 과정을 시작하기 위해 당신이 무엇을 했다고 생각하나요?"
- "그 변화로 무엇이 달라졌나요?"
- "오늘 우리가 만나기 전이 아니라, 이 회기가 끝난 후 그 변화

들이 일어났다면, 당신은 단일회기 치료의 가치에 대해 어떤 생각을 했을까요?"

만약 내담자가 아무런 변화도 없었다고 이야기한다면, 치료사는 다음과 같이 진행할 수 있다.

- "오늘 우리의 만남에서 가장 기대하는 것은 무엇인가요?"
- "이번 만남이 도움이 된다면, 그것이 당신을 어디로 이끌어 주기를 바라나요?"

사전 연락 후 요약한 내용을 대면 회기 시작에 활용하기

49장에서 언급했듯이, 치료사는 사전 전화 연락에서 나눈 이야기들을 요약하여 통화가 끝난 후 내담자에게 이메일로 보낼 수 있다. 이 메일에서 치료사는 대면 회기 전에 생각해 보았으면 하는 주제나, 해 보면 좋을 과제를 제안할 수도 있다. 이렇게 메일을 보냄으로써 PSC와 FFS 사이의 연속성을 제공할 수 있을 뿐만 아니라, 치료사는 요약한 내용을 참고하여 대면 회기를 시작할 수도 있다. 다음은 요약한 내용을 활용할 수 있는 몇 가지 방법들이다.

- "제가 이메일로 말씀드린 것들을 어떻게 활용하셨나요?" 내담자의 반응에서 치료사는 앞으로 나아가는 생산적인 방법을 가장 잘 제시하는 측면에 주목하고, 거기서부터 계속 이어 나간다. 또는 내담자들이 그러한 측면을 선택하도록 제안할 수도

있다.

- "이메일을 읽은 후 당신의 문제와 관련하여 변화된 점이 있었나요? 만약 그랬다면, 그 변화가 일어나는 데 당신은 무엇을 했나요?"
- "이메일에서 특히 도움이 되거나/유용하다고 생각되는 것이 있었나요? 있었다면 자세히 설명해 주세요."

이 장에서는 치료사와 내담자가 대면 회기를 준비할 기회가 있는 상황을 살펴보았다. 다음 장에서는 그런 기회를 가질 수 없는 상황에 대해 생각해 볼 것이다.

회기 시작하기 II: 치료사와 내담자 간에 사전 연락이 없을 때

이 장에서는 치료사와 내담자가 대면 회기에서 처음 만나는 상황에 대해 살펴볼 것이다. 내담자가 SST를 기대하고 치료사를 만나러 왔다면, 바로 본론으로 들어갈 수 있다. 그러나 그렇지 않다면 치료사는 내담자의 욕구를 확실히 하고, 이것이 SST를 통해 얻을 수 있는 것인지 알아볼 필요가 있다. 이 회기가 끝난 후 필요에 따라 치료사가 내담자에게 좀 더 치료를 진행하자고 제안할 수 있는 경우라면, 처음부터 이를 분명히 해야만 한다.

치료사와 내담자가 단 한 회기만을 진행하기로 결정했다고 가정한다면, 치료사는 이 과정을 어떻게 시작할 수 있을까? 호이트 등(Hoyt et al., 2018b)이 설명했듯이 일반적으로 치료사는 적극적인 자세로, 초점에 맞는 적절한 질문들을 함으로써 이 과정을 시작한다.

치료사가 문제-중심 접근을 취할 경우, 내담자에게 다음과 같은 질문을 하면서 시작할 수 있다.

- 당신은 그 문제를 뭐라고 부르나요? 그 문제에 대해 당신이 부르는 이름이 있나요?
- 우리가 단 한 번만 만난다면, 지금 이 시점에 해결하고 싶은 문제는 무엇인가요?(Haley, 1989)

그 문제를 다각도로 탐색하고자 할 때, 치료사는 다음과 같이 물어볼 수 있다.

- 그 문제가 문제가 안 될 때도 있나요?
- 그 문제가 언제 (그리고 어떻게) 당신에게 영향을 주나요? 그리고 당신은 언제 (그리고 어떻게) 그 문제에 영향을 미치나요? (White, 1989)

해결-중심 접근을 취한다면, 치료사는 다음과 같이 물어볼 것이다.

- 당신이 이곳을 떠날 때, 이 시간이 가치 있었다고 느낄 수 있으려면 오늘 여기에서 무슨 일이 일어나야 할까요?
- 당신은 오늘 무엇을 바꾸고자 하나요?(Goulding & Goulding, 1979)
- 1부터 10까지 점수를 매긴다면 지금 그 문제는 어느 정도에 위치하나요? 당신이 더는 이곳에 올 필요가 없다고 결정하려면 그 문제가 어느 정도여야 할까요?
- 오늘 만남에서 당신이 가장 바라는 것은 무엇인가요?(Iveson, George, & Ratner, 2014)
- 당신은 무엇이 변화를 가져올 거라고 생각하나요? 이런 변화들이 당신의 일상을 어떻게 더 나아지게 할까요?

해결-중심 치료사들은 SST에 걸맞은 변화를 위해 때로 '미시적(micro)' 접근을 택한다. 이 경우 시작 단계에서 치료사가 내담자에게 하는 질문은 다음과 같다.

- 우리가 함께 열심히 최선을 다한다면, 우리가 제대로 가고 있다고 제일 먼저 알려 주는 작은 신호는 무엇일까요?
- 오늘밤, 당신이 자는 동안 기적이 일어나서, 당신을 여기로 이끈 그 문제가 해결되었다고 가정해 봅시다. 내일 아침에 일어났을 때, 기적이 일어났다는 것을 맨 처음 어떻게 눈치 챌 수 있을까요? 상황이 나아졌음을 제일 먼저 알려 주는 신호는 무엇일까요? 그다음 신호는요? 그다음 신호는 뭘까요?(de Shazer, 1988)

강점-기반 치료사들은 SST 과정을 시작하는 방법으로 내담자의 강점과 역량에 초점을 맞춘다. 예를 들면 다음과 같다.

- 그동안 당신이 해 온 모든 것을 고려해 볼 때, 어떻게 그렇게 잘 대처할 수 있었나요?

다음 장에서는 효과적인 문제-중심 SST를 다루어 보자.

해결 가능한 문제에 초점 맞추기

SST는 매우 집중적인 개입이기 때문에, 치료사와 내담자가 함께 시간을 현명하게 보내는 것이 중요하다. 그렇기 때문에 내담자가 해결할 수 없는 문제보다는 해결할 수 있는 문제에 집중하도록 돕는 것이 가장 좋다. 해결할 수 있는 문제란 내담자가 통제할 수 있으면서 지금 다룰 준비가 되어 있는 문제를 말한다. 반면에 SST 입장에서 볼 때 해결할 수 없는 문제란 내담자의 통제권 밖에 있거나, 혹은 통제권 안에 있다 하더라도 이런저런 이유로 지금 당장은 붙잡고 씨름할 준비가 되지 않은 문제를 의미한다.

통제할 수 없는 것보다는 통제할 수 있는 것에 집중하도록 돕기

간혹 내담자들은 살면서 겪는 고난에 대해 불평을 하며 치료에 온다. 관계에서 경험하는 타인의 혐오스러운 행동이나 살면서 겪는 부정적인 일들이 이러한 고난에 해당된다. 이때에는 자신이 통제할 수 있는 것과 통제할 수 없는 것을 이해하도록 내담자를 돕는 것이 중요하다. 타인의 행동 방식은 통제할 수 없는 영역이며, 목표를 이루는 데 방해가 되는 사건이나 상황 역시 마찬가지이다. 통제할 수 있는 것은 이러한 고난에 대한 그들의 해석과 신념, 태도이며, 이에 대해 행동하는 방식이다. SST 치료사는 내담자들이 이 부분을 바꾸도록 적극 격려함으로써 그들을 도울 수 있다.

나이가 지긋한 한 여성은 이틀 간의 완벽한 휴식과 고요함을 원했고, 굉장히 비싼 호텔의 스위트룸을 예약하면서, 자신이 돈을 낸 만큼 얻을 수 있을 거라 확신했다. 침대에 누워 잠깐 잠이 들었을 때, 그녀는 바로 옆 스위트룸에서 들려오는 시끄러운 피아노 소리에 잠이 깼다. 잔뜩 화가 난 그녀는 호텔 매니저를 찾아가 항의했다. 민감한 상황을 다루는 데 노련한 매니저는 잠시 생각했다. 그러고 나서 그녀에게 혹시 옆 스위트룸에서 피아노를 연주하고 있는 남자에 대해 들어 본 적이 있는지 물었다. 사실 그는 이미 몇 달 전에 매진된 단독 콘서트를 위해 이곳에 머물고 있는 세계적으로 유명한 피아니스트였다. 그녀는 그 사람에 대해 당연히 들어 본 적이 있다고 대답했다. 매니저가 말했다. "부인, 당신이 얼마나 운이 좋은지 아시나요? 세상에서 가장 훌륭한 피아니스트 중 한 명의 개인 콘서트가 당신에게 주어진 거예요!" 순간 그녀의 분노는 사라졌고, 이 개인 콘서트를 더는 놓치고 싶지 않다고 말하면서 재빨리 자리를 떠났다. 단일회기 치료사는 아니었지만, 그 호텔 매니저는 SST의 전형적인 특징들을 보여 주었다. 그는 즉각적으로 그녀의 문제에 초점을 맞추었고, 그 즉시 결단을 내렸으며, 그녀의 통제권 밖에 있는 문제('나의 휴식을 방해하고 있는 옆방에서 들려오는 소음')를 통제권 안('개인' 콘서트를 이용하고 즐길지는 그녀의 선택이었다)으로 재구성했다. 이렇게 하면서 그 매니저는 그녀의 핵심 '추동들(drivers)' 중 하나인 그녀의 허영심까지도 자극했다!

지금 다룰 준비가 된 것에 초점 맞추기

내담자는 많은 문제를 가진 채 치료에 올 수 있으며, 어떤 문제로 시작할 것인가까지 선택할 수 있다. 그러나 SST 관점으로 볼 때, 선택된 문제가 가능한 한 빨리, 그러니까 지금 다루기에는 내담자가 준비되지 않았기 때문에 목표로 삼기에 그리 좋은 문제가 아닐 수도 있다. 이러한 점을 감안하여 내담자가 여러 문제를 언급할 때, SST 치료사는 다음과 같은 질문을 할 수 있다.

- 당신이 가능한 한 빨리 해결하고 싶고, 이를 해결하는 데 전력을 다할 준비가 된 문제는 어떤 것인가요?

내담자가 역경에서 벗어나도록 돕기

나는 SST가 내담자들이 갇혀 버렸다고 느끼는 역경에 특히 적합하다고 생각한다. 때로 내담자들은 자신들에게 도움이 될 거라 생각하지만, 사실은 역경의 이유가 되는 것들을 반복하기 때문에 갇히곤 한다. 이런 사례에서 치료사의 역할은 내담자가 다른 관점에서 바라보도록 격려하고/또는 다르게 행동할 수 있도록 돕는 것이다. 내가 SST가 특히 '꼼짝할 수 없는' 문제에 유용하다 말하는 이유는, 역경에서 벗어나는 방법을 몰라 '어쩔 줄 몰라 하는' 내담자가 이전에는 생각해 본 적도 없는 것들을 시도해 볼 만하다고 느끼게끔 돕기 때문이다. 모든 내담자가 필요로 하는 사람은 좀 더 넓게 볼 수 있도록 도와주고, 한두 가지 제안을 해 주는 사람, 그래서 내담자가 역경에서 벗어난 후, 자신의 길을 가도록 기꺼이 떠나 주는 사람이다.

말콤은 사람들 앞에서 땀 흘리는 것이 불안해서 치료를 하고자 했다. 그는 땀을 멈추게 하려고 많은 방법을 시도해 보았지만, 문제가 해결되기는커녕 계속되기만 했다. 나는 땀 흘리는 그의 문제를 관계로 생각해 보면 어떻겠냐고 제안했다. 땀 흘리는 것을, 긍정적이든 부정적이든 관심받고 싶어서 못된 짓을 저지르는 아이라고 여긴다면 그에게 무슨 일이 일어날 것 같은지 궁금해했다. 말콤은 그런 아이가 싫어하는 것은 관심의 부족이라는 사실을 알아차렸다. 결과적으로 관심을 얻을 수 없다는 것을 배운다면, 아이들은 못된 짓을 멈춘다. 말콤은 이것이 도움이 된다는 것을 알았다. 그는 땀을 흘리지 않으려 노력하는 것을 멈추고, 땀에 젖어 있더라도 사람들과 이야기를 계속하는 것이 해결책임을 알게 되었다. 추후 상담에서 말콤은 그 회기가 땀 흘리는 것을 위협적인 것에서 성가신 것으로 관점을 바꾸는 데 도움이 되었다고 이야기했다. 3개월이 지난 후에도 그는 여전히 개선된 상태를 유지하고 있었다.

상담 초점을 만들고 유지하기

SST에서는 시간이 귀하다는 점을 감안한다면(Dryden, 2016) 치료사는 내담자가 초점을 맞추도록 도와주고, 일단 함께 초점을 맞추고 나면 이를 유지하도록 도와주는 것이 중요하다. SST 과정에서는 상황에 따라 치료사가 문제에 초점을 맞출 수도 있고, 해결책에 초점을 맞출 수도 있다고 언급한 바 있다(예: 22장). 통상적으로 SST에서 치료사가 문제에 초점을 맞추는 쪽으로 선택했다 해도, 그들은 문제를 보완하는 해결책에도 초점을 맞출 것이다.

이렇게 전체적인 초점이 정해지면, 다음으로 치료사와 내담자는 '상담 초점(working focus)'을 설정할 필요가 있다. 상담 초점은 내담자의 문제를 다루고, 해결책을 찾을 수 있도록 돕기 위해 치료사와 내담자가 하는 작업을 표현한 것이다. 예를 하나 들어 보자. 리온은 발표 불안 때문에 도움을 얻고자 나를 찾아왔다. 그는 청중들에게 자신의 무지함이 드러날까 불안해했다. 우리는 이것이 그의 문제라는 것에 합의했고, 이틀 뒤 공개석상에서 발표를 해야 하기 때문에 그가 즉시 이를 다루고자 간절히 원한다는 것에 대해서도 공감했다. 그래서 우리는 이 상황을 발표 불안 문제의 구체적인 예로 활용하기에 합의했다. 나는 이틀 뒤 그가 발표를 할 때, 자신의 무지함이 드러날까 신경은 쓰지만 불안해하지는 않는 것을 목표로 설정하고자 하는 이유를 설명했고, 리온도 이를 받아들였다. 이것이 우리의 상담 초점이었다. 그 시점부터 나의 과제는 그가 그 초점을 유지하도록 하는 것이었다. 즉, 그가 이 구체적인 예에서 벗어날 때마다 나는 그를 다시 그 상황으로 부드럽게 데리고 왔다.

정중하고, 존중하는 태도로 끼어들기

치료사가 도와준다면, 대부분의 내담자들은 합의된 상담 초점을 유지할 수 있을 것이다. 그러나 어떤 내담자들은 그게 참 어렵다는 것을 알기 때문에, 치료사는 예의 바르고, 정중하게, 그러면서도 때로는 단호하게 끼어들어야 할 때도 있다. 내 경험으로 보자면 내담자들이 합의된 상담 초점에서 벗어날 때, 그들은 두 가지 모습을 보인다. 첫째, 그들은 문제가 일어난 상황에 대해 SST 목적에서 보자면 지나칠 정도로 많은 세부 사항을 설명하고, 둘째, 상담 초점에 필요한 세부 사항들과 문제와 관련해 합의한 구체적인 예시에 초점을 두다가도 그 핵심 문제에 불필요한 일반적인 내용들과 그들이 가진 또 다른 문제들로 쉽게 벗어난다.

후자의 경우, 나는 내담자들에게 우리가 SST에서 초점을 맞춰 상담을 하고 있는 상황을 '클루도[Cluedo, 북아메리카에서는 '클루(Clue')]라고 알려진 살인 추리 게임을 하고 있다고 상상해 보라 한다. 클루도의 목적은 살인이 일어난 특정 방과 살인에 쓰인 특정 도구를 가지고 살인자의 세부적인 특징을 알아내는 것이다. SST의 목적은 내담자의 특정 문제와 관련한 실제 상황을 스스로 다룰 수 있도록, 그래서 결과적으로 그들의 특정 목표를 이룰 수 있도록 치료사와 내담자가 구체적인 방법을 찾는 것이다.

끼어들기에 대한 내담자의 허락 얻기

합의된 상담 초점을 유지하는 것이 내담자에게 힘들 수 있겠다 싶다면—어떤 내담자들은 거의 즉각적으로 확연히 드러낸다—개입하는 이유를 설명하고, 이에 대해 내담자의 허락을 구하는 것이 치료사에게 도움이 된다. 나는 보통 다음과 같이 말한다. "회기를 최대한 활용하기 위해서는 당신의 목표에 계속해서 초점을 맞추는 것이 우리 둘 모두에게 중요합니다. 때로 사람들은 그렇게 초점을 유지하는 것이 어렵다는 것을 알게 되지요. 만약 우리에게 그런 일이 생겼을 때, 당신이 초점으로 다시 돌아오도록 제가 끼어들어도 될까요?" 초점을 맞춰 유지하는 데 어려움이 있는 내담자들은 대체로 자신이 그렇다는 것을 인정하고 치료사가 그들에게 개입을 제안하면 안도하며 선뜻 허락하는 편이다.

내담자에게 끼어들기를 치료사가 어려워할 때

많은 치료사가 내담자의 자기-탐색은 촉진하도록 훈련을 받고, 내담자의 '흐름(flow)'은 방해하지 말라는 주의를 받아 왔다. 이와 같은 접근이 여러 치료 상황에서 도움이 되기는 하지만, 넓은 의미에서 대화의 장을 열기보다는 한 가지 주제를 겨냥하라고 강조하는 SST에서는 대체로 도움이 되지 않는다. SST에서는 초점을 맞춘 작업이 필요하다는 것을 이해하면서도, 어떤 치료사들은 내담자에게 끼어들기를 말하는 접근이 비치료적이고/또는 그렇게 개입하는 것이 무례하다고 판단하여 반대한다. 첫 번째 지적에 대해 내가 할 말은, 제한된 시간 동안 이 주제에서 저 주제로 넘나들며 둘 모두를 다루려는 내담자를 내버려 두는 것 그리고 내담자들이 그렇게 넘나들 때 개입하지 않는 것이 오히려 SST에서는 비치료적이라는 것이다. 두 번째 지적에 대해서는 내담자를 존중하고 정중하면서도 재치 있게 끼어드는 것이 가능하며, 다른 관점에서 말하자면 그렇게 하지 않는 것이 무례하다('도움이 안 된다')는 것이 나의 대답이다. 나는 내담자에게 끼어드는 것을 계속해서 꺼리는 치료사라면, 단일회기 상담은 적합하지 않을 수 있다고까지 말할 정도이다.

중요한 질문에 내담자가 확실히 답하게 하기

몇 년 전, 포르투갈 출신의 친구이자 동료인 올리베이라가 박사과정 지도교수와 사이가 틀어진 일이 있었는데, 그의 대학에서는 나에게 올리베이라의 박사학위 논문 지도를 맡아 달라고 요청해 왔고, 나는 수락했다. 포르투갈에서는 박사학위 구두 심사가 공개적으로 진행되며 많은 사람이 참석한다. 심사가 시작되기 바로 직전에 심사위원장은 나를 한쪽으로 데리고 가더니, 내가 심사후보자의 친구이자 동료라는 사실이 많이 알려져 있으니, 심사에서 너무 긍정적으로 편향된 모습을 보이지 않는 것이 중요하다고 말했다. 그는 "필요하다면 그에게 단호하게 하되, 객관적인 의견을 말해 달라."라는 충고를 덧붙였다. 나를 포함해서 여섯 명의 심사자들이 있었고, 내가 질문할 차례가 될 때까지 모든 것이 순조롭게 진행되었다. 나는 후보자에게 까다로운 질문을 했고 그는 길게 답변을 했지만, 나의 질문에 직접적인 답변이 될 만한 것은 하나도 없었다. 그가 답변을 마쳤을 때, 나는 잠깐 기다렸다가 그를 똑바로 바라보며 말했다. "올리베이라* 씨, 매우 충분하고 완벽한 답변이었습니다만, 그건 제가 당신에게 질문한 게 아니었습니다. 그럼 이제 제가 당신에게 질문한 것에 대해 답변을 해 주시겠습니까!" 청중의 헉하는 소리가 들렸다. 이 개입을 통해 나는 요청받은 대로, 후보자에게 단호하게 대하면서 나의 객관성을 보여 주었다.

내가 심사에서 개입한 방법을 추천하려고 이 이야기를 꺼낸 것은 결단코 아니다! SST에서는 내담자가 중요한 질문에 답을 하는지 안 하는지를 확인하는 것이 중요하다는 설명을 하기 위해 이 이야기를 한 것이다. 만약 내담자가 답변을 하지 않는다면, 치료사는 부드럽고 존중하는 태도로 이를 지적하고, 내담자가 질문에 답을 하도록 격려할 필요가 있다. 이렇게 말했음에도 불구하고 내담자가 계속해서 질문을 피해 가려 한다면, 상황을 계속 밀어붙이기보다 그 상황과 관련된 것들을 물어보는 것이 최선이다. SST 과정 어디에서나 마찬가지로 여기서도 유연성이 중요하다. 나는 자신들에게 주어진 질문에 답을 하지 않는 사람들과 대화하는 기술을 연마하려면 BBC 라디오 4의 '오늘(Today)'이라는 프로그램에서, 특히 진행자가 정치인들을 인터뷰할 때를 들어 보라고 치료사들에게 추천하곤 한다.

* 심사후보자의 실명은 아니다.

가능하다면 내담자가 역경에 대처하도록 돕기

때로 내담자들은 정서적인 문제 때문에 치료에 온다. 불안, 우울, 죄책감, 수치심, 분노, 상처, 질투, 시기심 등이 여기에 해당된다. 다양한 역경에 직면할 때 사람들은 이러한 정서 문제를 경험하고, 이 정서들은 그 역경의 본질과 관련한 단서를 준다. 나는 사람들이 도움을 청하는 여덟 가지 주된 정서 문제에 동반되는 역경의 주제에 대해 SST 치료사들이 아는 것이 중요하다고 본다. 상담에서 해결-중심 접근은 물론, 문제-중심 접근을 하는 SST 치료사들의 경우에도 역경에 대해 아는 것은 특히 더 중요하다. 〈표 4〉는 여덟 가지 각 정서에 해당하는 역경-관련 주제들이다.

SST에서 역경에 초점을 맞춰야 하는 경우

역경에 초점을 두는 것은 '통합된 단일회기 인지행동치료(SSI-CBT)'라고 알려진 나의 SST 접근 방식의 특징이다(Dryden, 2017 참고). SST를 하는 가운데 이러한 초점을 추론하는 것은 일반적이지만, 다음과 같은 상황에서는 특히 중요하다고 생각한다.

- 역경이 일어난 순간, 혹은 역경이 일어날 것 같다는 생각이 드는 순간 내담자가 피하거나 그로부터 철수하기를 주요 전략으로 쓰는 경우.
- 내담자가 역경에 봉착했을 때 불안한 정서 및/또는 도움이 되지 않는 행동으로 반응하는 경우.
- 내담자가 꼼짝할 수 없게 갇혀 있는 상황이라서 벗어나기 위해서는 다르게 접근할 필요가 있는 경우. 이때에는 내담자가 역경을 피하기보다는 직면하게 하거나, 효과적으로 역경을 다루는 방식에 대해 창의적으로 생각하고 이를 진행하도록 재구조화할 수 있게 격려하는 것이 최선이다.
- 내담자가 왜곡된 추론을 바로잡았음에도 불구하고 역경에 대해 건강하지 않은 방식으로 계속 반응하는 경우. 예를 들어, 로나는 비난받는 것에 대해 불안해했다. 이전 치료에서는 비난받을 것이라는 자신의 추론이 왜곡되었으며, 이를 바로잡을 필요가 있다는 것을 알아차리도록 로나를 돕는 데 초점을 두었다. 단기적으로는 이 전략이 효과적이었지만, 로나는 스스로를 불안하게 만드는 비난받는 상상을 계속했다. SST에서는 로나가 비난을 받을 것이라고 잠시 가정하고, 실제로 이를 다룰 수 있도록 그녀를 돕는 데 초점을 맞췄다. 이는 그녀가 비난받는 상황에서도 건강한 방식으로 대처할 수 있도록 도와주었고, 또한 비난을 예상하는 데도 좀 더 객관적일 수 있도록 해 주었다.
- 문제의 재구조화가 전혀 되지 않거나 또는 재구조화되더라도 아주 잠깐인 경우. 후자의 경우 내담자는 역경을 효과적으로 다루기 위해 직면할 필요가 있다. 예를 들어, 55장에서는 나이가 지긋한 한 여성이 방해받은 휴식을 세계적으로 유명한 피아니스트

의 개인 연주회를 독점하는 기회로 재구조화하여 도움을 받았던 사례를 이야기했었다. 이러한 재구조화가 제대로 이루어지지 않았다면, 그 여성은 기대가 무너져 버린 이 상황(문제가 되는 역경)을 아주 시끄럽게 다루거나 또는 조용하게 다루는 것 중 하나를 선택해야 했을 것이다.

- **역경에 반응하는 자신의 반응이 내담자의 주된 역경이 되는 경우.** 가끔은 역경에 대해 동요하는 최초의 반응이 아니라, 이 동요하는 반응 때문에 일어나는 반응이 내담자의 주된 문제가 될 때가 있다. 합리적 정서행동치료(REBT)에서는 반응에 대한 반응(meta-disturbance, 상위 반응)이라고 알려져 있다(Dryden, 2015). 예를 들어, '수치심'이라는 정서는 대개 반응에 대한 '이차' 반응으로, 효과적으로 잘 다루어진다면 최초 반응을 가지고도 더 잘 살아갈 수 있도록 내담자를 이끈다.

표 4 정서적 문제와 관련된 (실제 또는 추론한) 역경

정서	(실제 또는 추론한) 역경
• 불안	• 위협
• 우울	• 상실 • 실패 • 자신 또는 타인에게 불공평한 상태
• 죄책감	• 도덕적 기준의 위반 • 도덕적 기준에 따르는 데 실패함 • 타인에게 상처 주기
• 수치심	• 이상에 미치지 못함 • 자기에 대한 부정적인 정보가 폭로됨 • 타인의 무시 또는 꺼림
• 문제가 되는 분노	• 좌절 또는 목표가 가로막힘 • 타인들의 나쁜 행동 • 개인적인 규칙의 위반 • 타인들의 무례함 • 자존감에 대한 위협
• 상처	• 타인의 형편없는 대우 • 타인은 자신보다 관계에 덜 관심을 기울임
• 문제가 되는 질투	• 나의 관계에 위협이 되는 타인 • 위의 위협과 관련한 관계에서의 불확실성
• 문제가 되는 시기심	• 내가 가지지 못한 것을 가진 타인

목표 협의하기

SST 분야에서 '문제(problem)' '해결책(solution)' '목표(goal)'라는 용어는 그 차이를 명확히 하지 않은 채 자주 사용되곤 한다. 이번 장에서는 이 용어들을 사용하면서 『옥스퍼드 영어 사전』에 나와 있는 정의를 활용해 보려 한다.

'문제' '해결책' '목표'의 정의

- 문제: '반갑지 않거나 해롭다고 여겨져 다루거나 극복할 필요가 있는 사건 또는 상황'
- 해결책: '문제를 해결하거나 어려운 상황을 다루는 수단'
- 목표: '개인의 포부 또는 노력의 대상, 목적 또는 바라는 결과'

문제 → 해결책 → 목표

문제, 해결책 그리고 목표가 있는 SST

용어 정의를 통해 우리는 어떤 SST 치료사들은 문제(반갑지 않은 사건들)와 목표(문제들과 씨름했을 때 바라는 결과), 해결책(목표를 이루기 위한 수단)을 가지고 상담을 하려고 하며, 어떤 치료사들은 전적으로 목표와 해결책만을 가지고 상담하려 한다는 것을 알 수 있다. 이러한 점을 고려했을 때, 나는 해결-중심 치료가 해결책과 목표 둘 모두에 초점을 맞출 때만이 의미가 있다고 본다. 단지 수단인 해결책에만 초점을 맞춘다면, 목적 없이 수단에만 초점을 맞춘 치료가 될 것이다. 같은 맥락에서, 목표-지향 치료 역시 목표와 해결책을 모두 포함해야 한다고 생각한다. 단지 목표에만 초점을 맞춘다면, 목표에 이르게 하는 수단에 대한 논의는 없고 목적지만을 명시한 치료가 될 것이다.

목표에 집중하기

'목표'는 내담자가 매진할 준비가 된 도착점이다. SST는 내담자가 목표를 달성했을 때 치료를 끝내는 것이 아니다. 내담자가 치료사의 도움으로 자신이 목표하는 바가 무엇인지 알고 혼자 힘으로 그곳에 도달할 수 있다는 것을 알게 되었을 때 치료를 종료한다.

'SMART' 목표

치료 목표를 개념화하는 방법은 다양하다. 가장 널리 알려져 있는 'SMART' 목표는 관리자들의 목적과 목표 작성에 도움이 되고자 도란(Doran, 1981)이 만든 것이다. 'SMART'가 무엇의 머리글자인가에 대해서는 다양한 설명이 있지만, SST에 가장 잘 적용되는 설명은 다음과 같다고 생각한다.

'S' = 구체적인 Specific. 구체적인 목표는 내담자가 자신이 목적하는 바가 무엇인지 알 수 있게 도와줄 수 있을 정도로 충분히 명확해야 한다. 이는 내담자마나 다를 것이다.

'M' = 동기 부여가 되는 Motivating. 'M'은 대개 '측정 가능한(measurable)'을 의미하지만, SST에서는 특히 목표가 변화의 이유를 분명히 해 주는 것이라면 '동기 부여가 되는'의 의미가 더 적절하다고 본다.

'A' = 성취 가능한 Achievable. SST에서 내담자가 이룰 수 없는 목표는 무용지물이다.

'R' = 밀접하게 관련이 있는 Relevant. 목표가 내담자의 삶과 밀접한 관련이 없다면, 내담자가 그 목표를 이루기 위해 상담하는 일은 없을 것이다.

'T' = 제한된 시간 안에 Time-bound. 정해진 기간 내에 성취할 수 있는 목표여야 한다는 것은 중요하다. 그러나 앞서 언급했듯이 가장 중요한 것은, SST의 한정된 시간 안에 내담자가 자신이 가고자 하는 방향을 알고, 치료를 마친 후에는 그곳에 갈 수 있다는 자신감을 가지는 것이다.

"오늘 이루고 싶은 것이 무엇인가요?"

모셰 탤먼(1993: 140)은 내담자에게 이 질문을 해 보라고 SST 치료사들에게 권한다. 탤먼은 이 질문이 내담자에게 처음부터 치료는 목표를 향해 노력하는 과정이라는 것을 알려 주며, 회기를 마무리할 때 내담자가 이루고자 했던 것을 해낸다면 치료는 끝난다는 기대를 불러일으킨다고 하였다.

행동 목표

57장에서 나는 SST 내담자들이 역경을 우회하기보다는 가능한 한 언제든지 역경에 직면하고 다룰 수 있도록 도와야 한다고 언급했다. 역경에 마주하고 다루려면 내담자와 함께 어떤 유형의 목표를 설정해야 할까? 나의 경험상, 여기에는 중요하게 고려되어야 할 두 가지 유형의 목표, 행동 목표와 정서 목표가 있다. 먼저 행동 목표를 다루고, 다음 단락에서는 정서 목표를 다루어 볼 것이다.

행동 목표를 강조하는 경우는 변화 가능한 역경을 다루는 상황에서 이 역경에 변화를 줄 가능성이 가장 높은 행동을 치료사와 내담자가 함께 만들어 낼 때이다. 이때 내가 55장에서 말했던 요점('내담자가 자신의 통제권 안에 있는 것에 초점을 맞추도록 도와라.')을 기억하는 것이 중요하다. 이러한 이유에서 SST 치료사는 타인의 행동과 관련된 역경을 다루는 방법에 대해 논의할 때, 내담자가 영향을 주는 것(influence)과 바꾸는 것(change)의 차이를 이해할 수 있도록 해야 한다. 내담자의 행동은 타인의 행동에 영향만 줄 수 있을 뿐, 직접적으로 그 행동을 바꿀 수는 없다. 이 때문에 치료사와 내담자는 어떻게 하면 상대방이 가장 호의적으로 반응할지에 대해 서로 이해한 것을 바탕으로 상대방에게 가장 영향을 줄 수 있는 행동 목표를 세워야 한다.

역경과 관련된 목표로서 건강한 부정 정서

SST에서 정서 목표를 설정해야 하는 두 가지 상황이 있다. 첫 번째는 역경에 대한 내담자의 정서 반응이 문제가 되는 상황으로, 이 같은 정서 반응은 합의된 행동 목표를 실천하는 데 방해가 될 것이다. 두 번째는 바뀔 가능성이 없는 역경, 특히 내담자가 그 역경으로부터 도망칠 수도 없는 상황이라 내담자의 과제가 정서적으로 흔들리지 않으면서 그 역경을 참고 견뎌야 하는 상황이다.

나는 SST에 대한 나의 접근인 통합된 단일회기 인지행동치료(Dryden, 2017)에 합리적 정서행동치료에서 말하는 구분, 즉 건강하지 않은 부정 정서와 건강한 부정 정서의 구분을 활용했다(Dryden, 2015). 용어에서 분명히 나타나듯이, '건강하지 않은 부정 정서(Unhealthy Negative Emotions: UNEs)'는 〈표 4〉와 같은 역경에 대해 부정적이고, 사실상 건설적이지 않은 정서 반응을 말한다. UNEs의 대표적인 예는 불안, 우울, 죄책감, 수치심, 상처 그리고 문제가 되는 분노, 질투, 시기심이다. 반대로, '건강한 부정 정서(Healthy Negative Emotions: HNEs)'는 〈표 4〉에 제시된 동일한 역경에 대해 분위기는 마찬가지로 부정적이지만, 실제로는 건설적인 정서 반응을 의미한다. HNEs의 일반적인 예들은, 앞서 언급한 UNEs의 건강한 대안이라고 보면 되는데, 걱정, 슬픔, 반성, 낙담, 서러움 그리고 문제가 되지 않는 분노, 질투, 시기심이다.

앞서 말한 것들 가운데 역경에 대응하는 정서 목표가 부정적이라는 점에 주목하는 것이 중요하다. 이 관점에 따르면, 부정적인 어떤 것(역경)에 대해 긍정적이거나 중립적으로 느끼는 것은 건강하지 않다. 부정적인 것에 대해서는 부정적으로 느끼는 것이 건강하다!

REBT 입장에서 보면, 역경에 직면한 내담자들이 정서 목표를 달성할 수 있도록 돕는 방법은 그 역경에 대한 내담자들의 경직되고 극단적인 태도를 유연하고, 극단적이지 않은 태도로 바꿀 수 있도록 돕는 것이다. 그러나 SST 관점에서 보자면, 그러한 정서 목표 달성이 가능할 것이라고 내담자가 생각을 바꾸도록 치료사가 돕는 것이 중요하다.

내담자가 자신도 모르게 어떻게 문제를 유지하는지 이해하고, 문제 해결에 도움이 되도록 이를 활용하기

사람들에게 문제가 있는 이유 중 하나는 그들이 자신도 모르게 그 문제를 유지하고 있기 때문이다. 나는 여기서 '자신도 모르게'라고 말한다. 왜냐하면 내담자의 입장에서 보자면, 그들은 문제를 해결하려 애쓰고 있는 것이지, 그 문제를 영원히 지속하려는 것이 아니기 때문이다. 문제에 초점을 맞추는 SST 치료사들이 문제를 유지하게 하는 이러한 요인들을 확인하는 것은 내담자가 바꿔야 할 것이 무엇인지를 치료사와 내담자 모두 이해할 수 있게 도와준다.

문제 유지 요인과 이에 대한 건강한 대안

여기 문제를 유지하게 하는 다양한 요인과 그에 대한 건강한 대안들이 있다. 여기서 말하는 대안은 단지 제안일 뿐이며, 진짜 중요한 것은 문제를 유지하게 하는 요인들에 대해 내담자가 자신만의 건강한 대안을 정하는 것이다.

문제 회피하기–문제 직면하기

문제가 있으면, 내담자는 그 문제를 피하고 싶은 충동을 경험할 수 있다. 그들은 때로 문제에 맞닥뜨리기도 전에 피하거나, 또는 일단 문제가 피부에 와닿으면 그 상황에서 물러나 버리곤 할 것이다. 문제 회피하기의 건강한 대안은 문제 직면하기이다. 그러한 직면은 '정면에서 맞닥뜨리는' 방식으로, 또는 내가 말해 온 '압도되지 않으면서 도전하는' 방식(Dryden, 1985)으로 이루어질 수 있다.

정면에서 맞닥뜨리는 방식으로 문제에 직면하기. 정면에서 맞닥뜨리는 직면의 한 가지 예는 단순 공포증에 대한 '1회기 치료(One Session Therapy: OST)'를 들 수 있는데, 여기서 내담자는 최대 3시간 동안 자신이 공포를 느끼는 대상에 직면하기로 합의하고, 이는 보통 공포 반응의 소멸로 마무리된다(Davis III, Ollendick, & Öst, 2012). 여기서 중요한 구성 요소는, ① 내담자는 자신이 이 치료를 받아들이고, 긴 회기 동안 전념해야 하는 이유를 납득할 수 있어야 하며, ② 고통스러운 그 과정을 겪는 것이 내담자에게 가치가 있어야 한다는 점이다.

'압도되지 않으면서 도전하는'. 후자의 경우 내담자는 압도되지 않으면서 도전하는 방식으로 자신의 역경에 직면하는 데 찬성하고, 모든 과정은 내담자가 정한다. SST에서는 치료사가 그 개념을 소개하고 내담자가 이를 활용해 보고자 한다면, 회기가 끝난 후 내담자가 최대한 빨리 일상에 적용할 수 있도록 어떻게 이 개념을 활용할 수 있을지에 대한 계획을 둘이 함께 세운다. 치료사는 내담자가 이 개념을 받아들이고, 앞으로 나아가는 데 활용하도록 격려한다.

SST 치료사는 내담자가 자신의 삶 속에서도 문제에 직면하도록 하기 위해 내담자로 하여금 문제에 직면하는 자신의 모습을 마음속으로 그려 보라고 회기 중에 권할 수 있다.

불편함 피하기–불편함 견디기

우리는 점점 더 편안함이 지배하는 세상에서 살고 있다. 자신에게 가장 득이 되는 일임에도 불구하고 하기 싫어하는 사람들이 내미는 이유는 '불편해서'이고, 그들은 이런 이유가 이해되고 수용되는 것은 물론, 그 어떠한 이의제기도 없기를 기대한다. 그러나 변화는 불편함을 수반한다. 내가 종종 말하듯이 "익숙하면 변하지 않는다." 그러므로 SST에서 내담자의 문제가 유지될 때, '불편함 피하기'는 바꾸어야 할 정당한 목표가 된다. '불편함 견디기' 태도에는 다음과 같은 특징들이 있다.

- 불편함 견디기는 투쟁이다.
- 불편함을 견디는 것은 가능한 일이다.
- 불편함을 견디는 것이 자신에게 가장 득이 되는 일임을 안다면 그리고 불편함을 견딜 의향이 있고 기꺼이 그렇게 하고자 마음을 먹는다면, 사람들은 불편함을 견딜 것이다.

내담자가 불편함을 좀 더 견딜 수 있도록 하는 데 도움이 되려면 이러한 태도를 자신만의 언어로 표현해 보게 하고, 마찬가지로 실제 삶에서도 그렇게 견딜 수 있게 준비하는 과정으로 불편함을 견디고 있는 자신을 가능한 한 생생하게 상상해 보도록 돕는 것이 유용하다.

고통에 저항하기–고통을 인정하기

고통에 대한 사람들의 반응이 문제를 유지하는 요인이 될 수 있으며, 그렇기 때문에 이 반응의 변화를 목표로 삼는 것이 타당하다는 인식이 점차 늘어나고 있다(Leyro, Zvolensky, & Bernstein, 2010). 고통에 저항하기에는 세 가지 보편적인 요소가 있는데, ① 정서, 인지, 상상으로 지각된 저항감 및/또는 고통스럽게 하는 요소들을 없애 버리고 싶은 충동, ② 자기-통제감 상실에 대한 두려움, ③ 자기-모순적인 관념(예: "나는 이런 감정에 약해.")이 그것이다.

SST 치료사는 내담자들이 이와 같은 문제들을 해결하고, 다음 사항들을 인식하도록 도울 수 있다. ① 내담자들은 자신들의 경험을 견딜 수 있다, ② 고통스러운 경험을 없애려 애쓰지 않는 순간부터 내담자들은 그 경험을 통제할 수 있다, ③ 내담자들은 고통을 경험하고 있는 스스로에게, 사랑하는 사람들에게 보여 주는 것과 같은 연민 어린 시선을 보여 줄 수 있다. 이러한 메시지는 회기 내에서 의자 기법을 적절하게 사용하여 강화할 수 있다(77장 참조).

경직된 사고–유연한 사고

내담자가 경직되게 사고한다는 것은, 이런 일은 이렇게 되어야만 한다는 고정된 생각을 가지고 있다는 것이다. 경직성은 역경 그 자체나, 역경이나 타인 또는 자신에 대한 그들의 불안한 감정에 반영될 수 있다. 이러한 경직된 생각들이 그들의 문제를 유지하게 한다. 내담자가 유연하게 생각할 수 있도록 돕는다는 것은 그들의 선호가 자신에게 중요한 것이 무엇인지를 알려 주며, 반드시 그래야 할 이유는 없다는 것을 알아차리도록 하는 것이다. 또한 이러한 선호를 유연하게 유지할 것인지, 아니면 경직되게 만들 것인지 선택할 수 있다는 것을 그들이 알아차리도록 하는 것을 포함한다. 치료사는 내담자들에게 어떤 유형의 생각이 그들에게 가장 유익하고 문제 해결에 도움이 될지 생각해 보도록 격려하며 그들이 선택할 수 있도록 한다.

추론을 확인하지 않기–추론을 행동으로 확인할 준비하기

내담자들은 때로 역경에 대한 확인되지 않은 추론과, 이렇게 확인되지 않은 추론에 따른 행동 때문에 자신들의 문제를 유지한다. 예를 들어, 누군가 '방금 만난 저 사람들은 나를 재미없는 사람으로 볼 거야.'라고 생각할 수 있다. 그렇다면 이 사람은 방금 만났던 사람들과의 대화에 참여하지 않을 것이다. 내담자들이 자신들의 추론을 행동으로 검증해 보도록, 예를 들어 앞의 상황이라면, 그 사람들과의 대화에 참여해 보고 무슨 일이 벌어지는지 보도록 하는 것이 중요하다. SST 상황이라면 내담자는 오로지 상상으로만 확인해 볼 수 있겠지만, 회기가 끝난 후 현실에서도 검증을 하기만 한다면 그러한 행동 실험을 통해 긍정적인 결과를 얻을 수 있을 것이다 (Bennett-Levy et al., 2014).

암묵적 동의–확실한 경계 설정

다른 사람들이 자신을 형편없이 대한다고 불평하는 내담자를 보면, 그들이 아무런 반응을 하지 않고 그런 행동을 암묵적으로 승인하고 있기 때문이기도 하다. 호크(Hauck, 2001)의 연구에 따르면, 타인으로부터 형편없는 대우를 받으면서 그런 행동에 대해 이의 제기를 하지 않을 때, 사람들은 그 사람을 계속해서 형편없이 대우하게 된다. 암묵적 동의를 해결하는 방법은 확실한 경계 설정이며, 내담자들은 회기 중에 역할-연습을 통해 이를 연습할 수 있다.

타인의 나쁜 행동 강화하기–타인의 좋은 행동 강화하기

앞서 말한 것과 유사하게, 사람들은 타인의 나쁜 행동에 무심코 보상을 함으로써 자신도 모르는 사이에 타인의 그런 행동이 유지되도록 한다. 자신의 주장을 확실히 함과 더불어 타인들이 좋은 행동을 내비칠 때 내담자가 그 행동을 강화하는 것이 중요하다.

무엇이 변하는가 I: 개인-중심의 변화

다른 형식의 심리치료들과 마찬가지로 SST의 목적은 내담자가 변할 수 있도록 돕는 것이다. 개인적으로 나는 내담자가 역경에서 벗어나 일상을 살아가면서 더는 치료가 필요하지 않은 상태에 이르도록 돕는 최선의 치료가 SST라고 생각한다. 이 장의 후반부에서 다루겠지만, 변화는 라인홀드 니부어(Reinhold Niebuhr)의 평온을 위한 기도에서 볼 수 있듯이 수정-기반 전략 또는 수용-기반 전략에 의해 일어날 수 있다.

> 신이시여, 저에게
> 제가 바꿀 수 없는 것을 받아들이는 평온과
> 바꿀 수 있는 것을 바꾸는 용기와
> 그리고 이 둘을 분별할 수 있는 지혜를 허락하여 주소서.

이 장에서는 치료사가 내담자 내면의 변화를 만들어 문제를 해결하도록 돕는 개인-중심의 변화에 대해 살펴볼 것이다. 다음 장에서는 문제 해결을 위해 내담자가 환경을 바꾸도록 치료사가 돕는 환경-중심 변화에 대해 이야기하려고 한다. 외적인 변화 후의 내적인 변화가 좀 더 수월하다고 보는 입장에서 두 전략이 상호배타적인 것은 아니지만, 이 둘을 분리하여 살펴보고자 한다.

'BASIC I.D.' 구조

"SST에서 내담자는 자신의 무엇을 바꿀 수 있는가?"라는 질문에 대해 생각하면서, 나는 아놀드 라자루스(1981)가 개발한 'BASIC I.D.' 구조를 활용하는 것이 유익하겠다는 생각이 들었다.

B = 행동(Behaviour)
A = 정서(Affect)
S = 감각(Sensation)
I = 심상(Imagery)
C = 인지(Cognition)
I. = 대인관계(Interpersonal relationships)
D. = 약물과 생물학적 기능(Drugs and biological functioning)

SST에서 개인상담을 진행하는 경우, 치료사들은 주로 행동, 감각, 심상 그리고 인지에서 변화를 만들어 내기 위해 내담자와 직접 상담한다. 라자루스(1981)에 의하면, 개인의 정서가 바로 변하는 것은 불가능하다. 오히려 정서 변화는 하나 혹은 그 이상의 다른 영역에 변화가 생길 때 일어난다. SST에서 내담자 개인의 ('I.' 영역에 해당하는) 대인관계가 즉시 달라지는 것 또한 가능하지 않다. 여기에서의 변화는 대체로 타인을 대하는 내담자의 행동을 바꾸도록 격려하고, 그 효과를 관찰하게 한 결과로 나타날 수 있다. 마지막으로 대부분의 SST 치료사들은 내담자들의 ('D.' 영역에 해당하는) 현재 또는 이후 나타날 수 있는 약물치료 필요성에 대한 문의를 다룰 자격이 없으므로, 이 경우라면 내담자를 적절한 전문가에게 의뢰할 것이다.

결론적으로 SST에서 변화의 대상을 무엇으로 할 것인가라는 질문에 대한 나의 대답은 행동, 감각, 심상, 인지이며, 또한 이 영역들에서의 변화가 효과적이라면, 정서에서도 긍정적인 변화를 만들어 낼 수 있을 것이다.

인지 변화

인지 영역에서의 변화는 추론 또는 태도에서 나타나는 경향이 있다. 여기서 나는 추론을 '직접적인 정보를 넘어선 현실에 대한 짐작이며, 맞을 수도 있고 틀릴 수도 있다'고 정의한다. 태도는 '사람, 사물 또는 사건을 판단하는 일관된 반응 패턴'이라고 한 콜맨(Colman, 2015)의 정의를 활용하고자 한다.

태도에서의 변화

"오늘은 일정이 어떻게 되니?"라는 엄마의 물음에 참견한다며 격분하는 내담자를 상상해 보자. 이런 상황에서 내담자가 태도를 바꿀 수 있도록 돕는다는 것은, ⓐ 엄마가 참견하고 있는 상황을 잠시 떠올리게 하고, 거기서 ⓑ 그 간섭에 화를 내고 있는 자신의 태도를 확인하도록 하는 것을 포함한다. 이 태도가 확인이 된다면, 내담자는 이 역경을 좀 더 건설적으로 다룰 수 있는 태도로 바꾸는 데 도움을 받을 수 있다.

추론에서의 변화

추론에서의 변화는 내담자가 한걸음 물러서서 자신이 만든 추론과 이를 대신할 수 있는 추론들의 찬반 증거를 검토하는 것을 필요로 한다. 증거를 살펴본 후, 내담자는 증거에 가장 잘 들어맞는 추론을 선택하게 된다. 앞의 예로 보자면, 내담자는 엄마가 참견을 하려고 일정을 물어보는 것이 아니라는 결론을 내렸다. 그건 내담자의 일상을 물어보는 엄마의 방식일 뿐이었다.

일반적으로 SST에서는 치료사가 내담자의 태도 변화와 추론 변화 모두를 만들어 낼 시간이 부족하기 때문에 치료사와 내담자는 어떤 변화가 내담자의 문제를 해결하는 데 최선일지 결정해야 한다.

행동 변화

SST에서 치료사는 내담자가 이전과는 다르게 행동하도록 격려하고, 그러한 행동을 회기 중에 연습해 보게 할 수 있다. 그러나 이 회기가 내담자가 참여하는 유일한 회기라면, 치료사는 내담자가 이러한 변화를 일상에서 실천했는지, 하지 않았는지 알 수 없으며, 실천했더라도 그 행동 변화의 결과가 무엇인지 알 수 없을 것이다.** 행동 변화 영역에서 SST가 내담자를 도울 수 있는 분야는 다양하다.

** 추후 상담을 진행하는 SST 치료사라면 알 수도 있겠지만, 아주 오랜 뒤에야 가능할 것이다(86장 참고).

행동하려는 충동

치료사는 내담자가 행동하려는 충동과 명백한 행동 간의 차이를 구별하도록 도울 수 있다. 이는 충동적인 성향이 문제인 내담자에게 특히 중요하다. 여기서는 내담자가 행동하려는 충동이 일어난 뒤 그 충동에 따라 실제로 행동을 할지 말지 결정하는 과정을 천천히 밟아 나가도록 하는 것이 개입의 초점이다. 그 후 치료사는 심상기법(imagery)을 활용하여 충동이 일어나더라도 그에 따라 행동하지 않는 경험을 연습하도록 내담자를 도울 수 있다.

추론을 검증하기 위한 행동 변화

59장에서 왜곡된 추론을 하는 내담자를 돕기 위한 행동 실험 활용에 대해 간략히 논의한 바 있다. 그리고 이 접근법은 내담자가 원하지도 않을 뿐더러 일어날 가능성도 거의 없는 부정적인 사건에 대한 태도를 바꾸는 데 가장 효과적이다.

태도 변화를 강화하기 위한 행동 변화

내담자 문제와 관련하여 특정한 태도로 바꾸고자 할 때, 내담자로 하여금 이 태도를 강화할 수 있는 방식으로 행동하게끔 하는 것이 유용하다. SST의 특성을 고려할 때, 태도 변화를 위한 상담에서는 내담자가 꾸준히 이를 실천할 수 있는 행동을 선택하도록 권장해야만 한다.

타인에게 영향 주기

나는 이 책에서 누군가와 문제가 있는 내담자라면, 상대를 바꾸기 위해 해 볼 만한 방법 중 한 가지는 내담자가 먼저 그 사람을 대하는 행동을 바꾸는 것이라고 여러 번 언급했다. 새로운 행동이 상대에게 줄 수 있는 영향을 가늠하기 위해 치료사와의 역할극에서 먼저 시도해 볼 수 있다.

기술 개발하기

내담자의 문제가 행동 기술의 부족 때문이거나 또는 그로 인해 더 악화된 경우, 치료사는 관련한 기술을 습득하거나 개선할 수 있도록 내담자를 도움으로써 문제해결을 도와줄 수 있다.

가치에 따라 행동하기

수용-전념치료(ACT)를 하는 치료사들은 다루기 힘든 인지, 정서를 수정하려는 목적에 휘둘리기보다는 내담자가 자신의 가치들을 보여 줄 수 있는 방식으로 행동하면서 자신의 존재를 수용할 수 있도록 지지하는 것이 내담자에게 가장 좋다고 강력하게 주장한다(예: Flaxman, Blackledge, & Bond, 2011).

감각 변화

감각 변화는 다른 영역들을 좀 더 효율적으로 활용하는 데 가교 역할을 하는 유익한 감각들에 내담자가 초점을 맞추도록 돕는 것을 말한다. 예를 들어, 나는 SST 내담자가 먼저 따뜻한 감각에 접촉한 후 내담자를 불안하게 만드는 인지를 변화시키도록 도운 적이 있다.

심상 변화

내담자들이 견디기 어려운 머릿속 이미지로 인해 부정적인 영향을 받는 경우는 허다하다. 그들은 좀 더 건설적인 이미지로 수정하는 것을 배울 수 있다. 이 과정은 특히 행동 변화를 실행하기 전 연습에서 활용할 수 있다. 심상 기법은 감각 기법과 함께 사용되기도 한다(예: 내담자에게 마음이 편안해지는 장소를 물어보고, 그 장소를 그리는 동시에 이완된 감각에 초점을 두도록 요청한다).

수정-기반 변화 그리고 수용-기반 변화

인지행동치료(CBT)에서 문제가 되는 사고와 감정을 바꾸는 전략들은, 예를 들어 그들의 감정을 뒷받침하는 인지를 수정하도록 돕거나 또는 가치-기반의 행동을 하도록 해서 이러한 사고와 감정의 존재를 수용하도록 돕는 것도 포함한다. SST 치료사들은 변화를 위해 두 가지 접근법 모두를 활용할 수도 있고, 내담자에게 가장 도움이 된다고 생각되는 접근법을 고려하여 상담할 수도 있다(Dryden, 2015).

이제까지 개인-중심 변화의 주제를 살펴보았고, 다음 장에서는 환경-중심 변화의 주제를 살펴보자.

무엇이 변하는가 II: 환경-중심의 변화

앞 장에서는 개인이 자신의 문제를 해결하기 위해 스스로를 바꿀 수 있는 영역들을 살펴보면서 변화의 주제를 다루었다. 그러나 내담자가 문제 해결을 위해 환경 변화를 고려해 보도록 치료사가 돕는 것이 내담자에게 더 나은 경우들도 있다. SST 내담자와 환경 변화에 대해 이야기를 나누는 경우, 나는 그들에게 자신을 식물로 가정해 보라고 제안하면서, 다양한 식물들이 특정 환경에서는 무럭무럭 자라지만, 또 다른 환경에서는 시들어 죽는 점에 주목하게 한다. 나는 내담자들에게 그들이 잘 자라는 환경과 시들어 약해지는 환경에 대해 깊이 생각해 보라고 한다. 이러한 정보들을 파악한 다음, 나는 내담자에게 자신이 문제를 겪고 있는 환경을 떠올려 보고 이를 해결하기 위해 환경을 바꿀 필요가 있는지, 아니면 환경은 그대로 두고 그들 자신이 변해야 하는지 생각해 보게 한다.

물론 내담자가 환경을 바꾸어야 하는 확실한 상황이지만(예: 내담자가 어떤 면에서 학대받고 있을 때), 동시에 환경을 바꿀 수 없는 상황일 수도 있다(예: 내담자가 경제적인 문제로 좋지 않은 직장을 유지해야만 할 때). 그러나 대부분의 상황에서 내담자는 내적 변화를 만들어 냄으로써 또는 환경을 바꿈으로써 자신의 문제를 해결할 수 있다.

이러한 상황에서 치료사와 내담자는 치료의 목표를 개인-중심의 변화로 할지 또는 환경-중심의 변화로 할지 함께 결정해야 한다. 앞서 이야기한 것처럼 변화의 두 가지 형태 모두 가능할 수도 있지만, 그 결과는 매우 다를 수 있다. 분명 단일회기의 내용은 내담자와 치료사가 선택한 변화의 형태에 따라 매우 달라질 것이다.

예를 하나 들어 보자. 로빈은 업무와 관련한 불안 때문에 치료실을 찾았다. 수준 높은 프로그래밍 기술을 갖춘 그는 매우 좋은 연봉을 조건으로 대기업에 스카우트되었다. 그러나 그의 새로운 업무 환경은 관리가 엄격하였으며, 게다가 그의 상사는 프로그래밍에서의 실수를 용납하지 않았다. 로빈의 치료사는 이 새로운 업무 환경이 그를 성장하게 하는지, 시들게 하는지 질문하였다. 로빈은 확신했다. 그는 시들어 가고 있었다. 그는 이전 직장이 자신을 성장하게 하는 환경의 전형이라고 말했다. 그곳은 그에게 많은 자율성이 주어지고, 프로그래밍에서의 실수도 허용이 되는 작은 회사였다.

로빈의 치료사는 두 가지 중 하나를 선택할 수 있다고 설명했다. 첫째, 치료사는 로빈이 현재의 위치에서 좀 더 잘 대처할 수 있도록 도울 수 있다. 이 경우에는 그의 불안을 다룰 것이며 성과가 있을 수 있지만, 그는 여전히 성장할 수 없는 환경에서 일을 하게 될 것이다. 로빈의 문제에 대한 이 같은 접근은 내가 개인-중심 변화라고 했던 것의 한 예가 될 수 있다. 둘째, 치료사는 로빈 스스로가 달라진다 하더라도, 현재 직장에서 행복하지 않을 수 있기 때문에 자신을 성장하게 하는 환경, 즉 자율성이 주어지고 혁신적인 컴퓨터 프로그램을 개발하는 과정에서 실수는 필수라고 받아들여지는 환경을 찾을 필요가 있음을 알아차리도록 도울 수 있다. 로빈은 확고했다. 그는 환경-중심의 변화를 선택했다.

공통화음에 초점 맞추고 활용하기

로젠바움과 호이트, 탤먼(Rosenbaum, Hoyt, & Talmon, 1990)은 치료사에게 중요한 과제는 내담자의 참조 체계(frame of reference)로 내담자를 이해했음을 보여 주는 것이라고 언급했다. 그러나 덧붙여서 내담자가 자신의 문제를 해결할 수 있도록 치료사가 새로운 조망을 제공할 필요도 있다고 했다. '공통화음(pivot chord)'이라는 개념은 SST 치료사들이 이 두 가지 과제를 실행하는 데 유용하다.

로젠바움 등(1990: 180)에 따르면, 음악에서 "공통화음이란 하나 이상의 공통된 음을 포함하고 있어서 곡의 다양한 '전개'를 가능하게 하며, 한 음조에서 다른 음조로의 전환을 수월하게 해 주는 여러 가지로 해석이 가능한 화음"이다. 계속해서 그들은 "SST 치료사의 중요한 과제는 내담자가 겪고 있는 어려움이 변화를 위한 공통화음처럼 기능할 수 있도록 해석하는 것이다. 내담자의 문제는 내담자를 위한 새로운 방향의 가능성을 품고 있다는, 보다 큰 틀에서 증상을 보는 것이 치료사에게 도움이 될 수 있다."고 말했다.

스틴바거(Steenbarger, 2003)는 일과 관련한 불안 때문에 도움을 요청하러 온 금융거래인, 톰과 이야기를 나누었다. 톰은 뇌졸중(stroke)으로 쓰러질까 봐 두렵다고 말했다. 그는 자신의 문제에 대해 이야기를 하던 중 지나가는 말로 '니퍼'라는 이름의 개를 한 마리 키운다고 했다. 톰의 불안감이 점점 더 동요되어 둘 모두가 압도당하는 것을 막기 위해, 스틴바거는 톰에게 그의 개에 대해 물어보았고 니퍼를 무릎에 앉히고 배를 쓰다듬는 것(stroke)*이 그를 진정시키는 유일한 방법임을 알게 되었다. 스틴바거는 톰에게 이 자리에서 그 장면을 떠올려 보라고 했고, 그는 그렇게 하면서 안도감과 따뜻함을 느낄 수 있었다. 이때 스틴바거(2003: 37)는 공통화음을 도입했다.

스틴바거: 불안이 엄습해 올 때, 실제로 stroke를 경험해 보는 건 어떨까요? [톰은 충격을 받은 듯 말했다.]

톰: 뭐라고요?

스틴바거: 니퍼 쓰다듬기. 당신이 니퍼를 쓰다듬을 때 있잖아요. 당신은 그 강아지가 사랑받고 있고, 필요한 존재라고 느끼게 하잖아요. 그리고 당신도 기분이 좋아지고요. 당신이 니퍼를 쓰다듬는 것처럼 당신 스스로를 그렇게 쓰다듬어 준다면 어떨까요?

톰은 '스스로를 쓰다듬어 주기'라는 이 아이디어를 좋아했고, 불안이라는 감정에 대해 걱정하기보다는 자신의 스트레스를 관리하는 단서로 활용했다. 스틴바거(2003: 38)는 다음과 같이 결론지었다. "정서가 요동치는 그 순간, 더 따뜻한 느낌으로 전환할 수 있도록 해 주는 'stroke'라는 은유가 전환을 가능하게 해 주는 공통화음

* stroke에는 '뇌졸중'이라는 뜻과 함께 '(손으로) 쓰다듬기, 어루만지기'라는 뜻도 있다. –역자 주

이다." 스스로에게 stroke(뇌졸중/쓰다듬기)를 준다는 것은 톰이 불안을 느끼는 대상인 동시에 그 불안으로부터 그를 도와주는 대상이 되었다. 치료사는 내담자의 참조 체계 내에서 다양한 해석의 가능성을 소개했고, 공통화음이라는 개념을 활용하여 stroke의 개념을 재구성할 수 있게 도왔다.

변화 지표에 합의하기

"SST가 효과적인가요?"라는 질문은 교육 워크숍에서 종종 받는 질문이다. 호이트와 탤먼(2014b), 호이트 등(2018b) 그리고 하이멘과 스토커, 케이트(2013)의 연구에서는 SST의 효과성을 입증하는 많은 자료가 검토되었다. 물론 SST가 확고한 연구 기반이 있다는 점을 내담자가 아는 것도 중요하지만, 내담자에게 더 중요한 것은 "SST가 나에게 효과적인가?" 하는 물음이다.

이러한 내담자의 질문에 답을 할 수 있으려면, 내담자와 그들의 SST 치료사들은 변화의 지표를 확인해야 한다. 여기에는 두 가지 서로 상이하지만 관련이 있는 지표, 결과 지표와 과정 지표가 있다. 작업동맹의 관점에서 보자면(52장 참고), 치료사와 내담자는 이러한 지표들의 특징에 관해 구체적으로 합의하는 것이 중요하다.

결과 지표

명칭에서 분명히 알 수 있듯이, 결과 지표는 내담자의 결과 목표가 달성되었음을 나타내는 분명한 지표이다. 여기 결과 지표에 대해 내담자가 생각해 보도록 하는 몇 가지 질문이 있다.

- "어떻게 되면 당신이 치료에서 원했던 것을 이루었다고 확신

할 수 있을까요?”(Talmon, 1993: 140-141)

- “치료가 더 필요하지 않을 때, 당신의 삶은 어떤 모습일까요?” (Talmon, 1993: 148)
- “당신이 문제를 해결한다면, 당신의 삶에서 무엇이 달라질까요?”

이러한 지표들은 내담자가 목표를 달성했는지 아닌지를 분명하게 나타내 주는 특정 지표들로서, 보다 구체적일수록 더 좋다. 그러나 SST의 특징이 그러하듯이, 치료사와 내담자 모두 내담자가 자신만의 실제 삶 속에서 이를 실천할 때까지는 개입의 결과를 알 수 없을 것이다. 또한 치료사는 추후 상담을 진행하지 않는 한, 결과 지표들이 달성되었는지 전혀 알 수가 없을 것이다. 요약하자면, 합의된 결과 지표는 SST에서 희망하는 도착 지점을 가리키는 것이다. 이 결과 지표들은 내담자가 도달하고자 희망하는 지점을 가리키며, 달성 여부를 보여 주는 지점이다.

과정 지표

내담자가 기차로 런던에서 글래스고까지 여행을 하고 있고, 그 사이에는 여러 역이 있다고 상상해 보자. 런던은 내담자의 문제와 가깝고, 글래스고는 그들이 원하는 결과이며, 그 사이에 경유하는 역은 원하는 결과를 향해 나아가는 과정이 된다.

이렇게 본다면 내담자의 과정 지표들을 분명히 하고 합의하는 것은 내담자와 치료사 모두에게 중요하다. 내담자가 과정 지표에 대해 생각해 볼 수 있도록 도와주는 질문들은 다음과 같다.

- "아주 조금이나마 나아지기 시작했다는 것을 당신은 어떻게 알 수 있을까요?"(Talmon, 1993: 143)
- "목표를 향해 나아가고 있다고 당신에게 알려 주는 것은 무엇일까요?"
- "당신이 꼼짝할 수 없는 상황이라 했을 때, 거기에서 벗어나고 있음을 제일 먼저 알려 주는 것은 무엇일까요? … 그다음은요?"

다시 말하지만 SST의 특징을 고려할 때, 치료사는 내담자들이 과정 지표를 성취했는지 알 수는 없을 것이다. 치료사에게 중요한 것은 내담자가 이러한 과정 지표들을 기억하도록 격려하고, 이를 활용하기 위한 틀을 갖추도록 제안하는 것이다. 어떤 내담자들에게는 초기 과정 지표를 설정하는 것만으로도 충분하며, 일련의 연결된 지표들을 만드는 것이 오히려 그들을 압도할 수 있는 반면, 어떤 내담자들에게는 그렇게 연결된 지표들을 정확히 아는 것이 동기부여가 된다는 점에 주의해야 한다. 다른 주제들과 마찬가지로 어떤 접근을 활용할지는 내담자와 협의할 필요가 있다.

변화에 주목하고 격려하기

48장에서 사전-연락과 대면 회기 사이에 내담자가 실천하기로 합의할 수 있는 다양한 과제에 대해 살펴보았다. 탤먼(1990: 19)은 그러한 과제들 중 하나를 다음과 같이 설명했다. "지금 이 시간부터 우리가 만나기 전까지 당신에게 일어나는 일들 중에 앞으로도 계속 일어났으면 하는 일들에 주목해 주었으면 합니다. 이렇게 하면 당신의 목표와 당신이 하고자 하는 것들에 대해 제가 더 많이 알 수 있도록 도와줄 수 있을 겁니다." 무엇보다도 이 과제는 내담자가 정체된 상태가 아닌 변화에 주목할 수 있게 만든다. 이렇듯 내담자가 SST를 최대한 활용하기 위해서는 변화 지향적인 초점을 계속 유지하도록 치료사가 돕는 것이 중요하다.

앞 장에서 소개한 과정 지표는 목표로 하는 결과를 향해 나아가는 과정을 내담자에게 보여 주는 확인 가능한 지점들이다. 마찬가지로 앞 장에서도 강조했듯이, 이러한 과정 지표들은 SST가 끝난 후에 일어나는 일들이기 때문에 아마도 치료사는 내담자가 이러한 과정 지표들을 달성해 나아가는 것을 직접 볼 수는 없을 것이다. 그렇기 때문에 치료사는 이러한 변화들을 내담자가 어떻게 하면 가장 잘 알아차릴 수 있을지 그리고 더 많은 변화를 만들기 위해 그들의 성취를 어떻게 활용할 수 있을지에 대해 내담자와 논의할 필요가 있다. 내담자들이 마음속 변화를 알아차리고 그로부터 용기를 얻는 것에 더하여, 위에서 언급한 변화-지향 초점을 유지하도록 하기 위해 다음과 같이 할 수 있다.

'변화 알아차림' 일지 쓰기

치료사는 내담자에게 '변화 알아차림' 일지를 작성해 보라고 제안할 수 있다. 이 일지에는 내담자가 자신의 문제 및 목표와 관련된 변화를 기록하고, 그 변화를 가져오기 위해서 내담자는 무엇을 하였으며, 언제, 어디에서 변화가 일어났는지를 기록한다.

주변 사람들의 지지 이끌어 내기

46장에서 내담자가 SST를 최대한 활용할 수 있게 도와주고 지지해 줄 수 있는 사람을 찾도록 돕는 것이 치료사에게 중요하다고 언급한 바 있다. 지금의 맥락에서 보자면, 이는 내담자가 주변 사람들에게 자신이 변화하고 있는 모습이 보일 때 피드백을 해 달라고 요청할 수 있음을 의미한다. 또한 주변 사람들 역시 내담자가 단일회기에서 익힌 것들을 활용하면 그것에 대해 피드백함으로써 내담자를 지지하고 격려해 줄 수 있을 것이다.

첫 번째가 아닌 두 번째 반응에 초점 맞추기

누군가 역경에 맞닥뜨렸을 때 문제가 되는 방식으로 가장 먼저 반응한다면, SST에서 이를 다루는 한 가지 방법은 최초의 반응이 문제가 아니라는 점을 알게 하는 것이다. 그보다 문제를 야기하는 동시에 잠재적인 해결책이 되는 것은 그다음에 이어 나오는 또 다른 반응이다.

먼저 실패와 관련한 문제를 가진 내담자가 운전면허시험에 떨어진 후 치료에 왔을 때, 어떻게 상담을 진행하는지 살펴보면서 이 경우를 설명해 보려 한다. 문제가 되는 그녀의 최초 반응은 '나는 실패자야.'라는 인식이었다. 〈표 5〉에서 보듯이, 자신을 실패자라고 하는 내담자의 최초 반응은 문제가 아니다. 오히려 문제는 그 최초 반응에 대한 그들의 반응이다. 그래서 '나는 실패자야.'라는 인식에 대해 문제가 되는 다섯 가지 반응과 도움이 되는 두 가지 반응을 정리했다. 치료사는 내담자와 상담을 진행할 때, 내담자의 인식에 뒤이은 문제적 반응을 찾아내고 그 외 선택할 수 있는 다른 반응들을 설명하면서, 실패와 관련한 문제를 해결하는 데 가장 좋은 해결책을 제시해 줄 거라 생각되는 반응을 고르도록 권할 수 있다.

특정 상황에서 자기-패배적인 방식으로 행동하려는 충동이 문제라고 하는 또 다른 내담자에게도 동일한 접근을 적용할 수 있다.

표 5 첫 번째 반응에 대한 반응이 때로 첫 번째 반응보다 더 중요하다

1. 문제적 인식

첫 번째 반응	두 번째 반응	건강에 미치는 영향
'나는 실패자야.'	알아차리고, 수용하고, 행동하기	효과적
'나는 실패자야.'	생각을 살펴보고, 새로운 생각에 따라 행동하기	효과적
'나는 실패자야.'	진실로 받아들이기	비효과적
'나는 실패자야.'	수치심에 근거한 자기-비판	비효과적
'나는 실패자야.'	생각이 사라질 때까지 질문; 이것이 실패하면 자기-비판	비효과적
'나는 실패자야.'	분열	비효과적
'나는 실패자야.'	생각 억압	비효과적

역경=운전면허시험에서의 불합격

다시 말하지만, 문제는 충동 그 자체가 아니라 문제 상황에 대한 그들의 초기 반응이다. 더 정확히 말하면 이 충동에 이어진 그들의 반응이다. 물론 그들의 해결책 역시 이어진 그들의 반응에서 찾을 수 있다. 〈표 6〉에서는 충동 다음에 문제가 되는 한 가지 반응과 도움이 되는 두 가지 반응을 설명하고 있다. 앞에서와 마찬가지로 치료사는 내담자와 상담을 하면서 충동에 뒤이은 문제적 반응을 확인하고 그 외 선택이 가능한 다른 두 가지 반응을 설명하며, 자신의 문제에 최선의 해결책을 줄 수 있을 거라 생각하는 반응을 고를 수 있도록 할 것이다.

표 6 첫 번째 반응에 대한 반응이 때로 첫 번째 반응보다 더 중요하다

2. 문제적 충동

첫 번째 반응	두 번째 반응	건강에 미치는 영향
자기-패배적 행동으로 이끄는 충동	충동에 따라 행동	비효과적
자기-패배적 행동으로 이끄는 충동	알아차리고, 수용하고, 가치에 따라 행동하기	효과적
자기-패배적 행동으로 이끄는 충동	충동에 대한 건강한 인지 발달, 이후 가치에 따라 행동하기	효과적

역경=충동이 일어날 것 같은 상황에 노출

문제에 대한 예외 찾기

래트너와 조지, 이브슨(Ratner, George, & Iveson, 2012)은 인간의 불완전성이란 인간은 문제를 가지고 있지만 그렇다고 그 문제를 완전히 '가지고 있지'도 않다는 의미라고 말한다. 정말 열심히 찾다 보면 내담자의 문제에는 '예외'가 있다. "전적으로 일관되게 행동한다는 것은 불가능하다. 그리고 우리가 아무리 문제 패턴에 갇혀 있다 하더라도 문제가 안 되는 방식으로 하는 예외는 얼마든지 있다. 그것을 잘 키워 나간다면 해결책이 될 가능성이 있다."(Ratner et al., 2012: 106) 이것이 해결-중심 치료의 핵심 가정이다.

그러므로 SST 치료사들의 과제는 해결책을 만들어 내는 데 도움이 될 수 있는 문제의 예외를 내담자가 찾을 수 있도록 돕는 것이다. 탤먼(1993)의 사례 중 체중 감량에 도움을 얻고자 치료실에 온 팻의 경우를 예로 들어 보자. 팻은 부모님 집에서 지내고 있었는데, 체중 때문에 엄마로부터 자주 시달리고 있었다. 치료사는 팻이 체중을 줄이려고 끊임없이 노력을 하기는 했지만, 과거 꽤 오랫동안 딱 적정 체중이라고 생각했던 시기가 있었음을 알아냈다. 그때는 그녀가 대학을 다니던 시기였고, 좀 더 활동적이었다. 치료사는 체중에 초점을 맞추기보다 그 '예외'(집에서 멀리 떨어진 대학에 있는 동안 적정 체중을 유지)를 '규칙'으로 바꾸는 전략을 썼다. 이를 위해서 팻은 집을 떠나 학교 캠퍼스 내에서 지낼 수 있는 대학원 과정에 등

록했고, 그녀가 좋아했지만 졸업한 이후에는 할 수 없었던 춤과 노래 수업을 듣게 되었다. 팻의 치료는 단일회기로 끝났지만 그녀는 이전에 썼던 해결책을 활용할 수 있었고, 이는 문제에 의도적으로 초점을 맞추지 않고도 이룰 수 있었다.

이 사례에서는 찾아낸 예외를 환경-중심의 변화 패러다임(61장 참조)에 적용했다. 만약에 팻이 집을 떠나 학교로 갈 수 없었다면, 치료사는 엄마와 함께 사는 동안 문제의 예외를 찾도록 돕거나 다른 방식으로 엄마를 대할 수 있도록 도와야 했을 것이다.

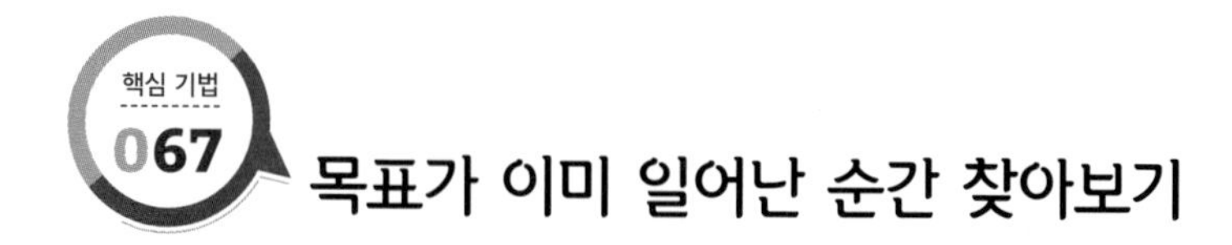

목표가 이미 일어난 순간 찾아보기

해결-중심 치료는 문제가 아닌 내담자의 '예외'를 확인하고 상담하는 것에서 벗어나 해결(또는 목표)이 이미 일어나고 있는 순간을 확인하고 확장하는 방향으로 발전해 나아갔다(Ratner et al., 2012). 리타의 사례를 살펴보자. 그녀는 직장에서 지적받는 것을 두려워했고, 그녀의 목표는 상사가 지적할 때 그 상황을 잘 다룰 수 있는 것이었다. 상사의 지적을 좀 더 잘 다루게 된다면, 어떻게 생각하고 느끼고 행동할 것 같은지 치료사가 묻자 그녀는 다음과 같이 대답했다. "그의 지적이 맞을 수도 있지만, 그렇다고 내가 실패자는 아니라고 생각할 거예요. 편하지는 않더라도 불안하지는 않을 것 같고요. 상사의 지적이 부당하다고 생각되면 해명할 것이고, 정당하다 생각되면 고마워하겠지요."

리타의 목표를 분명히 한 후에, 치료사는 일상에서 지적받을 때 직면해서 목표처럼 하고 있는 경우가 있는지 물었다. 리타는 잠시 생각하더니 대답했다. "있어요. 친구들과 있을 때는 많이 그래요. 친구들이 저를 지적할 때는 그 상황을 꽤 잘 다룬다고 생각해요." 그러나 그녀는 덧붙여 말했다. "하지만 친구들이 제 경력을 좌지우지하지는 않잖아요." 그러자 치료사는 상사가 경력과 관련해 통제권을 가지고 있는지, 아니면 영향력을 가지고 있는지 물었다. 리타는 이 질문을 다시 곱씹어 생각했다. "무슨 말인지 알겠어요." 그녀는 말했다. "제 경력이 그의 손에 달렸다고 제가 가정하고 있었군요. 사실은 그렇지 않은데 말이죠. 맞아요. 그가 영향은 줄 수 있지만, 통제는 제가 하는 거죠. 제가 맞서려 할 때 상사가 저를 누르려 한다 해도, 저도 뭔가 할 수 있어요."

3개월 뒤 추후 상담에서 리타는 자신의 목표를 성취할 수 있다고 믿었기 때문에 치료가 더 필요하지 않다고 생각해서 치료를 종결했다고 보고했다.

리타의 사례는 우리에게 많은 것을 보여 주고 있다.

- 사람들은 목표한 바가 이미 일어난 경우를 꽤 자주 경험한다.
- 그들은 때로 이 사실을 알아차리지 못하지만, 치료사가 물어보면 그 사실에 접근할 수 있다.
- 비록 일상의 다른 영역에서 이미 목표를 달성하고 있다는 사실을 알아차리더라도, 한 영역에서 다음 영역으로 일반화하려면 도움이 필요한 경우가 많다.*
- 목표를 이룬 순간들에 대해 이야기할 때, 내담자는 목표 실현을 위해 꼭 다루어야 할 문제의 해결을 도와줄 추가 정보를 드러내기도 한다. 리타는 상사가 자신의 경력을 통제할 수 있고, 이것이 자신의 목표 실현을 방해할 것이라고 생각했다. 사실은 그렇지 않다는 것을 알 수 있도록 치료사가 도와주자 문제 해결의 장애물은 효과적으로 처리되었다.

* 이 예시에서는 나타나지 않지만, 나는 대부분의 경우에 이러하다는 점을 발견했다. 여기에서 리타는 자신의 바람직한 행동을 하나의 영역에서 다른 중요한 영역으로 일반화할 수 있다는 점을 즉각 알아차렸다.

효과에 따라 더 하거나 덜 하도록 격려하기

SST 치료사들이 내담자의 문제를 대하는 태도는 각양각색이다. 해결-중심의 입장이라면, 해결책을 찾아 노력해 나아가는 데 도움이 되는 내담자의 문제에만 초점을 맞출 것이다. 그러나 해결-중심뿐만 아니라 문제-중심의 입장도 함께 취하는 SST 치료사라면, 내담자의 문제를 평가하는 데 어느 정도의 시간을 할애하게 된다. 이렇게 하는 목적 중 하나는 내담자가 이전에 문제해결을 위해 시도했던 것들을 치료사와 내담자 모두가 이해하기 위함이다. 이전 시도들에 대한 평가는 내담자가 스스로를 위해 시도해 본 것들 가운데 어떤 식으로든 도움이 되었다고 확인된 것들과 확인되지 않은 것들을 치료사와 내담자 모두가 이해하는 데 도움이 된다는 점에서 중요하다.

캘리포니아 팰로앨토(Palo Alto)에 있는 정신연구소(Mental Research Institute: MRI) 내 단기치료센터(Brief Therapy Center)에서 발간한 연구보고서에서 위클랜드 등(Weakland et al., 1974)은 내담자와 그들 삶에서의 중요한 타인들이 내담자 문제 해결을 돕기 위해 실행하는 것들이 의도치 않게 문제를 지속시킨다는 점을 강조했다. 이 같은 이유로 치료사는 문제 해결을 위해 내담자가 시도하던 것뿐만 아니라, 중요한 타인들이 해 오던 것 역시 알아야 한다. 내담자에게 중요한 타인들이 SST에 참여한다면* 이 부분에 대한 자신들의 생각을 말할 수 있겠지만, 참여하지 않는다면 내담자는 문제를 해결해 가는 과정에서 그들이 하고 있는 것들을 이야기해야 한다.

치료사의 질문

다음은 치료사가 내담자에게 질문할 수 있는 목록 두 가지이다. 첫 번째 목록은 문제 해결을 위한 노력 가운데 내담자 스스로 해 왔던 (또는 할 수 있었던) 것에 관한 질문들이다. 두 번째 목록은 내담자의 문제 해결을 돕기 위해 다른 사람들이 해 왔던 (또는 할 수 있었던) 것과 관련된 질문들이다.

내담자의 문제-해결 시도에 관한 치료사의 질문

- "당신은 문제 해결을 위해 무엇을 했었나요?" 내담자가 어떠한 답을 하든 치료사는 다음 질문을 할 수 있다. "그 문제-해결 시도의 결과는 어땠나요?"
- "당신이 시도해 본 것들 가운데 어떤 식으로든 도움이 된 것은 무엇이었나요? 어떤 도움이 되었나요? 이를 좀 더 해 볼 생각이 있나요?"
- "당신이 시도해 본 것들 가운데 도움이 되지 않은 것은 무엇이었나요? 어떤 점에서 도움이 되지 않았나요? 그것을 그만하거나 또는 줄여 볼 생각이 있나요?"

---

* 서문에서 강조했듯이 이 책은 대부분 개인을 대상으로 하는 SST에 초점이 맞춰져 있다.

- "도움이 될 거라 생각은 하지만 아직 시도해 보지 않은 것이 있나요? 그것은 무엇인가요? 어떤 점에서 도움이 될 거라 생각하나요? 시도해 볼 생각이 있나요?"

중요한 타인들의 문제-해결 시도와 관련한 치료사의 질문

- "당신 삶에서 중요한 사람들이 당신의 문제 해결을 돕기 위해 했던 것은 무엇인가요?" 내담자가 어떠한 답을 하든 치료사는 다음의 질문을 할 수 있다. "그 문제-해결 시도의 결과는 어땠나요?"
- "당신의 문제 해결을 돕기 위해 사람들이 했던 것들 중 효과적인 것은 무엇이었나요? 어떤 점에서 효과적이었나요? 그 사람들에게 좀 더 해 달라고 요청할 생각이 있나요?"
- "당신의 문제 해결을 돕기 위해 사람들이 했던 것 가운데 효과가 없었던 것은 무엇인가요? 어떤 점에서 효과가 없었나요? 그 사람들에게 이것을 그만해 달라거나 또는 좀 줄여 달라고 요청할 생각이 있나요?"
- "당신이 생각하기에 도움이 될 것 같은데 주변 사람들이 아직까지 시도하지 않은 것이 있나요? 어떤 건가요? 어떤 점에서 그것이 도움이 될 거라 생각하나요? 사람들에게 그렇게 해 달라고 요청해 볼 마음이 있나요?"

앞의 모든 정보는 내담자의 문제 해결을 위한 해결책을 계획할 때 치료사와 내담자에게 도움이 된다. 이 부분은 80장에서 다뤄 볼 것이다.

정서적 영향 주기

쉽게 말해서 SST에서는 머리와 가슴의 균형을 맞추는 것이 중요하다. 머리에 너무 치중하면, 내담자는 꽤 좋은 이론적 개념을 가지고 치료를 마칠 수는 있지만, 변화를 촉진하는 정서적 울림은 없다. 가슴에 지나치게 신경을 쓴다면, 내담자는 치료 회기를 통해 얻은 것들을 실제 삶에 적용해 볼 뚜렷한 계획도 없이 정서적으로 쏟아내는 경험만을 가지게 될 위험이 있다. 이러한 점을 고려했을 때, SST 치료사의 목표는 치료 회기 동안 내담자에게 정서적 영향을 불러일으키는 치료 환경을 만들고자 노력하는 것이다. 여기서 정서에 영향을 준다는 것은 머리와 가슴을 맞물리게 하여 이후 변화를 촉진한다는 의미이다. 치료 회기 중에 내담자에게 주는 정서적 영향을 높이기 위해 치료사가 할 수 있는 몇 가지 방법들을 살펴보기 전에 한 가지 주의할 점이 있다. 치료사들이 내담자의 정서를 자극하는 데 지나치게 '열광'하며 회기를 몰아가서는 안 된다. 오히려 치료사들은 부드럽게 다가가 내담자가 자신이 이야기하고 있는 것과 정서를 연결하도록 하여 해결책을 찾는 과정에 내담자의 사고와 정서를 통합할 수 있도록 하는 방법을 찾아야 한다.

상담 중에 내담자에게 깊은 울림을 불러일으키는 것을 발견하고 활용하기

내담자가 문제를 다루고/또는 해결책을 찾는 동안 그들 안에 어떤 울림이 일어나는지 치료사가 알기란 어렵다. 그런 의미에서 다음의 사항들에 주의를 기울여 볼 만하다.

내담자에게 의미 있는 표현 활용하기

SST 치료사들은 사전 연락과 대면 회기에서 내담자가 사용하는 표현을 주의 깊게 들으라고 배운다. 내담자가 특정 단어나 문구를 자주 사용한다면, 특히 그 표현이 정서를 동반한다면, 그것은 내담자에게 의미 있는 표현임을 나타낸다. 또한 치료사는 자신이 사용하는 특정 단어나 문구에 내담자들이 정서적으로 반응한다는 것을 알아차릴 수도 있다. 두 경우 모두, 치료사는 남발하지 않는 선에서 그 표현을 사용하도록 노력해야 한다. 과하게 사용하는 경우 내담자는 치료사가 '약삭빠르다' 또는 '가식적이다'라고 생각할 수 있는데, 가능하다면 이는 피하는 것이 좋다.

관련한 심상 활용하기

내담자가 반복해서 사용하는 심상도 마찬가지이다. 이러한 심상은 내담자가 선호하는 감각 영역들(예: 시각적, 청각적, 후각적 또는 촉각적)을 보여 줄 수 있으며, 치료사는 이러한 심상을 상담에서 활용할 때 내담자의 언어로 말함으로써 정서에 연결되도록 자극할 수 있다.

언어적 표현수단뿐만 아니라 시각적 표현수단도 활용하기

SST는 대부분 말로 하는 치료이다. 그렇기 때문에 내담자와 치료사 간에 많은 언어적 소통이 이루어진다. 그러나 때로는 SST의 효과를 더욱 높이기 위해 언어적 개념을 시각적으로 표현하는 것이 유용한데, 특히 내담자가 시각적 매체를 활용한 학습에 효과적인 경우에는 더욱 그러하다. [그림 1]은 내가 '대문자 I-소문자 i(Big I-Little i)' 기법을 표현한 것으로, '대문자 I'는 한 사람을 나타내며, 무수히 많은 소문자 i로 구성되어 있음을 보여 준다. 이는 한 사람이 어느 한 부분만으로 정의될 수 없다는 것을 나타낸다.

변화를 촉진하는 내담자의 핵심 가치에 주목하기

나는 SST 치료사들이 가능하면 사전 연락 동안 또는 대면 회기 중 어느 시점에 내담자의 핵심 가치를 발견하는 것이 중요하다고 생각한다. 가치를 발견함으로써, 치료사는 내담자가 그들의 목표 그리고 목표 지향적인 행동들을 가치와 연결할 수 있도록 도와줄 수 있다. 목표가 자신의 핵심 가치를 근거로 할 때, 내담자는 그렇지 않을 때보다 목표를 향해 더 끈질기게 노력할 것이다.

다음에 이어질 여섯 개의 장에서는 내담자가 회기에서 최대한의 성과를 얻는 기회를 만들어 내도록 회기의 효과를 높이는 데 SST 치료사들에게 도움이 되는 다양한 방법을 살펴볼 것이다.

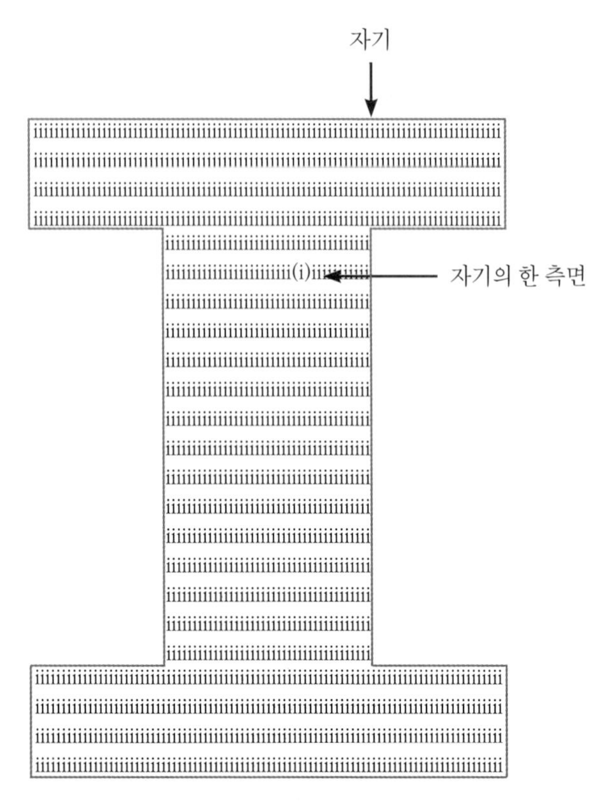

[그림 1] '대문자 I - 소문자 i' 기법

내담자의 강점과 자원 활용하기

24장과 25장에서 SST의 두 가지 주요 전제로 강점-기반과 자원-기반에 대해 강조한 바 있다. 전자의 경우, SST 치료사는 내담자가 자신의 강점, 즉 단일회기에 가져와서 문제 해결을 돕는 데 활용할 수 있는 자기 안의 긍정적인 측면을 찾을 수 있도록 하는 데 초점을 맞춘다. 후자의 경우, SST 치료사는 마찬가지로 문제 해결에 도움이 되는 외적인 자원을 내담자가 발견할 수 있도록 한다.

치료사와 내담자 간에 사전 연락이 있다면, 치료사는 SST 과정을 수월하게 하는 데 전반적으로 활용할 수 있는 관련 강점들과 자원들을 내담자가 찾을 수 있도록 약간의 시간을 할애할 수 있다. 만약 그렇다면 치료사는 대면 회기에서 내담자가 도움을 청한 특정 문제를 해결하는 다양한 방법을 고민할 때, 구체적인 강점과 구체적인 자원들을 선택하도록 권하는 데 이 정보를 활용할 수 있다. 이를 위하여 사전 연락에서 내담자가 찾은 강점과 자원들에 관한 내용들을 치료사가 물어보는 것이 중요하다.

대면 회기에서 강점과 자원의 활용 가능성에 대해 논의하기 가장 좋은 시기는 치료사와 내담자가 특정 문제에 초점을 맞추기로 합의하고 목표를 설정하는 시점이다. 치료사는 가능한 해결책을 모색하면서 각각의 해결책에 대해 다음의 질문들을 할 수 있다.

- "이 방법을 해결책으로 적용한다 했을 때, 어떤 강점을 활용할 수 있을까요?" 치료사는 필요하다면 사전 회기에서 찾아낸 내담자의 강점들을 상기시켜야 할 수도 있다. 전반적으로 적용이 가능한 하나 이상의 강점들을 가지고 있더라도, 각각의 잠재적 해결책에는 서로 다른 강점을 활용할 필요가 있다는 사실을 내담자가 깨닫는 것이 중요하다.
- "이 방법을 해결책으로 실천하는 동안 당신이 이용할 수 있는 활용 가능한 자원은 무엇인가요?" 마찬가지로 잠재적인 해결책을 고려할 때 다른 것보다 더 적절한 특정 자원이 있을 수 있다. 예를 들어, 타인의 지지와 도움을 활용한다 했을 때, 다른 누구보다 더 적절한 전문성을 지닌 사람이 있을 수도 있으므로 각각의 잠재적 해결책에 따라 누구에게 도움과 지지를 요청할지 생각할 때 내담자는 이러한 사항을 고려해야 한다.

치료사와 내담자가 사전 연락을 하지 못한 상황이라면 치료사는 내담자의 강점과 자원을 찾고, 해결책을 선택하는 과정에서 이를 활용하는 방법을 내담자에게 안내할 어느 정도의 시간을 할애해야 할 것이다.

내담자의 역할 모델 활용하기

46장에서 치료사는 사전 연락을 진행하면서 내담자가 개인적으로 알고 있거나 혹은 유명인사들 가운데 역할 모델이 될 만한 사람이 있는지 물어볼 수 있다고 언급했다. 역할 모델은 본보기가 되거나 지지해 주는 방식으로 SST에 도움이 될 수 있다.

본받을 만한 역할 모델

먼저 내담자는 가능한 문제 해결책을 고민하면서, 자신이 정한 목표를 달성하기 위한 잠재적인 해결책을 성공적으로 선택할 수 있는 능력이나 자질이 있다고 생각되는 사람을 역할 모델로 선택할 수 있다. 치료사는 우선 이러한 능력과 자질이 무엇인지 구체적으로 명시하도록 한 후 따라 해 볼 수 있는지 내담자에게 물어본다. 만약에 내담자가 할 수 있다고 생각한다면 치료사는 그 역할 모델을 따라는 하되, 내담자의 방식대로 하는 것을 상상해 보도록 권한다. 이를 성공적으로 해낸다면 내담자는 자신이 고른 해결책을 잠재적인 해결책으로 선택할 가능성이 높다.

샤로프(Sharoff, 2002: 115-116)는 내담자가 문제를 해결해 나가는데 역할 모델을 따라 해 보도록 SST 치료사가 도울 때 활용할 수 있는 여러 단계를 간략히 설명했다.

1. 역할 모델 확인하기
2. 역할 모델처럼 되는 것에 장애물이 있다면 극복하기
3. 역할 모델과 내담자 사이의 유사점 보여 주기
4. 역할 모델의 뛰어난 기술과 이 기술들을 활용하는 방식에 관한 호기심 자극하기
5. 역할 모델의 기술과 이 기술들의 활용 방식 확인하기
6. 이러한 기술들을 개발하기 위해 내담자와 노력하겠다는 약속하기
7. 내담자에게 필요한 기술을 실천하는 방법 가르치기

역할 모델로서의 치료사

21장에서 치료사의 개방성에 대해 살펴보면서 치료사의 자기-개방을 이야기한 적이 있다. 치료사가 내담자와 유사한 문제를 경험하고 극복했다면, 이러한 사실을 밝히고 자신이 했던 것들을 상세히 알려 줄 수 있다. 다만 조언을 하나 하자면, 이는 치료사의 자기-개방에 대해 설명한 후에 그 과정에 대해 내담자의 동의가 있을 때만 진행한다. 치료사가 자기-개방을 했다면, 내담자는 그 내용이 자신에게 도움이 된다고 받아들이기 전에 치료사와 함께 자신에게 적용이 가능한지 그리고 자신에게 가치가 있는지에 대해 논의해 볼 수 있다. 간혹 치료사의 개방이 내담자에게 도움이 되지 않을 수도 있다. 그러나 이 과정을 듣는 것만으로도 내담자가 자신만의 문제-해결 전략을 생각해 볼 수 있는 자극이 된다.

지지적인 역할 모델

내담자가 따라 해 보고자 선택한 역할 모델은 대개 내담자가 개인적으로는 알지 못하는, 흔히 유명인사이다. 반면, 지지적인 역할 모델은 일반적으로 내담자가 잘 알고 존경하는 인물로, '내담자의 뒤를 받쳐 주는', 즉 내담자의 행복이 다른 무엇보다 가장 중요하다고 생각하는 사람이다. 지지적인 역할 모델은 대부분 부모나 조부모, 형제자매와 같은 가족 구성원인데, 내담자는 직접적으로 지지를 요청할 수도 있고 또는 마음속으로 그 사람들이 자신을 지지해 주는 모습을 상상할 수도 있다.

내담자가 '내 편'이 되어 주는 역할 모델의 두 가지 유형을 모두 가진다면, 이는 대체로 변화를 위한 강력하고 긍정적인 힘이 된다.

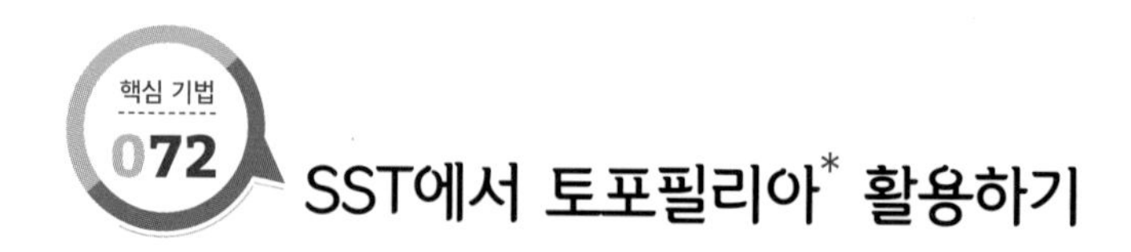

SST에서 토포필리아* 활용하기

나의 경험으로 볼 때, 유능한 SST 치료사들은 내담자에게 보다 효과적인 SST가 되도록 하기 위해서 다양한 방법들에 주의를 기울인다. 그래서 그 배경이 치료 장면 안이든 밖이든 효과적인 전략이라면 시도해 보고자 할 것이다. 그중 한 예로, 최근 의미 있는 장소가 인간의 행복감에 미치는 긍정적인 영향력에 대해 살펴본 연구가 있다(National Trust, 2017). 이 연구에 따르면, "1948년, 시인 오든(W.H. Auden)은 사람들이 장소에서 경험하는 강한 감각, 종종 사람들의 정체감과 근원적인 소속감이 혼재되는 그 감각을 묘사하고자 '토포필리아(topophilia)'라는 새로운 단어를 만들었다."(National Trust, 2017: 3)

2,000명을 대상으로 한 온라인 설문조사와 20명의 기능적 자기공명영상(fMRI)을 활용한 이 연구에서, 사람들은 특정 사진이나 결혼 반지와 같은 의미 있는 물건보다 특별한 장소에 훨씬 더 활성화된 편도체(뇌의 정서 처리 중심 영역) 반응을 보였다. 그러므로 특별한 의미가 있는 장소는 개인적으로 소중하게 생각하는 물건들보다 우리에게 정서적으로 훨씬 큰 영향을 준다.

* 토포필리아(topophilia): 풍경이나 장소에 대한 사랑, 장소애(愛). 그리스어로 장소를 의미하는 topos와 사랑을 나타내는 philia의 합성어-역자 주

이러한 연구 결과는 SST에서 다양하게 활용될 수 있다.

첫째, 치료사는 시작에 앞서 내담자들에게 그들의 긍정적인 성장과 관련된 장소를 설명하게 하고, 전반적으로 편안하게 회기에 참여할 수 있도록 하기 위해 이 장소를 상상해 보라고 할 수 있다.

둘째, 내담자만의 특별한 장소를 알아냈다면, 회기 중 특정 시점, 예를 들어 ① 치료 목표를 설정할 때, ② 문제와 관련하여 최선의 해결책을 찾을 때 그리고 ③ 그 해결책을 적용하고 있는 자신의 모습을 그려 보는 동안, 이 장소를 상상해 보라고 내담자에게 권할 수 있다.

셋째, 치료사는 내담자에게 가능하다면 실제로 그 장소를 방문해 보라고 제안할 수 있다. 이러한 방문의 실질적인 목적 중 하나는 내담자에게 동기를 부여하고 이를 고조하는 환경에서 문제-해결에 대한 그들의 의지를 새롭게 다지는 것이다.

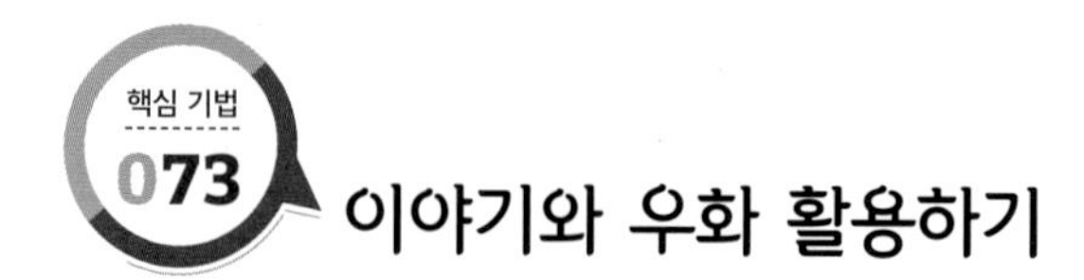

이야기와 우화 활용하기

내담자의 문제 및/또는 잠재적인 해결책과 관련이 있으면서 의미가 있고 기억에 남을 만한 방식으로, 내담자에게 핵심을 보여 주는 적절한 이야기 또는 우화를 활용하는 것이 SST 치료사들에게 유용할 때가 있다. 지금부터는 내가 SST에서 내담자들에게 하는 세 가지 이야기/우화를 들려주고자 한다.

중국인 농부*

다음의 이야기는 역경으로 인해 눈앞에 닥친 결과 너머를 바라보는 데 문제가 있어서 어떤 일에 대해 장기적인 관점을 가지는 것이 도움이 되는 내담자 그리고 세상을 흑백논리로 바라봐서 좀 더 다원적인 관점이 도움이 되는 내담자들에게 활용한다.

> 옛날 옛적에 중국인 농부가 있었는데 그의 말이 달아나 버렸다. 그날 저녁 온 동네 사람들이 와서 위로해 주었다. "말이 달아났다는 이야기를 들었어요. 정말 속상하겠어요." 그러자 농부가 말했다. "그러게요."

* 알란 왓츠(Alan Watts): www.youtube.com/watch?v=by Qrdnq7_H0

다음 날, 농부의 말은 야생마 일곱 마리와 함께 돌아왔다. 그날 저녁 동네 사람들이 찾아와서 말했다. "정말 잘됐네요. 정말 대단한 반전이에요. 이제 말이 여덟 마리가 되었네요." 그러자 농부가 말했다. "그렇네요."

그다음 날, 농부의 아들이 이 말들 중 한 마리를 길들이려고 올라탔다가 떨어져 다리가 부러졌다. 그날 저녁 동네 사람들이 또 찾아와 이야기했다. "이 일을 어떡해요. 정말 안됐어요." 그러자 농부가 말했다. "그러네요."

이튿날 징병관들이 찾아와 군 병력을 충원할 사람을 찾았으나, 그의 아들은 다리가 부러져 불합격되었다. 저녁이 되자 동네 사람들이 몰려와서 말했다. "정말 대단하지 않아요." 그러자 농부가 말했다. "그러게요."

내담자들이 이야기의 핵심을 파악하지 못한다면, 나는 이 이야기와 관련해서 알란 왓츠(Alan Watts)가 그의 유튜브 영상 마지막 부분에 이야기한 것을 읽어 준다.

자연의 모든 과정은 엄청나게 복잡한 과정이 통합된 것으로, 불행의 결과가 무엇일지 행운의 결과가 무엇일지 결코 알 수 없기 때문에, 일어나는 그 어떤 일도 좋다 또는 나쁘다라고 말하기란 정말로 불가능하다.

"먼저 관심을 끌어야 해요"(Minuchin & Fishman, 1981)

다음의 이야기는 사람들이 자신의 말을 귀담아듣지 않는다고 불평을 하지만, 정작 그들의 문제는 타인이 그들에게 귀 기울이도록 하지 못하는 게 원인인 내담자들을 위한 이야기이다.

> 한 농부에게 시키는 것은 무엇이든 다하는 당나귀 한 마리가 있었다. 일을 하라고 하면 당나귀는 일을 했다. 멈추라고 하면 멈추었고, 먹으라고 하면 먹었다. 어느 날 농부는 이웃에게 이 당나귀를 팔았다. 그는 이웃에게 말하기를, 그가 당나귀에게 해야 하는 말은 "예를 들어, 이리 오렴, 당나귀야, 귀여운 당나귀, 일하러 가자."라는 것이 전부이며, 그러면 당나귀가 그의 명령에 따를 것이라고 했다. 새 헛간에서 며칠 동안 당나귀를 안정시킨 후, 새 주인은 신이 나 헛간으로 가서 말했다. "이리 오렴, 당나귀야, 귀여운 당나귀, 일하러 가자." 그러나 당나귀는 꼼짝하지 않았다. 다음 날 아침에도, 그다음 날 아침에도 마찬가지였다. 화가 난 새 주인은 농부를 찾아가 환불해 달라고 했다. 농부는 어리둥절해하며 다음 날 아침에 직접 살펴보러 가겠다고 했다. 다음 날 아침 농부는 이웃과 함께 당나귀가 있는 헛간으로 가서, 주위를 둘러본 후, 나무판자를 들어 올려 당나귀의 코를 후려치며 말했다. "이리 오렴, 당나귀야, 귀여운 당나귀, 일하러 가자." 그러자 당나귀는 일을 하기 시작했다. 깜짝 놀란 새 주인은 농부에게 방법을 물었다. "정말 미안해요." 농부가 말했다. "한 가지 중요한 사실을 말한다는 걸 깜박했네요. 당신은 먼저 관심을 끌어야 해요!"

현명한 랍비

다음 이야기는 자신이 어찌할 수 없는 역경에 사람들이 마주했을 때 들려주는 이야기이다. 이 이야기는 사람들에게 그들이 견딜 수 없을 거라 믿었던 것도 견뎌 낼 수 있음을 그리고 상황은 때로 실제보다 더 심각해 보인다는 것을 알려 준다.

아주 오래전, 신앙심이 깊은 유태인 부부는 요란하게 소리를 질러 대는 두 아이와 함께 단칸방에 살면서 어려움을 겪고 있었다. 부부 모두 이 상황을 더는 견딜 수 없다고 믿었고, 그 결과 매우 불행해했다. 정통 유태교인이었던 그들은 그 지역에서 훌륭한 조언으로 매우 존경받는, 현명하고 나이가 지긋한 랍비에게 조언을 구했다. 부부의 이야기를 듣고 난 후, 랍비는 부부에게 양가의 부모님들을 모두 불러 함께 살고, 한 달 뒤에 돌아와 진행 상황을 이야기하라고 조언했다. 이 조언을 들은 부부는 당황스러웠지만, 순종적인 유태인들이었기에 정확히 그대로 실행했다.

한 달 뒤 부부는 전보다 더 고통스러워하며 랍비에게 왔다. "선생님, 저희는 인내심의 한계에 다다른 것 같습니다. 상황은 더 나빠졌어요. 양가의 부모님들은 서로 다투시고, 아이들은 전보다 더 크게 소리를 질러 대고 있어요." 랍비는 충분히 듣고 나서 다음과 같이 말했다. "집으로 돌아가서 농장 안마당에 있는 거위와 닭들을 모두 모아서 당신들과 당신의 아이들, 양가의 부모님들과 함께 지내세요. 그리고 한 달 뒤에 다시 오세요."

이전에는 부부가 당황한 정도였다면, 이번에는 너무 놀라서 말이 안 나올 지경이었다. 하지만 순종적인 유태인으로서 그들은 다시 한번 랍비의 조언을 글자 그대로 따랐다.

한 달 뒤 그들은 어쩔 줄 몰라하며 다시 찾아왔다. "선생님, 저희는 이제 정말 끝인 것 같아요." 부부가 말했다. "동물들은 아수라장을 만들고 있고, 부모님들은 거의 난투극 수준까지 가고 있어요. 아이들이 지르는 소리는 마을 반대편 끝에서도 들을 수 있을 정도라고요. 선생님, 저희는 절망적이에요. 제발, 제발, 제발 저희 좀 도와주세요!"

랍비는 또 한 번 천천히 그리고 조용히 듣고 난 후 이렇게 말했다. "집으로 돌아가서 거위와 닭들은 다시 농장 안마당으로 내보내고, 양가 부모님들도 댁으로 돌아가시게 한 다음, 한 달 뒤에 오세요."

한 달이 지난 후, 부부는 유쾌하고 행복한 모습으로 돌아왔다. "선생님, 상황이 정말 많이 좋아졌어요. 아마 짐작도 못하실 거예요. 정말 평화로워요. 아이들은 여전히 소리를 지르지만, 이제는 견딜 만해요. 선생님 덕분이에요. 고맙습니다."

모든 이야기와 우화에서, 이야기의 끝에 내담자가 무엇을 배웠는지 확인하는 것은 SST 치료사에게 중요하다. 이 확인을 하지 않는다는 것은 내담자가 잘못된 혹은 상관없는 메시지를 가져갈 수도 있음을 의미한다. 내담자들이 이야기나 우화의 핵심을 파악했다면, SST 치료사들은 내담자와 함께 관련된 원칙들을 문제 해결에 도움이 되도록 어떻게 적용할 수 있을지 논의해 볼 수 있다.

유머 활용하기

SST가 진지한 작업이기는 하지만, 항상 진지하게 진행될 필요는 없다. 치료에서 유머의 활용은 자주 논의되어 왔으며 이를 지지하는 사람도 있고, 비판하는 사람도 있다(Lemma, 2000). 지지하는 사람 중 한 사람은 합리적 정서행동치료의 창시자인 앨버트 엘리스(Albert Ellis)이다. 엘리스(1977)는 심리적인 문제를 바라보는 관점 중 한 가지로, 내담자가 자기와 타인 및/또는 삶을 너무 심각하게 받아들인 결과라고 소개하며 결과적으로 치료사는 내담자가 유머러스한 관점을 가지도록 격려함으로써 내담자를 도울 수 있다고 주장했다. 유머 감각을 가진 치료사라면 단일회기에서 직접 유머를 활용하여 이를 충분히 잘해 낼 수 있겠지만, 나의 경험에 비추어 보자면 안타깝게도 모든 치료사가 유머감각을 지닌 것은 아니다. 게다가 내담자가 유머 감각을 지니고 있지 않을 수도 있으며, 설령 가지고 있다 하더라도 유머는 치료에 어울리지 않는다고 생각할 수도 있다. 이 모든 점을 감안해 볼 때, SST에서 유머의 사용을 고려하는 치료사라면 신중할 필요가 있다.

이때 내가 접근하는 방식은 유머가 치료에 어울린다고 생각하는지 그리고 내가 그들의 문제에 유머러스한 관점을 세련되게 제시하는 것을 가치 있게 여기는지에 대해 내담자에게 직접 물어보는 것이다. 이렇게 물어보면 나의 유머러스한 개입이 효과적일지가 대개 즉각적으로 분명히 드러난다.

스와미나스(Swaminath, 2006)는 치료사의 유머 사용은 다음과 같은 측면에서 내담자에게 잠재적인 도움이 될 수 있다고 주장했다.

- 유머는 좀 더 이완된 분위기를 만들고, 경계를 허무는 데 도움이 된다.
- 유머는 인간미 있는 치료사라는 메시지를 전달할 수 있다.
- 유머는 적절히 사용된다면 신뢰와 공감을 쌓을 수 있다.
- 유머는 내담자가 긴장을 풀고 좀 더 자유롭게 이야기하도록 도와줄 수 있다.
- 유머는 간결하고 효과적으로 메시지를 전달할 수 있게 한다.
- 유머는 민감한 주제에 대한 소통을 가능하게 한다.
- 유머는 갈등을 통찰하는 데 활용된다.

덧붙여서, 치료사의 유머는 정서가 자극된 상황에서 효과적인 인지 변화를 촉진함으로써 내담자를 가장 잘 도울 수 있다고 생각한다(Dryden, 2017).

역설 활용하기

SST에서 치료사가 내담자에게 역설 활용을 권하는 경우, 치료사는 내담자가 해결하고자 하는 바로 그 증상을 치료 방법으로 제시한다. 59장에서 살펴본 것처럼 문제를 해결하려는 내담자들의 시도는 때로 문제를 지속시키기도 한다. 예를 들어, 불면증이 있는 내담자가 있다고 생각해 보자. 잠을 자기 위한 모든 노력이 결과적으로 이들을 깨어 있게 한다. SST 치료사가 역설을 활용한다면, 그들은 내담자가 잠들지 않고 깨어 있으려 애쓰는 방법으로 그 문제를 다뤄 보게 한다. 이러한 방법은 내담자들로 하여금 새로운 방식으로 문제에 접근하도록 하며, 언뜻 이해가 안 될 수도 있지만 이 같은 접근이 좋은 결과를 가져오기도 한다.

역설 기법의 또 다른 활용은 우리가 귀류법이라고 알고 있는 것이다. 여기서는 내담자로 하여금 때로 극단적인 방법으로 문제를 과장하게 한다. 땀 흘리는 것을 두려워하는 내담자를 예로 들어 보자. 직감적으로 그들은 다른 사람들에게 이 문제를 숨기기 위해 여러 방법을 시도하게 된다. 가령, 어두운 색의 옷 입기, 창문이 열린 곳 근처에 서 있기, 휴대용 선풍기 가지고 다니기, 매운 음식 먹지 않기 등이 여기에 해당된다. 그러나 앞서 불면증이 있는 내담자의 예에서 살펴보았듯이 불안의 역설적 특성상 땀 흘리는 것을 불안해하는 내담자는 이를 숨기려고 애를 쓰면서 그 문제를 유지하고 있다. 역설적 귀류법을 사용한다면, 치료사는 내담자에게 땀을 덜 흘리기보다는 오히려 더 많이 흘리게 하고, 땀으로는 다른 사람들을 익사시킬 수 없다는 것을 보게 한다. 땀을 흘리지 않기보다는 흘리려고 그리고 이를 감추기보다는 더 분명히 드러내려 애쓴다는 점에서, 초점이 근본적으로 달라지게 되고, 이에 대해 내담자가 통제권을 가지게 됨으로써 그 결과 문제가 완화되기도 한다(Fay, 1978).

포어맨(Foreman, 1990)은 이러한 기법들을 사용하기 전에 내담자로부터 동의를 얻는 것이 중요하며, 따라서 치료사는 이 기법을 사용하고자 하는 이유를 내담자에게 분명히 전달할 필요가 있다고 주장했다. 이로써 치료사는 SST를 윤리적으로 실행하게 된다.

'친구 기법' 활용하기

많은 내담자가 보이는 특이한 현상 중 하나는 똑같은 상황에서 그들이 타인을 생각하고 대하는 방식과 스스로를 생각하고 대하는 방식이 다르다는 것이다. 이러한 내담자들에게 가능한 해결책은 자신과 타인을 대하는 태도를 자신들에게 도움이 되는 방식으로 일관되게 하는 것이다. SST 치료사들이 이 과정을 촉진할 수 있는 한 가지 방법은 '친구 기법'을 활용하는 것이다.

'친구 기법'

'친구 기법'의 목적은 내담자들이 자신을 대할 때보다 친한 친구를 대할 때 좀 더 너그럽고, 다정한 태도를 보인다는 사실을 알도록 도와주는 것이다. 이를 통해 치료사는 내담자들이 그들 자신에게도 똑같이 관대하고 배려하는 자세를 취하도록 격려해 줄 수 있다. 이는 '스스로 가장 좋은 친구가 되는 법'의 SST식 해석이며, 자신을 평가절하하는 문제에 가장 잘 활용된다. 예를 들어, 다음의 사례를 보자.

치료사: 그러니까 일자리를 잃고 우울해졌는데, 이 때문에 스스로를 실패자라고 여기게 되고, 그래서 우울증이 되었다는 말

이군요. 그런가요?

내담자: 네.

치료사: 그럼 이제 이 태도에 대해서 한번 이야기해 보죠. 가장 친한 친구 이름이 뭐죠?

내담자: 사라예요.

치료사: 좋아요, 그러면 사라가 지금 찾아와서 소중하게 여겼던 일자리를 잃었다고 이야기한다고 가정해 봅시다. 그 친구에게 '내 집에서 나가. 너는 실패자야.'라고 말할 건가요?

내담자: 당연히 아니죠.

치료사: 그 친구를 실패자라고 생각하나요?

[이 질문은 실제로 그렇게 말하지 않는다 하더라도 내담자가 친구를 실패자라고 생각할 수 있는 경우를 대비해서 포함해야 할 중요한 단계이다.]

내담자: 아니요.

치료사: 만약 사라가 일자리를 잃는다면, 당신은 그 친구를 어떻게 생각할까요?

내담자: 음… 그 친구에 대한 제 생각은 변하지 않을 거예요. 설령 그 친구가 심각한 잘못을 저질렀다 해도, 그 친구는 여전히 똑같은 사라니까요.

치료사: 똑같은, 그렇지만 잘못할 수도 있는 사라?

내담자: 당연하죠.

치료사: 그렇다면 이건 확실히 짚고 넘어가도록 하죠. 사라는 실직을 했어도 똑같은, 잘못할 수도 있는 사라예요. 그런데 당신이 직장을 잃으면 당신은 실패자예요. 이게 맞나요?

내담자: 무슨 말씀이신지 알겠어요.

치료사: 당신에게는 세 가지 선택지가 있어요. 하나는 직장을 잃었을 때 잘못할 수도 있는 거라고 생각한다. 두 번째는 사라를 비롯한 주변 사람들이 실직을 하면 실패자라고 생각한다. 세 번째, 당신과 다른 사람들에게 서로 다른 규칙을 적용한다. 어떤 것을 선택하시겠어요?

내담자: 첫 번째요.

치료사: 좋아요. 그럴 수 있도록 한번 해 보죠. 이제 앞으로 생길 수도 있는 장애물들에 대해 한번 의논해 봐요. 괜찮나요?

내담자: 네, 좋아요.

'친구 기법'은 다양한 변형이 가능하다. 예를 들어, 치료사는 내담자에게 자녀가 나중에 커서 직장을 잃는다면 실패자가 되는 거라고 가르칠 것인지 물어보고, 그들이 아니라고 답한다면 똑같이 세 가지 선택지를 제시할 수 있다. 덧붙여서, 극히 드물기는 하지만 다음과 같이 말하는 내담자도 있다. "그래요. 나는 내 친구(또는 자녀)가 직장을 잃는다면 실패자라고 말할 거예요." 이런 상황이 된다면, 이는 내담자의 부정적인 태도에 포함된 다른 요소들을 이해하고 다루기 위해 치료사와 내담자가 한 번 이상의 회기를 가져야 한다는 것을 알려 주는 신호이다!

'의자 기법' 활용하기

SST를 흥미롭게 만들고, 그 과정에서 내담자가 지적 · 정서적 학습을 통합할 수 있는 가능성을 높이기 위한 방법 중 한 가지로 치료사는 내담자에게 '의자 기법(chairwork)'을 제안할 수 있다.* 켈로그(Kellogg, 2007: 8)는 다음과 같이 말한다.

> '의자 기법'은 일반적으로 서로 마주보도록 놓은 두 개의 의자를 활용하는 심리치료 기법이다. 한쪽 의자에는 환자가 앉고, 맞은편 의자에는 가족이나 다른 사람이 앉아 있다고 상상하면서 이야기를 한다. 이와는 달리, 환자가 두 개의 의자에 번갈아 앉으면서 자신의 여러 부분과 대화를 나누기도 한다.

켈로그(2007)는 치료에서 '의자 기법'을 활용하는 다섯 가지 핵심 방법에 대해 이야기했는데, 그중 네 가지가 특히 SST에서 유용하다.**

---

* 심리치료에서의 의자 기법 활용 방안에 대해 전반적으로 살펴보고자 한다면, 켈로그(Kellogg, 2015)의 책을 읽어 볼 것을 추천한다.

* 다섯 번째는 꿈 작업이다.

외적 대화

외적 대화에서는 하고픈 말이 있는 사람에게 말을 하지 못해 고통스러워하고 있는 내담자에게 그 사람과 이야기해 보기를 권한다. 이런 경우는 상대방이 이미 죽었거나, 만날 수가 없는 상황이라서 내담자가 말하지 못했을 수도 있다. 치료사는 내담자가 그 사람과 직접 대화하면서 말해야 할 것들을 할 수 있는 기회를 제공하며, 어느 정도 할 말을 하고 나면 의자를 바꿔, 상대방의 입장에서 내담자 자신에게 이야기하게 한다. SST 치료사들이 이 과정을 어느 정도까지 끌고 가야 하는지 그리고 내담자가 말하지 않은 채 남겨 둔 것을 어디까지 표현해 줘야 할지에 대해서는 의견이 분분하다. 그러나 치료사들 모두 내담자가 자신의 문제 해결에 도움이 된다고 생각한다면 '마무리 짓기' 또는 '미해결 과제의 종결'을 하도록 내담자를 돕는 것이 중요하다는 점에는 대부분 동의한다.

내적 대화

SST 치료사가 내적 대화에서 '의자 기법'의 활용을 제안할 때는, 내담자의 내적 갈등으로 인한 문제를 다룰 때이다. 여기서의 초점은 개인의 내적 갈등이다. 영과 클로스코, 웨이샤(Young, Klosko, & Weishaar, 2003)는 내담자에게서 일단 확인된 '자기'의 다양한 부분에 이름을 붙이는 것(예: '비판적인 랄프' '자상한 랄프')이 유용하다고 제안한다. 소위 말하는 '내부의 심판자들'과 작업하는 것은 SST에서 매우 흔한 일이며, 치료사는 내담자로 하여금 '건강한' 의자에 앉아서 요구적이고 극단적인 비난의 목소리에 대응하고, 극단적이지 않으면서 유연할 수 있도록 격려함으로써 가혹한 '자기-일부'를 다루어 보도록 도울 수 있다. 켈로그(2007)가 제안한 내부의 심판자들을 다루는 또 다른 방법은 '상처 입은 자기' 의자에 앉아 있는 내담자가 다른 의자에 앉아 있는 '비판적 자기'에게 자신의 고통과 아픔을 이야기해 보도록 하는 것이다.

이 작업은 내담자가 내적 비난에 대해 건강한 대안을 만들도록 돕고, 그런 대안을 만드는 것에 대한 의심과 의구심, 거부감을 다루는 데 중요한 역할을 한다.

교정적 대화

예를 들어, 내담자의 문제가 부적응적인 태도로 인해 강화되고 있음을 SST 치료사와 내담자가 알아냈다면, 내담자는 한쪽 의자에 앉아 이를 이야기할 수 있다. 치료사와 내담자는 가장 먼저 이 태도를 대체할 건강한 대안을 만드는 과정을 진행할 수 있고, 그 후 내담자는 두 의자 사이를 오고간다. 즉, 두 가지 태도에 대해 곰곰이 생각해 볼 수 있다. 또는 의자 기법을 진행하면서 부적응 태도에 대한 대안을 내담자가 만들 수도 있다. 이 작업은 정서를 상당히 불러일으키는 과정으로 새로운 태도에 대해 머리로는 이해하지만 감정적으로는 실제 그렇게 느껴지지 않는다고 말하는 내담자의 문제에 적용해 볼 수 있다(Goldfried, 1988).

역할극

SST에서 의자 기법을 활용하는 마지막 방법은 내담자가 자기 주장을 위해 학습해 온 것들을 기술(예: 주장하기)로 발전시키는 역할극 상황이다. 다른 사람을 한쪽 의자에 앉힐 수도 있고, 내담자(가 의자를 바꿔 가면서) 또는 치료사가 상대방 역할을 하면서 자기 주장을 연습할 수 있다. 역할극 중 적극적으로 주장하는 것을 내담자가 힘들어한다면, 치료사는 건강한 자기 주장의 모델이 될 수 있다. 또한 치료사는 상대방 역할을 하면서 내담자가 자기 주장 기술을 발전시키는 데 자신감을 얻을 수 있도록 난이도를 높일 수도 있다.

유용하고 기억할 수 있는 문구로 의미 전환하기

SST 치료사들에게 어려운 일 중 하나는 내담자들이 자신들의 문제 해결에 보탬이 되는 의미 있는 무언가를 치료 과정에서 가져가도록 하는 것이다. 때로 이러한 해결-지향적 요소는 내담자에게 있어 의미의 변화로 나타나기도 한다. 이는 문제와 관련한 상황의 재구조화일 수도 있고(55장 참고), 추론, 해석, 또는 태도에서의 변화일 수도 있다(60장 참고). 이러한 점들을 추후에 내담자가 더 잘 기억할수록 문제와 관련한 상황에서 자신의 목표를 달성하기 위해 더 많이 적용할 수 있을 것이다. 내담자가 적절한 상황에서 활용할 수 있도록 의미와 관련한 변화를 간결하고 기억하기 쉬운 문구로 전환하게끔 내담자를 도울 수 있는 SST 치료사라면, 실제로도 치료 과정에서 내담자가 최대한의 것을 얻을 수 있도록 도와줄 수 있을 것이다. 이러한 문구들은 내담자에게 개인적인 좌우명 같은 역할을 할 수 있다.

개인적인 경험

앞서 내가 말한 것과 관련하여 개인적인 경험을 하나 예로 들어 보려 한다.

4장에서 나는 라디오에서 마이클 벤틴이 똑같은 문제를 자신의 힘으로 해결한 이야기를 듣고, 나 스스로 말더듬에 대한 불안을 어떻게 극복했는지 이야기했었다. 그는 자신이 한 일은 말더듬에 대한 공포를 없애는 것 그리고 가능한 한 자주 다른 사람들과 이야기하는 법을 배운 것이라고 말했다. 나는 그의 의미를 간결하면서도 함축적인 나만의 좌우명으로 바꾸었다. '내가 말을 더듬는다면, 나는 말더듬이지. 어쩔 수 없지 뭐.' 이후 나는 말을 더듬는 것과 나를 동일시하지 않는 것의 중요성을 배웠고, 나의 좌우명은 다음과 같이 바뀌었다. '가끔 말을 더듬을 수는 있지만, 그렇다고 내가 말더듬이는 아니야.'

SST의 예시

이번에는 SST에서 유용하고 기억에 남는 문구로 의미를 바꾼 예를 들어 보려 한다. 나는 아내를 향한 분노 때문에 도움을 요청한 브라이언과 상담하고 있었다. 그의 아내는 남편과 함께 사교댄스 강습을 듣고 싶어 했으나 그는 거절했고, 할 수 있는 모든 방법을 동원해서 아내가 이 생각을 포기하게끔 애쓰고 있었다. 그러나 그가 애를 쓰면 쓸수록, 그의 결혼생활과 분노는 더 심각해졌다. 아내를 바꿀 수 없었기 때문에 그는 마지못해 동의했고, 대신에 자신의 행동을 수정함으로써 아내에게 영향을 주려 했었다. 그는 아내를 바꾸려고 애쓰는 건 스스로 점점 더 큰 구멍을 파면서 자신의 문제를 유지하는 것이라는 비유를 좋아했다. 그가 이 행동을 그만하고자 했을 때, 우리는 그가 선택할 수 있는 것들을 살펴보았고, 그중

한 가지가 아내와 함께 춤을 추러 가는 것이었다. 그는 자신이 꼭 가야 한다고 아내가 우기지 말아야 한다는 자신의 고집을 내려놓자, 이 생각을 더 호의적으로 받아들이게 되었다. 그는 여전히 싫었지만 아내와 함께 춤을 추러 갔고, 그가 기꺼이 함께해 주는 모습을 본 아내도 더 요구하지 않았다는 이야기를 나중에 들었다. 그는 나에게 치료 과정 중에 배운 것을 요약한 문구가 있는데 그때도 지금도 여전히 활용하고 있다고 했다. 그것은 "구멍파기를 멈추고, 춤추기 시작하라!"였다.

정보가 부족하거나 잘못된 경우 내담자 교육하기

많은 SST 치료사가 자신들의 주된 역할을 내담자가 이전에 가지고 있던 강점들에 다시 집중하게 하고, 이를 문제 상황에 적용하도록 격려함으로써 그들이 문제를 해결할 수 있도록 하는 것이라고 생각한다. 이러한 치료사들은 내담자가 기존에 가지고 있지 않던 기술은 개발하도록 도울 시간이 없다고 생각한다. 물론 기술을 개발할 시간이 있다고 생각하는 SST 치료사들도 있다. 그러나 내담자의 문제가 이미 가지고 있는 기술을 적용하는 데 실패해서도 아니고, 필요한 기술이 없어서도 아닌 상황이 있다. 내담자가 알고 있었더라면 문제 해결로 이어질 수 있는 정보가 부족했거나, 또는 정확했더라면 문제를 해결할 수 있었던 정보가 잘못된 탓인 경우이다.

이러한 상황에서 SST 치료사는 내담자가 놓치고 있는 정보는 제공하고, 잘못된 정보는 바로잡음으로써 내담자를 도울 수 있다.

두 가지 예시

이제 놓치고 있는 정보와 잘못된 정보 그리고 이를 다루는 방법에 대한 두 가지 예시를 살펴보겠다.

첫 번째 예시는 많은 내담자가 부정적인 경험, 예를 들어 고통스러운 정서, 문제가 되는 생각, 충동적인 행동을 없애 버리는 것이 가능하다고 믿는다는 점과 관련이 있다. 이 같은 이유에서 내담자들은 힘든 경험들을 지워 버리려 최선을 다하지만, 결과적으로는 이를 지속한다. 왜 이런 일이 벌어질까? 원치 않는 감정, 생각 또는 충동을 경험할수록 내담자들은 이를 없애려 더 애를 쓰게 되고, 이렇게 애를 쓰면 쓸수록 원치 않는 그 모든 것은 유지되거나 더 늘어나게 된다. 문제를 유지하는 악순환이 이러한 방식으로 생겨난다.

여기서 SST 치료사는 경험을 지워 버리는 것은 불가능하며, 잘 알려진 마음챙김 방식으로 그 존재를 수용하는 것이 더 바람직하다고 설명하면서 내담자의 정보를 바로잡아 줄 수 있다. 치료사는 하얀 북극곰을 상상하게 한 다음, 북극곰에 대한 모든 생각을 지워 보라고 하면서 이를 확실히 보여 줄 수도 있다. 내담자는 역설적으로 머릿속에 여전히 그 곰이 남아 있다는 것을 알게 될 것이다(75장 참고). 이후 치료사는 내담자에게 마음챙김 수용의 기본 원리를 설명하고 가르친 다음, 북극곰을 가지고 이 원리를 함께 연습할 수 있다.

두 번째 예시는 에이즈 바이러스(HIV)를 가진 아내가 아이를 갖지 않겠다고 결정한 것 때문에 다투다가 치료실을 방문하게 된 부부에 관한 사례이다. 부부는 만약 자신들이 아이를 가진다면, 그 아이는 에이즈 바이러스를 가지고 태어날 것이 분명하다고 생각했다. 아내는 바이러스 치료를 하고 있었으며, 감지하기 어려울 정도로 소량의 바이러스를 가지고 있었다. 치료사는 부부가 잘못 알고 있다고 말해 주었다. 그리고 엄마에게서 아이에게 바이러스가 옮겨질 가능성도 물론 있지만, HIV 양성인 엄마에게서 태어난 99.5%의 아이들이 바이러스와 상관없이 태어난다는 것을 알려 주었다. 부부는 무척 놀랐고, 그 자리에서 아이를 가지기 위해 노력하기로 결심했다. 그들은 치료가 더는 필요치 않았다.

해결책에 합의하기

회기를 진행하다 보면 치료사와 내담자가 내담자 문제에 대한 해결책에 합의해야 할 시점이 있다. 이 책의 58장에서 이야기했듯이 문제란 내담자에게 반갑지 않은, 혹은 해롭다고 여겨져 다루거나 극복할 필요가 있는 사건 또는 상황으로 간주된다. 치료사가 내담자의 문제를 다루기로 결정을 했든 안 했든, 치료사와 내담자 모두가 목적, 즉 내담자의 목표가 무엇인지 아는 것은 중요하다. 목표는 내담자가 문제에서 벗어나 이를 해결해 나아가고 있음을 나타내는 상태일 수도 있고, 내담자가 문제로부터 자유로워진 상태일 수도 있다. 좀 더 엄밀히 말하자면, 목표는 내담자의 포부 또는 노력의 대상이며, 목적이나 바라는 결과를 나타낸다. SST의 본질적인 특성상 추후 회기를 약속해서 진행하기 전까지 치료사는 내담자가 자신의 목표를 성취했는지를 알기란 어렵다(86장 참고).

해결책이란 문제를 해결하는, 또는 어려운 상황을 다루는 수단이다. 이는 내담자가 자신의 목표에 도달할 수 있게 해 준다. 58장의 도표에서 알 수 있듯이, 해결책은 문제와 목표를 연결하는 다리이다. SST에서 선택할 수 있는 해결책의 유형에 대해 살펴보기 앞서 강조하고 싶은 것은, 내담자에게 도구가 될 수 있는 해결책에 치료사와 내담자가 합의하는 것이 중요하다는 점이다. 이는 52장에서 논의했던 작업동맹의 중요한 요소이다.

SST 해결책의 유형

SST에 정해진 구조가 없기는 하지만, 회기 내에 여러 단계가 있다고는 생각해 볼 수 있다. 회기 초반, 치료사와 내담자는 내담자가 치료에서 얻고자 하는 바를 이해하고 초점 맞추고자 주의를 기울인다. 회기의 중간 단계에서는 두 사람이 가능한 해결책들에 대해 생각해 보고, 어느 시점이 되면 내담자가 집중할 수 있는 한 가지를 선택한다. 마무리 단계에서는 내담자가 해결책을 연습해 보고, 가능하다면 해결책을 적용할 계획을 세우고 작별인사를 한다. 60장과 61장에서 논의한 것처럼 내담자가 선택하는 해결책 유형은 회기에서 어디에 초점을 두느냐에 따라 달라지는 경향이 있다. 해결책의 주요 유형들은 다음과 같다.

환경과 관련된 해결책

내담자의 문제가 역기능적이면서 바꿀 수 있는 환경에서 기인한 것이라면, 그 환경을 바꾸는 것이 마땅하다. 예를 들어, 린다는 매우 비판적이고 빠른 의사결정을 요구하는 환경에서 일하고 있다. 린다는 그런 환경에서는 일을 잘할 수 없었다. 대신 린다는 자신이 격려받는 업무 환경 그리고 의사결정을 하기 전에 그 사안에 대해 충분히 생각할 수 있는 시간이 주어지는 환경을 원한다는 사실을 깨달았다. 회기를 진행하면서 현재 직장에 적응하기 위해 린다 자신을 바꿀 수 없다는 사실은 아주 분명히 드러났다. 그래서 린다는 직장을 바꾸기로 결심했다.

행동과 관련된 해결책

행동과 관련된 해결책은 내담자의 문제가 자신의 행동적 결함으로 인한 것일 때, 또는 내담자의 행동이 문제와 관련하여 의도치 않게 부정적인 결과를 초래할 때 선택할 수 있는 최선이다.

인지와 관련된 해결책

인지와 관련된 해결책은 문제의 가장 핵심적인 측면에 대한 내담자의 사고 중 일부를 바꾸는 것을 의미한다. 인지와 관련된 해결책에는 다양한 유형이 있다.

태도에서의 변화 이 변화는 내담자가 문제와 관련된 역경을 다양한 관점에서 바라보도록 하는 것을 뜻한다. 관점 바꾸기의 목적은 만약 바꿀 수 있는 역경이라면 거기에서 벗어나 역경을 바꿀 수 있도록, 바꿀 수 없는 역경이라면 긍정적으로 적응할 수 있도록 돕기 위함이다. 인지와 정서는 매우 밀접하게 연결되어 있기 때문에 태도 변화 역시 역경에 대해 긍정적인 정서 반응을 촉진하기 위해 계획되기도 한다.

추론에서의 변화 60장에서 이야기한 것처럼 추론이란 현실에 대한 예감으로 정확할 수도 있고, 그렇지 않을 수도 있다. 내담자에게 문제가 있다고 했을 때, 이는 상황에 대한 내담자의 왜곡된 추론 때문일 수 있다. 추론을 변화시킨다는 해결책은 내담자로 하여금 한 걸음 물러서서 증거를 검증하면서 자신의 추론이 정확하지 않음을 깨닫게 하여 그 자료들을 더 잘 설명할 수 있는 유익한 추론으로 바꾸는 것을 뜻한다. 이러한 추론에서의 변화가 일어나면, 내담자는 자신의 문제를 해결한다.

재구조화 재구조화는 문제를 새로운 구조 속에 넣어 그들에게 더는 문제가 되지 않도록 치료사가 내담자를 돕는다는 의미이다. 재구조화의 예는 55장에서 간단하게 설명하였다.

인지-행동에 관련된 해결책

인지행동치료(CBT)는 내담자의 인지가 변화된다면 상호보완적인 행동의 변화도 언제든 일어나게 되며, 이 두 가지 변화는 함께 작용하여 서로를 강화한다는 개념에 근거를 두고 있다. 만약 내담자가 이 같은 해결책을 찾아내서 적용한다면, 그 해결책은 내담자가 목표를 성취하는 데 있어 강력한 도구가 된다.

가능하다면 내담자가 회기 중에 해결책을 연습해 보도록 하기

내담자와 치료사가 해결책에 합의한 후, 가능하다면 치료사는 내담자가 회기에서 해결책을 연습해 보도록 격려해야 한다. 이 연습에는 몇 가지 이유가 있다.

- 연습은 내담자가 해결책을 적용해 본다면 어떨지를 미리 경험하게 하여, 자신이 그 해결책을 제대로 활용할 수 있다고 생각하는지를 알 수 있도록 돕는다.
- 연습은 해결책을 시연해 본 내담자의 경험과 치료사의 관찰을 바탕으로 하여 어떤 부분에 수정이 필요한지를 치료사와 내담자 모두에게 알려 준다.

연습의 방식

내담자는 회기 중에 여러 방식으로 해결책을 연습할 수 있다.

마음으로 하는 시연

정신적 시연은 내담자가 마음속으로 해결책을 적용해 보는 자신의 모습을 그려 보는 것을 의미한다.

행동 관련 해결책의 정신적 시연 내담자가 자신이 선택한 행동 관련 해결책을 실행하는 스스로를 상상할 때, 완벽하게 해내는 것보다는 현실적으로 해내는 모습을 상상하는 것이 가장 좋다. 왜냐하면 완벽한 수행이란 현실의 삶에서는 불가능하며, 수행의 이상적인 기준에 맞추다가 실패하면 내담자는 그 행동 관련 해결책을 단념해 버릴 수 있기 때문이다.

내담자가 행동 관련 해결책을 실천하는 스스로를 상상하기 어려워한다면, 자신의 역할 모델 중 한 사람이 그렇게 하는 모습을 상상해 보도록 권할 수 있다. 강조하지만, 완벽한 모습이 아닌 현실적인 모습이어야 한다. 이후 내담자는 자신만의 스타일로 그 역할 모델을 따라 해 볼 수 있다.

인지 관련 해결책의 정신적 시연 이 같은 시연은 조금 더 어려울 수 있다. 그러나 내담자가 그 해결책에 대한 마음가짐을 바꾸고, 필요하다면 그 마음가짐을 떠올릴 수 있는 간결하고도 강력한 격언을 사용하도록 치료사가 권하는 경우에는 가능하다(78장 참고).

인지-행동 관련 해결책의 정신적 시연 내담자가 스스로 선택한 건강한 사고 방식을 유지하면서 긍정적으로 행동하는 스스로를 상상할 수 있다면, 이 조합은 앞장에서 언급했듯이 변화를 촉진하는 데 특히 효과적이다.

행동으로 하는 시연

행동적 시연은 회기 중에 내담자가 행동 관련 해결책을 연습하는 것을 의미한다. 이 행동적 시연에 내담자가 타인을 지금까지와는 다른 방식으로 대하는 것이 포함된다면, 내담자는 누군가가 있다고 상상하면서 해 볼 수도 있고 치료사가 상대방 역할을 할 수도 있다.

위에서 언급했듯이 이 같은 연습은 내담자와 치료사 모두가 내담자의 행동을 되돌아보고 적절하게 수정할 수 있게 해 주며, 그 후 행동적 시연을 반복하면서 통합해 나아가게 한다. 이렇게 하면서 결국 내담자는 더 확실하고 개선된 형태의 행동 관련 해결책을 가지게 된다.

(앞서 살펴본) 인지-행동 관련 해결책의 정신적 시연과 마찬가지로, 내담자가 회기 중에 행동 관련 해결책을 연습하는 경우 치료사는 내담자가 필요한 행동을 시연하기 전에 먼저 적절한 마음가짐을 가지도록 하고, 해결책을 연습하는 동안 그 마음가짐을 유지하도록 격려한다.

(인지-행동 관련 시연을 포함한) 행동 관련 시연에 다른 연관된 사람이 없다면, 치료사는 창의성을 발휘하여 회기 중에 내담자가 해결책을 연습하는 방법을 제안해 볼 수 있다. 예를 들어, 나는 한 내담자와의 단일회기에서 꾸물거리며 미루는 행동을 집중적으로 다룬 적이 있다. 알고 보니 그는 편안한 상태로 있는 중에 잠깐 불편한 상태가 되는 것을 특히 어려워했다. 그는 그렇게 해야 하는 이유를 기다린다면서 계속 미루고만 있었다. 우리는 어떤 일을 시작하기 위해 그에게 꼭 동기가 있어야 하는 것은 아니라는 인지 관련 해결책과 편안한 상태에서 불편한 상태로 전환하는 연습이 필요하다는 행동 관련 해결책을 고안해 냈다. 그는 회기 중에 상담실에서 매

우 편안하게 앉아 있다가 인지 관련 해결책을 연습하는 동안에는 서 있는 방법으로 이를 연습했다. 그는 이 과정을 여러 번 연습했고, 연습을 끝낸 뒤에는 미루는 문제에 인지-행동 해결책을 활용해 볼 수 있겠다는 자신감을 더 많이 느꼈다.

대인관계와 관련되지 않은 인지 행동 시연의 또 다른 예는 라이네케 등(Reinecke et al., 2013)의 연구에서 볼 수 있다. 그들은 공황장애가 있는 내담자들에게 먼저 공황장애를 지속시키는 요인들 및 이를 효과적으로 다루기 위해 해야 할 것들을 이해하는 데 도움이 되는 인지-행동 근거를 제시했다. 그 후 회기 중에 밀폐된 방에서 연습해 봄으로써 해결책을 그 자리에서 바로 시연해 볼 수 있는 기회를 제공했고 이러한 시연이 효과적인 단일회기의 핵심 요소임을 확인했다.

의자 기법

77장에서 살펴보았듯이 의자 기법은 내담자 자신과 타인 간의 대화, 또는 자신의 여러 모습 간의 대화를 촉진하기 위해 의자를 활용하여 문제를 다뤄 보는 방법이다. 이러한 의자 기법은 대화가 일어나는 상황에서 내담자가 선택한 해결책을 연습할 수 있는 기회를 준다. SST에서의 의자 기법 활용에 대한 상세한 논의는 77장을 참고하길 바란다.

과정의 요약

SST에서 치료사와 내담자가 마무리 단계에 이르게 되면, 치료사는 회기를 어떻게 결론지을지 생각해야 한다. 이미 지나간 것과 앞으로 다가올 것 간에 연결고리가 있어야 하는데, 이는 이번 회기가 어쩌면 치료사와 내담자가 만나기 전부터 시작된 그리고 이 회기가 끝난 후에도 계속될 변화 과정의 한 부분임을 보여 준다.

이 시점에서 많은 치료사가 내담자에게 회기를 요약해 줄 것이다(Talmon, 1990, 1993). 하지만 나는 내담자에게 먼저 회기를 요약해 보도록 요청한다. 여기에는 두 가지 이유가 있다. 첫째, 나는 내담자가 가능한 한 적극적으로 회기에 참여하기를 바라며, 내담자가 회기를 요약하는 것은 이 원칙에 따르는 것이다. 둘째, 내담자가 하는 요약은 그 당시 내담자의 마음에 담긴 것을 보여 주며, 이것이 바로 내가 요약에 덧붙여 확장하고 싶은 것이다.

요약의 요소

치료사가 회기를 검토하든, 내담자의 요약에 추가를 하든 다음의 사항들은 좋은 요약에서 다루어야 하는 것들이다(Talmon, 1990, 1993).

- 내담자의 문제 및 문제와 관련한 목표의 진술. 치료사는 이 문제로 인한 내담자의 어려움에 공감하고, 목표를 이룰 수 있을 것이라는 긍정성을 보여 주어야 한다.
- 그 문제 및/또는 목표를 위해 해 온 것들에 대한 검토
- 해결책(과 관련한 학습) 및 이를 실행할 수 있는 내담자의 강점들
- 내담자가 활용할 수 있는 자원들에 대한 명확한 서술

핵심 기법 083

내담자가 가져갈 것

합의한 해결책을 내담자가 집으로 가져가기 전에 회기에서 연습해 보아야 하는 중요성에 대해서는 81장에서 언급했다. 치료사는 내담자가 치료사와 함께 만들어 낸 해결책을 적용하는 데 도움이 되는 것들 중 어떤 것이든 내담자가 '집으로 가져갈 수 있도록' 해야 한다.

어디서든 활용할 수 있도록 다양한 것들을 글로 적은 노트가 내담자들에게 유용하다. 여기서 이 노트를 누가 적어야 하는가 하는 의문이 생긴다. SST 치료사 중 일부는 가장 중요한 핵심들을 노트에 적어서 회기가 끝날 때 내담자에게 주기도 한다. 이는 치료사가 자필로 적은 무언가를 반갑게 가져갈 내담자들에게 특히 가치가 있다. 또 다른 치료사들은 내담자가 그런 노트를 스스로 만들도록 하는 것을 선호한다. 왜냐하면 그렇게 하는 것이 노트에 적은 강조점에 대한 내담자의 책임의식을 높이기 때문이다. 다원성을 지닌 치료사들은 내담자가 선호하는 방식을 물어보기도 한다. 여기서 가장 중요한 요소는 명료성일 것이다(30장 참고). 26장에서 언급했듯이 내담자는 자신이 실천하기로 합의한 것들이 명확하지 않을 때보다는 명확할 때 치료를 위해 해야 할 것들을 수행할 가능성이 좀 더 크다(Kazantzis, Whittington, & Dattilio, 2010).

어떤 것을 가져가는가

SST에서 내담자가 가져가는 것들에 대해서는 많은 기록이 있는데, 관심이 있다면 이야기 치료 관점에서 살펴본 쿠퍼와 그의 내담자 '아리안'(Cooper & Ariane, 2018)을 참고해 보길 권한다. 나는 SST를 하면서 주로 다음과 같은 것을 활용하는 편이다.

- 합의한 해결책을 적은 노트
- 해결책 적용의 첫 단계를 적은 노트
- 회기 과정에서 만들었거나 참고했던 도식들(예: [그림 1], 69장 참고)
- 치료사가 들려준 이야기나 우화가 있었다면 이에 대한 기록(73장 참고)
- 치료사-내담자가 함께 만들었거나 내담자가 개발하여 내담자에게 변화의 의미를 함축해서 전달해 줄 수 있는 격언 또는 속담의 기록
- 인터넷에서 다운로드하여 내담자의 스마트폰에 저장할 수 있는 변화를 의미하는 시각적 상징들
- '통합된 단일회기 CBT'(Dryden, 2017)에서, 나는 항상 내담자들이 나중에 살펴볼 수 있도록 회기를 녹음한 파일과 축어록을 제공한다. 이 또한 SST에서 내담자가 가져가는 것으로 간주할 수 있겠다.

10장에서 SST는 '적을수록 좋다'고 강조했듯이 SST 치료사는 회

기의 효과를 보호하기 위해서라도 가져갈 것들을 너무 많이 제시하는 것은 경계해야 한다.

회기의 종결

요약과 가져갈 것들의 정리까지 끝났다면, 치료사는 회기를 종결해야 한다. 여기에는 다루어야 할 몇 가지 사항들이 있다.

미진함 다루기

내담자가 회기를 떠나면서 과정이 마무리되었다는 느낌을 갖는 것은 중요하다. 그러므로 SST 치료사는 다음과 같은 질문을 통해 마지막으로 남겨진 문제를 표현할 기회를 준다. "집으로 돌아갔을 때, 저에게 물어보거나 말했더라면 좋았겠다고 생각날 만한 것이 있을까요?" 내담자가 꺼내 놓은 것에 대해 치료사는 내담자가 충분하다 할 때까지 대응하는 것이 중요하다.

미래를 향해 나아가기

회기를 마칠 때 내담자가 배운 것을 적용해 보리라는 희망과 확신의 마음을 가지는 것 역시 중요하다. 이 때문에 치료사는 배운 것을 적용함에 대해 내담자가 어떻게 느끼는지 물어보아야 한다. 약간 다른 맥락이긴 하지만, 이는 내담자에게 미해결된 과제를 떠올리게 하는 두 번째 방법이다. 내담자가 긍정적인 반응을 보인다면,

치료사는 이를 더 강화하는 것이 중요하다. 그러나 내담자가 회기 과정 중에 배운 것을 실천하는 데 있어 계속해서 의심과 주저하는 마음을 보인다면 그때는 이를 다루어야 한다.

추가 상담

처음부터 추가 상담이 가능하지 않다고 합의한 것이 아니라면, 치료사는 내담자가 원한다면 추가 상담이 가능하다는 것을 내담자에게 한 번 더 상기시켜 주어야 한다. 내 경우에는 추가 상담을 결정하기 전에 먼저 내담자에게 그 회기를 이해하고 배운 것들을 적용해 보도록 권하지만, 최근 대부분의 단일회기 치료사들은 내담자들이 요청한다면 추가 회기 제공도 가능하다고 그 문을 열어 두는 편이다.

추후 상담

추후 상담을 진행한다면, 치료사는 처음부터 이에 대해 내담자에게 알리게 된다. 마무리하는 시점에서는 내담자에게 한 번 더 추후 상담에 대해 안내를 해야 한다. 따라서 치료사가 내담자와 작별 인사를 나누기 전에 마지막으로 해야 할 일은 추후 상담 일정을 정하는 것이다. 추후 상담은 주로 전화로 이루어진다.

회기가 끝난 후: 성찰, 녹음 파일과 회기 축어록

대면 회기에서는 참 많은 것을 하게 된다. 그렇기 때문에 내담자가 회기를 되돌아볼 시간을 가지도록 치료사가 제안하는 것이 중요하다.

성찰을 위한 시간 마련하기

이러한 이유로 나는 내담자들에게 너무 급하게 바쁜 일상으로 돌아가는 것을 자제하고 회기 중에 무엇을 배웠는지 그리고 그렇게 배운 것을 실제 생활에 어떻게 적용할 것인지, 30분 정도 혼자서 되돌아보는 시간을 가질 것을 제안한다. 어떤 내담자들은 글로 쓰면서, 또 다른 내담자들은 생각을 하면서 정리하기를 희망할 수도 있다.

SST에서의 녹음 파일과 축어록: 성찰 돕기

내가 SST를 진행하는 방식 중 한 가지는 내담자의 동의를 얻어 회기를 녹음하고 회기가 끝난 후 이 파일을 내담자에게 바로 보내며, 이후 녹음된 회기를 전문기록자가 축어록으로 정리하여 보내

오면 그 즉시 내담자에게 보내는 것이다(Dryden, 2017). 이러한 자료들은 회기가 끝난 후 내담자가 회기를 되돌아보는 과정에도 도움이 되며, 배운 것을 상기시키는 역할도 한다. 때로 내담자는 회기 당시보다 녹음 파일 및/또는 축어록을 검토하면서 더 중요할 수 있는 부분에 주목하게 된다. 특히 내가 할 수도 있고, 내담자가 스스로 할 수도 있는 요약을 위한 정확한 참고자료가 이 둘 모두에 들어 있다. 추후 상담에서 만난 몇몇 내담자들이 말하기를, 특히 축어록은 나중에 연습하기 위해 가지고 다니는 요약본에 그대로 베껴 쓸 수 있었다고 했다.

인간의 기억력은 예측이 불가하지만, 녹음 파일과 축어록 모두 대면 회기에서 다루었던 것들을 정확하게 상기시켜 준다는 점에서 가치가 있다. 다양한 내담자는 저마다 이 매체들의 가치를 다르게 평가한다. 어떤 내담자들은 둘 모두 가치 있게 여기는 반면, 또 다른 내담자들은 다른 하나를 더 가치 있게 여기기도 하는데, 학습 스타일에 따라 어느 정도 다르게 나타나기도 한다. 문서화된 글이 더 유익하다 생각하는 내담자들은 축어록을 가치 있게 여기는 반면, 귀로 듣는 청각적 학습이 더 낫다는 내담자들은 mp3플레이어, 스마트폰 또는 태블릿으로 녹음 파일을 들을 것이다. 자기 목소리를 듣고 싶어 하지 않는 내담자들은 당연히 축어록을 더 선호한다. 내가 내담자들에게 녹음 파일과 축어록을 모두 보내는 것은 바로 이러한 이유들 때문이다(Dryden, 2017).

추후 상담

추후 상담은 평균적으로 단일회기가 끝난 후 약 3개월 뒤에 이루어진다. 단일회기를 진행하는 사람들 중 일부는 추후 상담이 SST의 순수성을 훼손한다고 여기는 반면, 대부분은 추후 상담을 단일회기 상담에서 중요한 부분이라고 생각한다.

왜 추후 상담인가

추후 상담은

- 대면 회기와 추후 상담 사이에 내담자가 한 것들을 피드백 할 수 있는 기회를 제공한다.
- 필요하다면 내담자가 좀 더 도움을 요청할 수 있는 기회를 제공한다.
- 치료사에게 결과를 평가할 수 있는 자료(내담자가 어떻게 해 왔는지)를 제공한다. 이는 치료사의 SST가 향상되도록 도울 수 있다.
- 치료사가 일하는 기관의 서비스에 대한 평가 자료(내담자가 받은 도움에 대해 어떻게 생각하는지)를 제공한다. 이러한 자료는 기관이 제공하는 서비스를 향상하는 데 도움이 될 것이다.

나의 추후 상담 방식

대면 회기를 종결하는 시점에서 나는 20분에서 30분 정도 진행될 추후 전화상담 약속을 분명히 하고, 내담자가 만든 그 어떠한 변화들도 충분히 익숙해지고 그들의 삶에 통합되도록 대면 회기가 끝난 후 3개월이 지난 시점으로 일정을 정한다.

또한 내담자가 방해받지 않으면서 대화할 수 있고 전화상담에 온전히 집중할 수 있는 시간을 선택하는 것이 중요하다고 말한다. 〈표 7〉은 내가 만든 추후 전화상담을 위한 계획서이다.

표 7 추후 전화 평가 계획서

1. 나는 내담자에게 추후 전화상담의 목적에 대해 한 번 더 설명하고, 방해받지 않고 대략 20~30분 동안 자유롭고 솔직하게 이야기할 수 있는 시간을 정한다.

2. 나는 내담자에게 그들의 어려움, 문제, 방해 요소 또는 불만을 상기시키고, 내가 말한 내용이 정확한지 확인하며, 관련된 내용을 내담자가 수정할 수 있도록 한다.

3. [내담자의 설명으로 재진술된] 그 문제가 거의 변화가 없다고 생각하나요, 아니면 변했다고 생각하나요? 만약 변했다고 생각한다면 어느 정도인지 아래 5점 척도에 표시해 주세요.

   (1)--------------(2)--------------(3)--------------(4)--------------(5)

   훨씬 나빠졌다 거의 유사하다 훨씬 좋아졌다

4. (더 좋아진 혹은 더 나빠진) 변화가 무엇 때문이라고 생각하나요? 달라진 게 없다면, 무엇 때문에 이 상황이 그대로 유지되고 있을까요?

5. 주변 사람들이 당신의 변화에 대해 피드백을 한다면, 그들은 당신의 변화에 대해 어떻게 생각할까요?

6. 구체적인 그 문제[내담자가 진술한 문제] 외에, 당신 삶에서 (좋은 혹은 나쁜) 변화가 일어난 영역이 있나요? 있다면 무엇인가요?

7. 이제 당신이 참여했던 치료에 대해 몇 가지 질문을 하겠습니다. 회기에서 기억나는 것은 어떤 것들이 있나요?

8. 특히 도움이 되었거나 혹은 도움이 되지 않았던 것은 무엇인가요?

9. 회기 녹음 파일과 축어록은 어떻게 활용하였나요?

10. 참여했던 치료에 어느 정도 만족하나요? 아래 5점 척도에 표시해 주세요.

(1)--------------(2)--------------(3)--------------(4)--------------(5)

불만족 보통 만족

11. 단일회기로 충분했나요? 그렇지 않다면 치료를 다시 할 의향이 있나요? 혹시 치료를 다시 한다면, 다른 치료사를 만나고자 하나요?

12. 치료 서비스 향상을 위해 제안할 것이 있다면, 무엇인가요?

13. 치료사가 알았으면 하는 것들 가운데 제가 구체적으로 묻지 않은 것들이 있나요?

시간 내어 참여해 주셔서 감사합니다.
치료와 관련하여 도움이 필요하다면 언제든 다시 연락 주세요.

SST 구조의 예

2017년에 나는 영국 본머스 예술대학교(Arts University Bournemouth: AUB) 학생지원부서로부터 학생상담소의 기존 서비스 전달 모델을 SST에 기반한 모델로 바꾸는 것을 도와 달라는 요청을 받았다. 6회기 이상의 상담은 할 수 없도록 되어 있는 기존의 시스템에서는 학생들이 상담사를 만나기 위해 매우 긴 시간(6~7주)을 대기해야 했고, 도움을 청하는 학생들과 도움을 제공하는 상담사들 모두 불만을 토로하고 있었다. 새로운 서비스는 학생들에게 다음과 같이 홍보되었다. "AUB 학생상담소는 1회기 단위로 예약이 가능하며, 매회 한 시간씩 진행되는 한 회의 치료를 제공합니다."

나는 다양한 치료 접근법을 활용하는 학생상담소의 상담사들을 대상으로 1일 교육 프로그램을 진행했고, 상담소의 책임자와 함께 다양한 배경을 가진 상담사들이 SST를 실제로 진행할 때 지침이 될 수 있는 구조를 만들었다. 이 장에서는 단일회기가 어떻게 제공될 수 있는지를 보여 주는 한 예로, 이 구조를 소개하겠다. 이는 영국 내 한 대학의 학생상담소라는 특정 환경에서 활용하기 위해 만들어졌다는 것을 염두에 두길 바란다.

소개

- 학생과 함께할 이 시간이 어느 정도이며, 어떤 것들을 다룰 것인지 설명하십시오.
- 비밀보장의 기본 사항에 대해 설명하십시오. 학생이 더 자세한 정보를 요청하는 경우, 상담 서비스에 관한 안내 책자나 온라인상의 정책 설명을 참고하십시오.

질문하기 "지금 당신에게 가장 중요한 단 한 가지 고민은 무엇인가요?"

- 필요로 하는 가장 중요한 도움을 탐색하십시오.
- 필요로 하는 것을 우선시합니다. 가장 시급하고 중요한 필요들을 우선 순위에 두지만, 다른 필요들도 염두에 둡니다.
- 위험 정도를 평가합니다(예: 자살/자해 또는 타해의 직접적인 위험성).

사람들은 보통 스스로 문제를 해결해 보려 노력한다고 언급한 다음, 질문하기 "당신은 어떤 노력을 해 보았나요?"

- 어떤 노력들이 도움이 되었나요? 이 전략들을 사용하기를 권장합니다.
- 도움이 되지 않았던 시도는 어떤 것이었나요? 이후에는 활용하지 않도록 합니다.

질문하기 "문제를 다루는 데 있어 우리가 알면 도움이 될 당신이 가진 내적 강점과 회복탄력적 요소는 무엇인가요?"

- 주요 강점과 회복탄력적 요소들, 예를 들어 건강한 가족관계와 친구관계, 긍정적인 관점, 영적인 신념, 희망감, 자기통제감, 창의성, 끈기, 유머에 대해 내담자에게 교육합니다.
- 앞으로 나아가는 과정에서 필수 요소인 내적 강점과 회복탄력적 요소의 역할에 대해 설명합니다.

질문하기 "당신이 우선시하는 문제를 다룰 때 활용할 수 있는 외적 자원은 무엇인가요?"

- 관련된 사람들과 기관들을 확인합니다.
- 상담안내 책자에 나와 있는 적절한 자원들과 연결합니다.

질문하기 "당신이 제대로 된 방향으로 향하고 있음을 알려 주는 최소한의 변화는 무엇일까요?"

- 가능하면 치료 회기가 끝난 후 바로 내담자가 이 변화를 실현할 수 있는 계획을 세우도록 돕습니다.

상담하기*

- 평소 초점을 두던 것에 초점을 맞춥니다.
- 변화할 수 있는 것들을 적극적으로 찾습니다.
- 그 변화를 회기 중에 연습합니다.
- 내담자가 가져갈 것들에 대해 상의합니다.

회기 종결 전 궁금한 사항 확인하고 답하기

- 오늘 집으로 돌아갔을 때, 상담사에게 물어보았다면 좋았겠다고 생각할 만한 질문(들)은 무엇일까요?

학생이 추가 회기를 희망한다면, 당신과 가능한지 혹은 다른 상담사와 가능한지 알려 주고, 접수처에 문의하도록 하기

단일회기를 기반으로 한 상담 서비스의 초기 자료들을 보면, 학생들은 새로운 시스템의 유연성과 적절한 시기에 약속을 정하고 빨리 만날 수 있다는 점을 가치 있게 평가했다. 또한 학기 중 서비스 센터가 가장 바쁜 시기에도 작년과 비교했을 때 6~7주가 걸리던 대기 기간이 단 5일밖에 걸리지 않았다.

* 학생상담소는 굉장히 다양한 치료적 관점을 가진 상담사들로 구성되어 있으므로, 상담사들이 일반적으로 적용하는 접근법을 SST 구조에도 적용할 수 있다는 점을 강조하는 것이 중요했다.

PART 7

워크-인 치료

상담의 두 가지 경로

영국에는 주로 일반 세금과 국가보험료로 운영되며 국민들에게 정신건강 서비스를 무료로 제공하는 국민보건 서비스(National Health Service: NHS)가 있다. [그림 2]는 누군가가 불안 또는 우울로 심리적 도움을 받고자 국민보건 서비스를 이용하는 과정의 예시를 보여 준다.

이 과정은 예약이 필요 없는 워크-인 서비스에서 사람들이 도움을 받고자 결정했을 때 일어나는 과정과 비교가 된다([그림 3] 참고).

워크-인 서비스는 영국에서 일반적으로 활용되는 방식은 아니다. 그러나 특히 영국 정부처럼 국민들의 심리치료 접근성을 향상하기 위해 힘을 쏟고 있는 상황이라면, 두 가지 경로를 비교해 보는 것이 워크-인 서비스를 이행하는 데 있어 설득력 있는 근거를 제공해 줄 것이다.

내담자는 약속을 잡기 위해 지역 보건의(General Practitioner: GP)에게 연락한다.

약 7일 정도 기다린다.

내담자는 지역 보건의와 면담한다(평균 9분 22초 소요).[a] 내담자에게 심리적 도움이 필요하다고 지역 보건의가 동의하면, 내담자는 관련된 지역 서비스의 연락처를 받아 연락을 취한다.

내담자는 심리치료를 제공하는 기관에 연락한다. 연락을 받은 접수자는 내담자가 정신건강 실무자(Psychological Well-being Practitioner: PWP)와 전화를 통한 평가를 할 수 있도록 연결해 준다.

약 10일 정도 기다린다.

내담자는 전화를 통해 정신건강 실무자로부터 평가를 받는다. 평가를 통해 적절하다고 판단되는 경우, 심리적 도움을 주기 위한 의뢰가 진행되고, 도움의 유형은 평가된 문제의 심각성에 따라 결정된다.[b]

심각성이 낮은 치료의 경우는 약 4주를 기다린다.
심각성이 높은 치료의 경우는 약 8주를 기다린다.

내담자는 심각성이 낮은/높은 치료를 위해 적절하게 훈련을 받은 치료사를 만난다.

[그림 2] **경로 1: 영국에서 불안 또는 우울로 국민보건서비스를 통해 심리적인 도움을 받고자 할 때 일어나는 과정**[c]

a 어빙 등(Irving et al., 2017)의 연구 참고

b 심각성이 낮은 심리적 개입은 가벼운 수준의 불안/우울을 보이는 내담자부터 중간 수준의 불안/우울을 보이는 내담자까지 적절하게 다룰 수 있는 훈련을 받은 치료사가 진행한다. 심각성이 높은 심리적 개입은 중간 수준의 불안/우울을 보이는 내담자부터 심각한 수준의 불안/우울을 보이는 내담자 그리고 심각성이 낮은 심리적 개입에서 도움을 받지 못한 내담자들을 대상으로 적절하게 훈련을 받은 치료사들이 진행한다.

c 제시된 과정과 대기 시간은 영국 내 지역마다 다를 수 있다.

내담자는 정신건강 전문가에게 도움을 받고자 결정한다.

내담자는 예약이 필요 없는 워크-인 서비스 센터를 방문한 후, 간단한 한두 장의 접수 신청서를 작성한다.

약 1시간 정도 기다린다.

치료 회기가 시작된다.

[그림 3] **경로 2: 불안 또는 우울 문제로 워크-인 센터에서 심리적 도움을 받기로 결정했을 때 일어나는 과정(Slive & Bobele, 2018)**

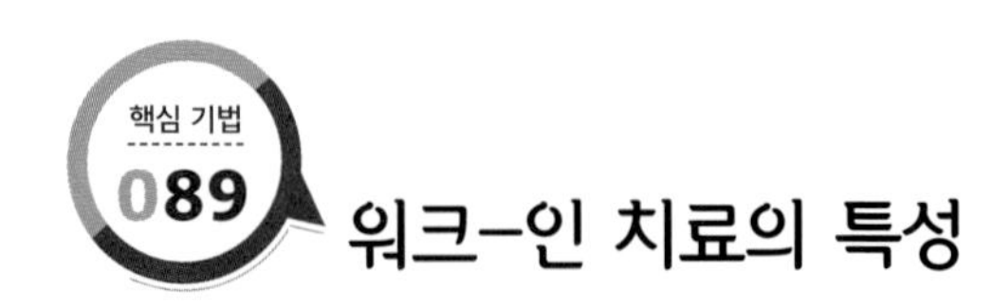

워크-인 치료의 특성

슬라이브 등(Slive et al., 2008: 6)은 워크-인 치료의 특성을 다음과 같이 설명한다.

> 정신건강 서비스에 대한 접근성을 높여야 한다는 지역사회의 요구에 따라 발달한 … 워크-인 치료는 내담자들이 자신들이 원하는 순간에 정신건강 전문가를 만날 수 있게 해 준다. 여기에는 형식적인 절차도 없고, 우선 순위를 정하기 위한 분류도 없으며, 접수 과정도 없고, 대기자 명단도, 기다림도 없다. 공식적인 평가도 없고, 공식적인 진단 과정도 없으며, 오직 내담자가 이야기하는 필요에 초점을 맞춘 단 한 시간의 치료만이 있을 뿐이다 … 또한 워크-인 치료에는 지키지 못한 약속이나 취소도 없다. 그렇게 함으로써 효율성은 크게 증가한다.

이와 같은 정의는 워크-인 치료만의 독특성과 기타 여러 SST 형식과의 차별성을 함축적으로 보여 준다. 여러 형식의 SST에서는 일반적으로 예약이 필요한 반면, 워크-인 치료에서는 예약이 없다.

슬라이브 등(2008)이 위의 정의를 만들어 낸 이후, SST 분야는 개선되었고, 추후 회기의 역할에 대해서도 좀 더 자세히 살펴보게 되었다. 일부 치료사들은 추후 회기를 SST의 한 부분으로 간주하지만(Dryden, 2017; Talmon, 1990), 일부 치료사들은 그렇지 않다

(hymen, Stalker, & Cait, 2013). 이를 감안하여 슬라이브와 보벨레(2018: 28)의 워크-인 치료에 대한 최근 정의는 다음과 같이 명확해지고 있다.

> 우리가 워크-인이라고 부르는 것은 내담자가 예약 없이 치료실로 걸어 들어와서 가능한 한 빨리 치료사를 만나고 바로 그때 온전한 단일회기 치료를 경험하는 것을 말한다. 이 모델에서 우리는 대면이든 전화든 지정된 추후 회기를 마련해 두지 않는다. 요약하자면 (추후 회기라 하더라도) 두 번째 만남을 가지기로 계획하는 모델은 지금 이 만남이 치료사와 내담자가 만나는 유일한 한 회기가 될 수도 있다고 보는 우리의 마음가짐(mindset)과는 다르다. 물론 우리도 자해 또는 타해의 가능성이 있는 경우처럼 예외적인 사례에서는 후속 조치를 취한다.

위에 나열된 정의들 중 어디에도 사전 서류 절차에 대한 언급은 없지만, 최근 워크-인 치료가 시행되는 곳에서는 주로 회기 시작 전에 위기 평가 목적의 간략한 양식을 작성하도록 한다.

영(2018: 50)은 약속도 없고 평가도 없는 워크-인 치료의 특성에 대해 "단순한 문제든 복잡한 문제든 치료에 온 내담자들은 동일한 서비스를 받게 된다."는 점을 언급했다. 그러나 영(2018)은 또한, 내담자는 항상 또 다른 회기에 돌아올 수 있기 때문에 지속적인 치료도 가능하지만 반드시 같은 치료사와 함께하는 것은 아니며, '한 번에 하나씩'이라는 방식을 강조했다(91장 참고).

워크-인 치료의 실제

이 장에서 나는 워크-인 치료 서비스의 실제를 간략하게 살펴보고자 한다. 88장에서 정신건강 서비스를 이용하는 두 가지 경로에 대해 설명한 바 있다. 워크-인을 통해 정신건강 서비스를 받는 경로는 워크-인 치료의 주된 특징을 명백하게 보여 준다.

향상된 내담자의 접근성

워크-인 치료로 접근성이 향상되었고, 사람들이 치료를 수월하게 받을 수 있게 되면서 도움을 구할 때 방해가 되었던 장애물들이 사라졌다. 그로 인해 국가의 재정 지원을 받는 정신건강 서비스를 받고자 애쓰면서 사람들이 자주 느끼던 좌절감도 사라졌다. 사람들은 그들이 필요로 하는 바로 그 순간에 치료를 할 수 있게 되었다.

줄어든 대기자 명단

예약이 필요 없는 워크-인 치료 역시 예약으로 진행되는 SST와 마찬가지로 대체적으로 대기자 명단을 줄이는 효과가 있다(Slive & Bobele, 2014).

비용-효과

워크-인 치료 서비스는 비용면에서 효율적이다. 예약이 필요치 않다는 점은 뒤늦은 취소 또는 '노쇼(no-shows)'와 관련된 낭비를 없애며, '과잉 진료'와 관련된 비용 역시 마찬가지이다.

내담자에게 나타난 긍정적인 결과

워크-인 치료에 관한 문헌들을 검토한 슬라이브와 보벨레(2014: 78)는 다음과 같은 긍정적인 결과에 주목했다.

- 내담자들은 다수의 회기로 진행된 치료와 비슷한 수준의 향상을 보고한다.
- 많은 경우 이러한 향상은 회기가 끝난 후 몇 달간 지속된다.
- 내담자들은 워크-인 치료 서비스에 대해 높은 수준의 만족감을 보고한다. 특히 자신이 선택한 시간에 정신건강 전문가를 만날 수 있다는 것은 내담자들의 피드백에서 긍정적인 특징 중 하나로 자주 손꼽힌다.
- 많은 내담자가 한 번의 워크-인 회기로 충분하며, 도움이 더는 필요하지 않다고 보고한다.

치료사의 만족도

치료사들은 충분히 동기 부여가 되어 있는 내담자들 덕분에 워크-인 치료를 하는 것에 큰 보람을 느끼는 경향이 있다. 내담자들은 기나긴 평가와 의뢰 과정을 거쳐 자신들이 원했던 그 시점보다 몇 주 또는 몇 개월이 지난 후가 아닌, 자신들이 도움을 필요로 하는 바로 그 시점에 왔기 때문에 동기로 가득 차 있다. 게다가 치료사들이 불만족스러워하고 좌절하는 두 가지 이유, 즉 뒤늦은 취소와 약속을 지키지 않는 내담자들로 인해 치료사들이 상담 시간을 낭비하는 일도 없다.

특정 치료사가 아닌 서비스와 동맹맺기

일반적으로 심리치료 분야에서는 치료사와 내담자 사이의 작업동맹을 내담자 변화에 중요한 구성 요소로 본다. 사실 나는 SST에 관해서도 비슷한 주장을 한 적이 있다(52장 참고). 예를 들어, 사이먼 등(2012)은 방대한 표본 조사에서 두 번째 심리치료 회기에 오지 않는 내담자들 가운데 일부 내담자들은 최고로 만족스러운 결과를 얻었고, 또 다른 일부는 최악의 결과를 얻었다는 사실을 알아냈다. 그 차이는 치료사와 내담자 간 작업동맹의 질에 있었다. 전자들은 치료사와 최고의 작업동맹을 맺었던 반면, 후자들은 최악의 작업동맹을 가지고 있었다. 이러한 결론은 SST에서도 내담자와 작업동맹을 맺을 수 있다는 사실을 의심하는 사람들에게 그들이 잘못 알고 있다는 점을 보여 준다. 작업동맹을 맺는 것은 가능하며, 그것은 긍정적인 효과를 만든다.

한 회기만을 목적으로 방문하고 또 다른 회기에 재차 방문하지 않는 워크-인 치료에서도 그 사람은 얻고자 하는 것을 얻을 수 있고, 여기에는 좋은 작업동맹이 기여한다. 그러나 그 사람이 두 번째 워크-인 회기에 올 수도 있다. 이는 그 사람이 첫 시간에 원했던 것을 얻지 못해서 다시 한번 시도해 보고자 하는 것일 수 있다. 또는 원하던 것은 얻었지만, 다른 문제에 대한 도움을 얻고자 '걸어 들어온' 것일 수도 있다. 워크-인 치료의 특성상 사람들은 자신이 도움을 얻기 위해 만나게 될 사람이 누구인지 알 수 없으며, 다시 방문한 경우라도 같은 사람을 다시 볼 수 없을 수도 있다. 사람들에게 이것은 문제가 되지 않는다. 왜냐하면 그들은 특정 치료사와 작업동맹을 맺었다고 생각하지 않기 때문이다. 오히려 그들은 워크-인 센터와 작업동맹을 맺고 있다. 그들에게 있어 자신들의 마음건강을 돌보는 것은 특정 상담사가 아니라 도움을 주는 단체이다.

마지막에 언급한 특징을 고려해 볼 때, 워크-인 서비스가 장기적으로 관심을 가져야 할 사항은 내담자와 서비스 간의 동맹을 조성하는 것일 수 있다. 이는 워크-인 서비스를 알릴 때 내담자에게 치료 서비스 그 자체를 보여 줌으로써 촉진할 수 있다(92장 참고). 또는 워크-인 센터 내 치료사와 관리자 모두 내담자-서비스 동맹의 관점에서 생각해 보고, 그러한 관점에서 서로 대화해 보는 직무 연수를 통해 만들어 갈 수도 있다. 예를 들어, 치료사들은 '나의' 내담자라고 생각하거나 말하는 대신 '우리의' 내담자 또는 '상담 서비스' 내담자라고 한다. 이러한 것들이 제대로 이루어진다면 내담자 관점에서 서비스의 치료적 가치는 극대화된다. 왜냐하면 치료에서 한 명의 특정 치료사에게 의존하지 않기 때문이다. 내담자들은 치료사들이 진심으로 자신들에게 관심이 있고, 그들이 '잠시 들른다(drop in)' 해도 자신들을 도우려는 의지가 있다는 것을 알기 때문에 그 어떤 치료사라도 안심하고 만날 수 있다.

'한 번에 한 회기씩' 상담 서비스를 운영하고 있는 본머스 예술대학교의 상담사들은 내담자들이 재방문했을 때 동일한 치료사를 만나기보다는 다른 치료사를 만나고자 선택하기도 한다는 사실에 주목했다. 치료적 관계의 중요성을 생각하도록 배워 온 상담사들은 이 같은 사실에 처음에는 당혹스러워했다. 내가 내담자들과 함께 진행한 추후 회기에서 내담자들이 지적한 것과 같이, SST와 워크-인 치료는 상담사들과 치료사들이 소중히 여겨 온 수많은 생각에 도전하고 있다.

워크-인 서비스 홍보 방법

치료센터가 자신들의 웹사이트에 홍보하는 방법들을 살펴보면, 센터에서 워크-인 서비스를 어떻게 개념화하고 있는지 그리고 내담자들에게 무엇을 전달하고자 하는지를 알 수 있다. 여기서 몇 가지 예시들을 살펴보자.

락(ROCK)—아동, 청소년 및 가족 정신건강 상담 서비스 센터*

원래 캐나다 온타리오에서 1969년에 설립된 치료센터 락(ROCK)은 2006년에 기존의 운영 방식을 새롭게 바꾸었고, 2008년에는 벌링턴 가족 자원 센터(Burlington Family Resource Centre)와 합병하였다. 이곳에서는 아동, 청소년 그리고 가족을 대상으로 종합적인 평가와 치료를 제공한다. 이곳은 온라인에서 워크-인 상담 센터를 다음과 같이 홍보하고 있다.

무엇을 제공하나요

- 당신이 원하는 시기에 훈련된 치료사를 만날 수 있는 기회

* www.rockonline.ca

- 즉각적인 치료적 대화의 기회
- 필요하다면 다른 서비스와의 연결. 대부분의 경우 필요로 하는 것은 한 번이지만, 그 이상도 방문할 수 있습니다. 그 결정은 당신이 하면 됩니다.

누가 참여하나요

- 17세 이하 자녀를 둔 가족
- 12세 이상의 청소년들은 본인 및/또는 보호자와 함께 올 수 있습니다.
- 치료에 참여할 때는 가족 전체 및/또는 주 보호자와 함께 오기를 권장합니다.

무엇을 기대할 수 있나요

- 치료 회기의 초점은 가족 구성원들 또는 개인이 치료를 통해 얻고자 하는 것에 기반을 둡니다.
- 우리는 당신이 필요로 하는 것과 당신의 강점들에 집중합니다. 우리는 당신과 함께 해결 방법을 찾고, 향후에 실천할 계획을 가지고 마칠 수 있도록 열심히 노력할 것입니다.

이곳의 서비스는 가족-지향적이며, 명확하지는 않으나 가족을 동반하지 않는 독립한 성인 대상의 개별상담은 금지하지도 않지만 권장하지도 않는 것으로 보인다. '대부분의 경우 필요로 하는 것은 한 번'이라는 문구 가운데 '대부분'이라는 단어가 모호하기는 하지만, 한 번의 워크-인 회기로도 충분할 수 있고, 한 번 이상 참여할 수도 있다는 점 사이에서 일종의 균형을 맞추고 있다.

미국 미네아폴리스/세인트 폴의 워크-인 상담 센터*

이곳 워크-인 상담센터는 트윈 시티에 이용하기 쉬운 정신건강 서비스가 있었으면 하는 요구들을 충족시키고자 1969년에 일부 심리학자들이 설립했다. 이곳은 온라인상에서 워크-인 서비스에 대해 다음과 같이 홍보하고 있다.

> 본 서비스는 예약이 필요 없습니다. 워크-인 클리닉이 운영되는 시간에 방문하시면 됩니다. 상담 서비스는 선착순으로 이루어지기 때문에 잠시 대기해야 할 수도 있습니다. 클리닉이 운영을 시작하기 직전, 또는 운영시간 중간쯤에 방문하시기를 권장합니다.
>
> 상담 회기는 평균 30분에서 1시간 정도 소요되며, 개인상담실에서 진행됩니다. 원하는 경우 익명성도 보장됩니다. 워크-인 서비스는 비밀 보장의 원칙을 엄격히 준수합니다.
>
> 이곳을 방문한 분들 중 절반가량이 한 번만 오지만, 상담사와 함께 추가 방문을 결정할 수도 있습니다. 단, 추가 회기에는 예약이 필요합니다. 우리는 방문하신 분들을 장기적으로 관리하고 지원하는 것을 포함하여, 도움이 될 만한 기타 서비스를 제공하는 타 기관에 의뢰하는 것도 가능하다는 것을 알려 드립니다.

---

* www.walkin.org

이곳의 서비스는 익명성, 사생활 그리고 비밀보장의 원칙을 상당히 강조하고 있다. 내담자들의 50%가 단 한 번만 방문하지만 추가 방문이 적절한 경우도 있을 수 있으며, 이는 내담자와 치료사가 함께 결정한다는 것을 보여 준다. 추가 회기가 있을 경우는 약속 없이 그냥 방문하는 것이 아니라 예약을 통해 진행된다는 점이 흥미롭다. 이 웹사이트에서 내가 유추해 볼 수 있는 것은 내담자들에게 단 한 번의 워크-인 상담을 권장한다는 것이다.

HGI 상담 센터-미국 휴스턴 갤버스턴 협회*

HGI는 1978년에 설립되었으며, 워크-인 서비스에 대해 온라인상에서 다음과 같이 홍보하고 있다.

> 당신이 고심하고 있는 문제에 대해 누군가와 이야기하고 싶지만 약속을 잡을 시간이 없다고요?
>
> HGI 워크-인 상담센터는 예약 없이 치료사를 만날 수 있는 기회를 제공합니다. 워크-인 상담센터에 올 때는 이야기 나누고 싶은 것과 그 시간의 목표만 결정하면 됩니다. 워크-인 상담 프로그램을 이용하는 내담자들 대부분은 한 번 이상의 만남을 원하지 않습니다. 그러나 추가 상담 회기를 요청한다면, 우리와 함께 이후 예약 일정을 정할 수 있습니다.

* www.talkhgi.org

이곳의 상담 서비스를 이용한 대부분의 내담자들은 한 번 이상의 회기를 원하지 않으며, 추가 회기에 대해서는 요청해야만 한다는 것을 알 수 있다. 이는 '미네아폴리스/세이트 폴의 워크-인 상담 센터' 웹사이트에서 언급된 '공동의 결정'과 비교가 된다. HGI에서 공동으로 결정하는 것은 추가 회기의 여부가 아닌 추가 회기의 일정이다.

런던 피카딜리 세인트 제임스 교회 내 카라반 드롭-인 및 상담 서비스 센터*

런던 피카딜리에 있는 세인트 제임스 교회에서 마련해 준 이동식 주택(caravan)을 활용한 '카라반 드롭-인 센터'는 상담 및 심리치료 교육센터(Centre for Counseling and Psychotherapy Education: CCPE)에서 운영하고 있다. 이 카라반은 1982년부터 세인트 제임스 교회 안마당의 명물이었다. 상담은 전문가 인증 수련 중인 자원봉사자들이 진행한다. 대부분 CCPE에서 수련 중인 사람들이다. 이 서비스는 온라인상에서 다음과 같이 소개되고 있다.

> 상담 서비스
>
> 드롭-인은 경청과 정서적 지지를 주요 서비스로 하며, 이는—상호합의를 통해—상담으로 이어질 수도 있습니다. 본 서비스는 일 1회 방문을 기준으로 매일 이용할 수 있습니다. 자원봉사자들은 매주 같은 시간

* www.thecaravan.org.uk

> 에 있으며, 먼저 방문한 분과 만나고 있는 경우, 가능한 시간이 언제인지 혹은 다음 자원봉사자를 만날 수 있는 시간은 언제인지 알려 줄 것입니다.
>
> 누군가는 그저 인간적인 따뜻함과 편안한 대화만을 원할 수도 있습니다. 또 다른 누군가는 힘든 부분들에 대해 좀 더 깊이 있는 대화를 나누고 싶어 할 수도 있습니다. 만남은 자원봉사자의 재량에 따라 20분에서 50분 정도 진행됩니다.
>
> 방문하게 되면 그 시간에 근무하고 있는 자원봉사자 중 누구든 만나 자유롭게 드롭-인 서비스를 이용할 수 있습니다. 또는 특정 자원봉사자를 다시 만나겠다고 선택할 수도 있습니다. 정기적으로 방문하는 경우는 특정 자원봉사자와의 상담을 신청할 수 있으며, 이 경우 회기에 집중하고 전념하겠다는 동의가 필요함을 알려 드립니다.

이 서비스는 말 그대로 '드롭-인'*과 상담 모두를 포함하고 있으며 웹사이트에서 보면 드롭-인에서 상담으로 이어질 수도 있다는 점을 분명히 하고 있다. 내담자들은 드롭-인 서비스를 계속해서 이용하는 것이 허용되며, 그 시간에 근무 중인 상담사를 만나거나 아니면 특정 상담사를 다시 만나겠다고 선택할 수도 있다. 특정 상담

* 드롭-인(drop-in): 지역 내 누구나 이용 가능한 서비스로 일시 보호, 휴식과 음식 제공, 상담 연결 등의 서비스가 제공된다. 제공되는 서비스와 운영 방식은 다양하며 정신건강 드롭-인 센터의 경우, 정신건강상의 증상으로 어려움을 겪는 사람들에게 편안한 환경을 제공한다.-역자 주

사를 다시 만나겠다고 한다면 두 사람은 정기적으로 만나게 되고 이는 상담으로 이어지게 되며, 내담자는 집중하고 전념하겠다는 합의를 통해 공식적으로 인정되는 상담을 '신청'할 수 있다.

홍미로운 점은 사람들이 드롭-인 서비스로 충분하다 생각하는지에 대한 언급이 없으며, 내부적으로 드롭-인 서비스와 상담 모두를 동등하게 평가하고 있고 웹사이트를 통해 이를 외부로도 전달하고자 하는 것 같다.

전반적으로 기관들은 자신들이 중요하게 여기는 것이 무엇이며, 모든 내담자에게 우선적으로 알리고자 하는 것들을 전달하고 있다는 점은 분명한 듯하다. 네 개의 기관들 중 세 개가 단일 워크-인 치료만으로도 충분하다는 점을 다양하게 언급하고 있으며, 네 번째 기관인 카라반만이 이에 대해 언급한 바가 전혀 없다.

단기 이야기 치료에서 착안한 워크–인 회기의 구조 지침

87장에서, 학생들을 위해 새롭게 개발한 '한 번에 한 회기씩' 진행하는 상담 서비스에 활용하고자 만든 SST 회기 구조를 제안하고 살펴보았다. 그 구조를 워크-인 서비스에서 활용할 수도 있지만, 이는 '예약에 의한' 서비스로 워크-인 서비스에는 맞지 않다. 그러나 워크-인 서비스에 대해 다루고 있는 이 시점에 워크-인 서비스에서 활용할 수 있도록 특별히 설계된 회기 구조를 제안하고 살펴보는 것이 중요하다고 생각한다. 이를 위해서 카렌 영(Karen Young, 2018)이 캐나다 온타리오에 있는 워크-인 클리닉에서 활용하기 위해 개발한 회기 구조 지침을 보여 주고자 한다. 카렌 영은 다음과 같이 말하고 있다(2018: 64).

> 이 지침은 상담에서 진심 어린 호기심을 가지고 능숙하게 대응하는 상담사가 유연하고 유동적으로 활용할 수 있도록 되어 있다. 이 지침은 이야기 치료 접근법으로부터 영향을 받았으며, 단기 이야기 치료(Brief Narrative Therapy)로 알려져 있다.

이 지침은 개인 치료사보다는 팀에서 활용하도록 개발되었지만, 개인치료에 초점을 맞춘 이 책의 입장과 카렌 영이 주장한 유연성에 발맞춰 개인 치료사가 한 명의 내담자와 상담을 할 때 이 지침을 어떻게 활용할 수 있는지 보여 주고자 한다.

단기 이야기 치료에서 착안한 워크-인 회기 구조 지침

사전 준비

여기서는 사전 질문지를 작성하도록 내담자에게 요청한다. 이 질문지는 내담자의 동의를 필요로 하고 그들의 강점과 기술, 가치에 초점을 두고 있으며, 답변 내용은 치료사가 회기를 진행하면서 질문할 것들을 생각해 내는 데 도움을 준다.

회기 시작

치료사는 회기의 전체 흐름을 간략하게 설명해 주고, 내담자에게 도움이 될 수 있는 부분과 위험할 수도 있는 부분들에 대해 이야기하며, 기타 기록들에 대해서도 설명한다.

목표 설정

치료사는 내담자와 함께 회기에서 무엇에 초점을 맞출 것인지, 내담자가 회기를 통해 얻고자 하는 것은 무엇인지를 확인한다.

강점 발견

치료사는 내담자에게 자신의 강점, 기술, 능력, 지식, 가치, 해야 할 일과 하고 싶은 일을 탐색하는 데 초점을 맞추도록 권한다. 이는 회기 초반에 질문들을 통해서 할 수 있는데, 예를 들면 "우리가 '그 문제'에 대해 좀 더 이야기를 나누기 전에 문제와는 별개로 당신에 대한 질문을 몇 가지 해도 괜찮을까요? 이 과정이 당신에게 도움이 되는데 당신이 활용할 수 있는 것들을 우리가 함께 찾아보려고요." 라고 물어볼 수 있다. 이때 치료사는 사전 질문지에서 내담자가 답변한 것들 역시 참고할 것이다.

문제 탐색

치료사는 내담자와 함께 내담자의 관점에서 문제를 이해하고, 그렇게 하면서 다른 방식으로도 문제를 바라보고 이해하기 위해 노력한다. 이를 위해 단기 이야기 치료사는 문제와 내담자를 분리해서 이야기하는 외현화(externalizing) 대화법을 사용할 수도 있다. 이때 치료사가 의자 기법에 대해 내담자가 이해하기 쉽도록 소개하고 내담자가 이 기법에 참여하기로 동의한다면, 새로운 관점을 촉진하는 데 도움이 되는 의자 기법을 활용할 수도 있다.

지식, 기술, 가치와 선호의 상세화

치료사는 문제를 다루는 데 있어 내담자가 활용할 수 있는 유익한 자원들의 목록을 작성하기 위해 내담자와 함께 위의 항목들을 탐색해 본다. 특히 내담자가 자신의 문제를 효과적으로 다루기 위해 현재 하고 있는 것에 주목한다.

검토 및 확장

치료사와 내담자는 앞서 나눈 대화에서 무엇이 눈에 띄었는지, 왜 이것이 내담자의 눈에 띄었는지에 대해 함께 논의한다. 지침에 따라 목록이 작성되었다면 이 과정은 동시에 진행된다.

다음 단계 개발

치료사와 내담자는 잠재적으로 도움이 되는 새로운 생각들 또는 도움이 될 수 있는 이해들을 요약하고, 이러한 새로운 생각이나 이해들을 어떻게 활용할지 그리고 어떻게 실천할지를 분명하게 정리한다. 다음 단계를 위한 내담자의 계획에 강조점을 두고 내담자에게서 변화의 이유를 찾아낸다. 내담자와 치료사는 앞으로 나아가기 위한 계획을 함께 만들어 간다.

마무리

치료사와 내담자는 회기 중에 했던 것들을 요약한다. 치료사는 마무리를 하면서 회기 중에 했던 것들이 그들에게 미치는 영향까지 반영하여 보여 준다. 그러고 나서 회기 평가 설문을 완료한 내담자에게 회기 중에 작성한 기록들을 전달한다.

워크-인 치료에 대해 자주 묻는 질문

워크-인 치료는 대부분의 치료사가 심리치료의 이론과 실제에서 중요하게 여겨 온 것들에 많은 도전을 제기한다. 슬라이브와 보벨레(2011c)는 워크-인 치료 수련 과정을 진행할 때마다 질문받은 것들 중 몇 가지를 FAQs로 정리했다. 이 질문들은 워크-인 치료에 대한 임상가들의 편견(뿐만 아니라 오해)들을 보여 주는 것으로, 슬라이브와 보벨레(2011c)의 답변들과 함께 고려해 볼 가치가 있다.

Q: 일부 내담자들은 단일회기 워크-인 서비스를 적용하기에는 너무 심각하고, 만성적인 문제를 가지고 있지 않나요?

A: 만약 그렇다면, 그 내담자는 더 적절한 기관으로 다시 보내야 하겠지요. 한편으로는 그런 문제를 가진 내담자들은 자신이 좀 더 감당할 수 있는 문제에 대한 도움을 구하기도 합니다. 예를 들어, 경계선 성격장애를 가진 내담자가 조만간 있을 구직 면접에 도움을 얻고자 면접 기법에 대한 문제로 단일회기 워크-인에 올 수도 있지요.

Q: 워크-인 치료에서 해 줄 수 없는 것을 바라는 내담자는 없나요?

A: 물론 있습니다. 하지만 회기 중에 치료사는 내담자들이 얻고자 하는 것을 이야기하도록 권장하기 때문에 만일 이런 일이 있다면, 치료사는 그들이 원하는 것을 제공해 주기 어렵다는 것을 명확히 함과 동시에 그런 도움을 받을 수 있는 곳의 정보를 알려 줍니다.

Q: 워크-인 치료에 반복해서 오기를 원하는 내담자에 대해서는 어떻게 생각하시나요?

A: 그 경우는 워크-인 서비스가 제 기능을 하고 있으며, 내담자가 특정 치료사가 아닌 치료 서비스와 관계를 맺고 있다는 증거라고 보는 것이 보편적인 반응입니다.

Q: 위기에 처한 내담자의 경우 워크-인 서비스에서는 어떻게 대응하나요?

A: 워크-인 서비스를 마련할 때 적절한 지역 단체들과 업무 협약을 맺는 것이 중요합니다. 위기 상황인 것처럼 보인다면 이를 평가하고 대처해야 합니다. 실제 위기 상황이라면, 내담자의 강점과 내담자가 활용할 수 있는 자원들까지도 평가하여 지역 단체들과 합의된 안전 대책에 포함합니다.

Q: 워크-인 서비스가 감당할 수 있는 수준보다 더 많은 내담자로 인해 압도될 수도 있지 않나요?

A: 이런 일이 생긴다면, 기관에서는 만남이 필요한 위기 상황의

내담자들을 우선 순위로 분류해야 할 것입니다. 한번도 만나지 못했던 내담자에게 가장 먼저 기회를 주어야 하겠지요. 하지만 이러한 경우는 흔치 않습니다.

Q: 이 접근은 깊이가 없는, 임시방편 아닌가요?

A: 밴드를 붙이는 것은 치료를 촉진하고, 감염의 확산을 예방하지요. 그러고 나서 슬라이브와 보벨레(2011c: 19)는 "맞습니다. 칭찬 감사합니다."라고 답했다.

Q: 워크-인 치료는 주로 저소득층과 소수계층을 위한 것인가요?

A: 슬라이브와 보벨레(2011c: 19)가 언급한 것에 따르면, "워크-인 단일회기가 잘 맞는지 여부는 내담자와 내담자가 처한 상황에 따라 결정됩니다. 워크-인이 더 나은 서비스인가 아닌가의 문제가 아닙니다." 영국에서, 저소득층과 소수계층은 일반적인 정신건강 서비스를 충분히 이용하고 있지 않습니다. 그렇기 때문에 만약에 이러한 계층에서 필요할 때 즉시 도움을 받을 수 있는 장점을 가진 워크-인 서비스를 이용하겠다고 한다면, 비판적으로 볼 것이 아니라 칭찬받아 마땅한 일이겠지요.

PART 8

SST의 다양한 형식

임상 시연

8부에서는 SST의 다양한 형식을 살펴볼 것이다. 먼저, 이 장에서는 임상 시연의 활용에 초점을 맞춘다. 임상 시연은 광범위한 심리치료 수련 워크숍 상황에서 흔히 진행되는 단일회기 치료이다. 이러한 워크숍에서는 치료 이론(예: 인간-중심 치료), 내담자와 함께하는 상담기법(예: 치료에서의 의자 기법 활용), 내담자에게 중요한 사안, 고민이나 문제(예: 약물 남용), 또는 이들의 조합(예: 미루는 습관이 있는 내담자와 의자 기법 활용하기)을 집중적으로 다룬다. 워크숍 지도자는 (대개 파워포인트 프레젠테이션을 활용하면서) 구두로 관련된 내용들을 설명하겠지만 요즘 참석자들은 지도자가 '말로 한 것을 실제로도 할 것'이며, 워크숍 과정 중에 한 번 또는 연속해서 시연을 할 것이라고 기대한다. 임상 시연의 목적은 상담 실제의 좋은 모델을 워크숍 참석자들에게 보여 주고, 관련된 기법들을 배우고 익히도록 (이론을 함께 공부하는) 동료와의 상담 상황에서 직접 시도해 보게 하는 것이다.

워크숍 지도자는 참가자들에게 각각의 기법들을 간단하게 보여 주는 이 자리를 '제한된 시연'이라고 볼 수도 있겠다. 하지만 나는 단일회기 경험과 거의 유사한 임상 시연의 전 과정에 초점을 두려 한다. 즉, 임상 시연 역시 처음과 중간 그리고 끝이 있으며 도움을 원하고 다른 사람들 앞에서 논의하는 것을 꺼리지 않는, 진짜 문제를 가진 '자원한 내담자'를 돕고자 하는 목표가 있다. 나는 치료사 역할을 하는 워크숍 지도자와 내담자 역할을 요청받은 워크숍 참가자가 함께하는 역할-연기 시연은 제외하려 한다. 역할-연기 시연도 가치가 있을 수는 있으나, 이는 진짜가 아니다. 그러므로 실재하는 문제로 도움을 필요로 하는 내담자를 경험하는 SST와는 같지 않다.

워크숍에서 진행하는 '임상 시연'에 관한 문헌은 많지 않다. 바버(Barber, 1990)는 최면치료를 활용하여 시연을 한 것에 대해 자신의 책에 기록한 적이 있으며, 나는 임상 시연 영역에서 내가 해 왔던 것들을 정리해 두었다(Dryden, 2018a; 이 책의 99장 참고). 이러한 시연은 내담자와 함께하는 SST와 유사한 특징들이 있긴 하지만 몇 가지 측면에서 아래와 같이 서로 다르다.

- 이러한 시연의 주된 목적은 워크숍 지도자/치료사가 자신을 지켜보고 있는 참가자들에게 상담에서 하는 치료 방식을 보여 주는 것이다. 그렇기 때문에 이들에게는 내담자와 함께 SST를 하는 치료사들에게는 없는 교육적 역할이 있다. 그렇다 해도 워크숍 치료사에게는 자발적으로 지원한 내담자를 보호해야 할 의무가 있으며, 내담자의 복지를 위한 역할은 그들의 교육적 역할보다 우선한다. 내담자와 함께하는 SST뿐만 아니라 임상 시연에서도 내담자의 안녕이 최우선이다.
- 시연 회기 동안 치료사는 주기적으로 잠시 멈추고, 참가자들에게 자신의 '임상적 판단'을 설명할 것이다. 특히 능숙한 치료사라면 이러한 임상적인 판단과 거기서 비롯된 개입들을 집단

원들에게 설명해 주는 '동시 해설'을 하기도 한다.

- 수련 중인 집단원들/참가자들은 치료사와 내담자 모두에게 질문할 수 있는 질의 응답 시간을 가지게 된다. 이는 일반적인 SST 치료 장면에서는 일어나지 않는다.

내담자와 함께하는 SST와 임상 시연 간의 차이점을 강조했지만, 이 두 가지 모두 치료사와 내담자가 서로를 만나는 유일한 시간일 수도 있다는 점에서 기인하는 집중적인 상담 방식의 힘을 똑같이 지닌다는 사실을 강조하며 마무리하고자 한다.

교육용 영상

1964년, 캘리포니아의 심리학자이자 유명한 치료사인 에버렛 쇼스트롬(Everett Shostrom)은 '글로리아(Gloria)'라는 서른 살의 한 여성과 서로 다른 치료학파의 창시자인 칼 로저스(Carl Rogers, 현재 인간중심치료로 알려진 치료의 창시자), 앨버트 엘리스(Albert Ellis, 현재 합리적 정서행동치료로 알려진 치료의 창시자) 그리고 프리츠 펄스(Fritz Perls, 여전히 게슈탈트 치료로 불리는 치료의 창시자), 이 세 명이 상담하는 영상을 촬영했다. 이 영상은 〈심리치료의 세 가지 접근(Three Approaches to Psychotherapy)〉이라는 제목으로 1965년에 출시되었고, 영상 '글로리아'로 알려지게 되었다.

연이어 출시된 두 개의 시리즈(심리치료의 세 가지 접근 II와 III)와 이후 출시된 많은 영상의 주된 목적은 교육이다. 그것은 치료 접근법을 공부하는 하나의 방법이며, 동시에 그 접근법에서 수준 높은 실력자가 어떻게 진행하는지 볼 수 있는 방법이기도 하다.

교육용 영상이 SST의 특별한 형태라는 사실은 분명하다. 대부분의 사례에서 치료사와 내담자는 이전에 만난 적이 없으며, 아마도 다시 만날 일도 없을 것이다. 교육용 영상이 SST의 예시가 되기는 하지만, 다음과 같은 이유에서 내담자와 함께하는 SST와는 다르다.

- 교육용 영상의 목적은 교육과 치료, 두 갈래로 나뉜다. 이 영

상은 심리치료 분야에 있는 수련생들에게 정보를 제공할 뿐만 아니라, 광범위하게 노출될 수 있는 프로젝트에 참여하겠다고 사전동의를 하고 자원한 내담자에게 치료적 도움을 제공하는 것을 목적으로 한다. 반면, 내담자와 함께하는 SST의 유일한 목적은 치료이다.

- 영상을 보다 보면 대개는 훈련받은 치료사이면서 영상 제작에 일정 부분 역할이 있는 제삼자가 치료사와, 때로는 내담자와 인터뷰하는 장면을 볼 수 있다. 내담자와 함께하는 SST에서는 치료사가 내담자와의 상담 과정에 대해 슈퍼비전에서 상의할 수는 있지만, 이것 역시 비밀이 보장되는 상황에서 이루어진다.
- 1960년대 중반, 영상 '글로리아'가 제작될 당시만 해도 이러한 영상들에 접근할 수 있는 사람들은 전문가인 참가자들(수련을 받았거나 수련 중인 치료사들)로 한정되었다. 지금은 이러한 영상들을 유튜브(YouTube)에서 누구나 볼 수 있으며, 따라서 교육용 영상을 제작하는 것은 공개적인 일인 반면, 내담자와 함께하는 SST는 대부분 사적인 일이다.

내담자가 참여한 교육용 영상에서 진행된 SST의 성과에 대한 연구가 거의 없음에도 불구하고, 우리는 개인의 진술을 통해 그것이 지속적인 효과를 가져올 수 있다는 것을 알 수 있다. '글로리아'의 딸인 파멜라 버리(Pamela Burry, 2008)는 영상 속 내담자였던 어머니의 경험과 그 후에 일어난 일들에 대해 책으로 펴냈다.

영상에서 볼 수 있듯이, 글로리아는 상담 회기에서 로저스와 긍정적인 애착을 형성한다. 다니엘스(2012: 12)는 다음과 같이 말한다.

영상을 촬영하고 몇 달 뒤, 로저스가 개최한 학회에 글로리아가 참석했다는 것은 많이들 알죠. 그리고 글로리아는 로저스의 초대로 그와 그의 아내 헬렌과 함께 점심을 먹게 되었는데, 로저스는 글로리아가 어떻게 지내고 있는지 알고 싶어 했어요. 점심식사가 거의 끝날 무렵, 글로리아는 로저스 부부에게 그들을 자신의 '영적 부모'로 여긴다면 문제가 되는지 물었어요. 로저스와 헬렌은 글로리아의 삶에서 자신들이 그런 자격을 가지게 된다면 기쁘고 영광스러울 거라고 말하며 글로리아의 요청에 찬성했죠. 그 후 15년 동안 글로리아가 사망할 때까지 로저스 부부와 글로리아는 많은 서신을 주고받았어요.

글로리아는 이를 그녀 삶에 긍정적인 영향을 준 경험으로 평가했지만, 다니엘스(2012)는 동의하지 않았다.

버리(2008)는 자신의 책에서 어머니는 만약 선택할 수 있다면 펄스와 치료를 계속하고 싶다는 말*을 했음에도 불구하고, 평생 펄스와의 상담 회기에 대한 부정적인 감정을 참아 왔다고 적었다. 촬영 직후 펄스와 '글로리아' 사이에는 당황스러운 일이 하나 있었다. 나중에 글로리아가 전해 준 이야기는 펄스가 그녀에게 다가와 "그는 나에게 마치 '손바닥을 위로 해서 컵 모양처럼 만들어 보라'는 듯이 손짓을 했어요. 그가 의미하는 것이 무엇인지 정확히 알지는 못했지만, 엉겁결에 요구하는 대로 따랐죠. 그는 내 손 위에 담뱃재를

* 하워드 로젠탈(Howard Rosenthal)은 쇼스트롬이 글로리아를 조종해서 그렇게 말하도록 시켰다고 엘리스가 자신에게 알려 주었다고 말한다(www.psycho-therapy.net/blog/title/the-gloria-films-candid-answers-to-questions-therapists-ask-most 참고).

털었어요. 대수롭지 않다고요? 그럴 수도 있겠네요. 사람을 재떨이로 착각해도 별일이 아니라 한다면요."*

앞에서 볼 수 있듯이 SST는 더 좋을 수도 있고, 더 나쁠 수도 있다!

* 다니엘스(2012: 118)에서 인용

2차 소견

2차 소견(second opinion)은 심리치료 분야보다 의학 분야에서 훨씬 더 흔하게 볼 수 있다. 그러나 치료에서 내담자(및 관련이 있다면 그들의 현재 치료사)가 다음과 같은 상황이라면 다른 견해를 통해 도움을 받을 수도 있다.

- 내담자가 현재 치료사의 치료 접근이 자신에게 맞는지 확신할 수 없을 때
- 내담자가 현재 치료사가 자신에게 맞는지 확신할 수 없을 때
- 치료에 진전이 없으면서, 치료사가 이 상황에서 벗어나기 위해 시도하는 것들이 전혀 도움이 되지 않을 때

2차 소견을 제안해 줄 누군가를 찾는 과정은 내담자가 시작하기도 하고, 치료사의 제안으로 시작되기도 한다. 전자의 경우 이에 대해 내담자의 현재 치료사가 허락을 한다면 가장 좋겠지만, 그렇지 못한 상황에서 내담자가 다른 누군가를 만나고자 한다면, 이는 '2차 소견' 치료사가 결정할 일이다. 후자의 경우, '2차 소견' 치료사('Second Opinion' Therapist: SOT)는 처음부터 내담자가 추천 치료사와의 만남에 동의하는지, 만약 그렇다면 어떤 식의 만남에 내담자가 찬성하는지를 분명히 할 필요가 있다.

단일회기에서 2차 소견이 효과적이라면 다음과 같은 결과들을 얻게 된다.

- 내담자가 현재 만나고 있는 치료사의 치료적 접근에 계속 참여하기를 원하는지 결정할 수 있도록 한다. 만약 계속 참여하길 원한다면 내담자는 현재 치료사에게 다시 돌아가고, 그렇지 않다면 2차 소견 치료사(SOT)는 내담자와 함께 치료에서 얻고자 하는 것이 무엇인지, 이를 얻기 위해 내담자가 최선이라 생각하는 방법은 무엇인지를 명확히 한다. 이를 통해 SOT는 내담자가 가장 잘 참여할 수 있을 것 같은 치료적 접근에 관한 의견을 제시한다.
- 현재 치료사가 내담자와 잘 맞는지 판단할 수 있도록 도와준다. 만약 잘 맞는다면 내담자는 치료사에게 돌아가고, 그렇지 않다면 SOT는 내담자가 생각하는 이상적인 치료사에게 요구되는 자질과 성향을 확인하고 상담에서 이와 같은 자질과 성향을 보이는 사람을 제안한다.
- 내담자가 현재 치료사와의 진전이 없는 치료에서 벗어날 수 있도록 돕는다.

치료의 교착상태에서 빠져나오기: 누가 관여해야 하는가

교착상태에 빠진 지금의 치료에서 내담자가 빠져나오도록 하기 위한 시도로, SOT는 내담자와 현재 치료사를 함께 만날 것인지 또는 분리해서 만날 것인지를 생각해 볼 필요가 있다. 함께 만난다면 우리는 두 명의 치료사가 함께하는 공동치료(conjoint therapy)의 형태로 진행하게 된다. 분리해서 만난다면 두 가지 방식이 가능하다. 한 가지는 SOT가 내담자를 먼저 만난 다음, 현재 치료사에게 피드백을 주는 것이다. 다른 한 가지는 내담자와 처음 연락을 할 때, 자신이 내담자를 만나기 전에 현재 치료사를 먼저 만나서 의견을 나눌 수 있으며, 내담자를 만난 후에 다시 치료사를 만나서 피드백을 할 수 있다고 제안하는 것이다. 현재의 치료사가 관여하는 경우, 나의 경험상 이 만남은 대면보다는 전화로 진행된다.

SOT가 현재의 치료사에게 피드백을 하는 목적은 치료사가 내담자에 대해 그리고 진전이 없는 치료의 원인에 대해 더 깊이 이해할 수 있도록 돕고, 내담자에 대한 치료사의 행동을 수정하도록 하여 지금의 교착상태를 깰 수 있기를 기대하는 것이다.

치료의 교착상태에서 빠져나오기: 예시

나의 동료 치료사 중 한 명이 6개월 정도 만나 온 내담자 사라를 한번 만나 달라고 요청했다. 최근 들어 그들의 치료는 교착상태에 빠졌으며, 우리 셋이 합의한 계획은 내가 2차 소견을 위한 회기를 끝낸 후 지금의 치료사를 만나 피드백을 제공하는 것이었다. 지금의 치료사인 마이크는 내가 사라를 단독으로 만나기를 원했고, 사라도 동의했다.

사라는 전화로 연락을 해 왔다. 진행되고 있는 치료의 현재 상황에 대한 최근 정보를 나에게 알려 준 후에, 치료에서 느꼈던 사라의

'꽉 막힌 답답함'은 더 분명해졌다. 이를 근거로 나는 우리가 함께 할 단일회기 상담에서 사라에게 물어볼 다음의 질문들을 만들었다. 나는 사라를 만나기 전에 이 질문 목록을 그녀에게 보냈고, 우리의 회기를 준비하는 데 이 목록을 활용해 볼 것을 부탁했다. 하지만 사라가 원한다면 이 목록들은 무시하고, 그녀만의 방식으로 2차 소견 회기를 준비해도 좋다고 말했다. 사라는 내가 제안한 질문 목록을 선택했다. 다음은 내가 사라에게 요청한 질문 목록이다.

- 처음 도움을 요청했던 문제는 무엇이었나요?
- 각각의 문제에 어떤 진전이 있었나요?
- 마이크(사라의 지금 치료사)와 함께한 치료에서 가장 도움이 되었던 것은 무엇이었나요?
- 마이크와의 치료에서 가장 도움이 되지 않았던 것은 무엇이었나요?
- 치료에서 꺼내야 했지만 그러지 못했던 주제들이 있나요? 만약 있다면, 그 주제들은 무엇이었나요? 그리고 꺼내지 못한 이유는 무엇인가요?
- 지금 치료에서의 목표는 무엇인가요? 그 목표들은 어떤 진전이 있었나요?
- 마이크와 당신이 서로 다르게 이해하고 있다고 느끼는 영역이 있나요? 그렇다면 그 영역은 무엇인가요?
- 마이크에게 치료에 대한 솔직한 피드백을 어디까지 할 수 있나요?
- 변화를 망설이는 마음도 있나요? 내려놓기가 두렵다고 느껴지

는 문제가 있나요?

- 당신 삶에서 치료에 도움이 되는 사람과 그렇지 않은 사람은 누구인가요?
- 마이크가 저와 만나 볼 것을 제안했을 때, 당신이 맨 처음 보인 반응은 무엇이었나요? 그 반응에 변화가 있나요?

2차 소견을 위해 단 한 번 만나서 진행된 회기에서 나는 사라와 위의 질문들을 다루었고, 사라의 반응을 토대로 마이크에게 전화로 다음과 같이 피드백을 했다.

> 사라는 당신을 좋아하고 함께 있으면 편안함을 느끼며 전반적으로 당신과 좋은 관계를 맺고 있다고 말했어요. 하지만 최근 들어 예전만큼 빠르게 좋아지지 않아서 당신이 자신에게 짜증을 내고 있다고 느끼고 있습니다. 이 때문에 사라는 자신을 괴롭히고 있는 문제가 있지만, 당신이 듣고 싶어 하지 않을 거라고 생각해서 당신과 상의하지 않게 되었습니다. 이는 사라가 무엇이든 말할 수 있었던 사라의 할아버지와 대조적이지요. 제 생각에는 이것이 치료가 교착상태에 빠진 주된 원인인 것 같습니다.

마이크는 최근 사라에게 약간 짜증이 났었다는 것을 인정했고, 이 짜증이 자신의 칭찬을 바라는 사라의 욕구와 관련이 있다는 것을 이제 알게 되었다. 마이크는 이 주제를 슈퍼비전에서 다루기로 결심했다.*

이후 나는 마이크가 이 주제에 대해 자신의 슈퍼바이저와 상의했고 사라에 대한 자신의 행동을 바꾸었으며, 사라는 그 후에 마이크와 이 꽉 막힌 느낌들을 이야기하고 답답함을 느끼게 했던 치료 주제에서 벗어나 다른 주제들도 나눌 수 있겠다고 느꼈음을 알게 되었다.

나는 SOT가 내담자와 (또는 함께 참여한다면 치료사-내담자 한 쌍과) 단 한 번 대면으로 만난다는 점에서 2차 소견을 제공하는 것이 SST의 특별한 형태가 될 수 있다고 본다.**

* 2차 소견은 슈퍼비전이 아니다. SOT의 역할은 피드백을 제공하는 것이지, 치료사와 함께 오랜 시간 사례에 대해 논의하는 것이 아니다. 2차 소견은 내담자가 자신의 치료 과정에 대해 곰곰이 생각해 볼 수 있는 기회를 제공하고, SOT로부터 새로운 관점을 얻는다는 점에서 치료적일 수는 있지만, 이것 역시 내담자와의 치료 회기는 아니다.

** 앞서 살펴본 것처럼 SOT는 현재의 치료사와 이야기를 나눌 수 있는 한 번(피드백을 전달해 주기 위해서) 또는 두 번(간단히 전달받고 이후에 피드백을 주기 위해서)의 기회를 갖는다.

PART 9

SST, 개인적인 노력과 배운 점

098 ‘통합된 단일회기 인지행동치료’

099 ‘초단기 치료적 대화’

100 SST를 실시하면서 내가 배운 점

'통합된 단일회기 인지행동치료'

마지막 9부에서는 단일회기 치료의 진전을 위해 개인적으로 노력했던 것들과 SST를 하면서 알게 된 것들에 초점을 맞추고자 한다. 먼저 내가 개발한 '통합된 단일회기 인지행동치료(Single Session Integrated Cognitive Behavior Therapy)', 즉 SSI-CBT(Dryden, 2016, 2017)라는 이름의 SST 접근법에 대해 살펴볼 것이다. SST에 대한 이 접근은 인지행동치료(CBT)의 제2, 제3의 물결을 기반으로 하고 있지만(Hayes, 2004), 다음에 제시할 내용들처럼 다른 치료 접근 또한 이용하고 있다.

SSI-CBT에 있는 네 번의 접점

SSI-CBT는 개인상담에서 활용하고자 개발한 SST 접근법이지만 다른 상황에서도 사용할 수 있도록 조정이 가능하다. 나는 SSI-CBT에 있는 네 번의 접점을 제시했던 것(Dryden, 2017)을 활용하여 이 접근법을 간략하게 설명해 보겠다.

첫 번째 접점: 최초의 접촉

첫 번째 접점은 전화 또는 이메일로 내게 연락을 해서 SST를 요청하거나 일반적인 문의를 하는 잠재적인 내담자에 의해 만들어진다. 첫 번째 접점에서 나는 최대한 빨리 그 사람과 연락을 하고, SST를 포함해서 내가 제공하는 서비스들을 간략히 설명한다. 그 후에 그들이 SST를 원한다면 그들에게 SST가 적절한가를 먼저 판단하려고 노력한다. 만약 SST가 그들에게 적절하다고 판단이 되면, 나는 비용과 그 비용으로 얻을 수 있는 것 등 실질적인 부분들에 대해 설명하고, 전화를 통한 사전-회기 일정을 정한다.

두 번째 접점: 전화를 통한 사전-회기

전화를 통한 사전-회기는 보통 30분 정도 진행되는 대화로, 이후에 이어질 대면 회기를 준비하고 최대한 활용할 수 있도록 나와 내담자 모두를 도와주기 위해 마련된다. 처음에는 SSI-CBT가 내담자에게 가장 적절한 개입인지를 확인하는 데 목적을 두며, 적절하다고 판단되면, ① 내담자의 문제 및 문제와 관련된 목표, ② 이전의 시도들 가운데 문제 해결에 도움이 되었던 부분들과 도움이 되지 않았던 부분들, ③ 문제를 빨리 해결하고자 하는 내담자의 간절함, ④ 문제 해결에 활용할 수 있는 내담자의 내적 요인들(예: 핵심 가치, 강점, 선호하는 학습 스타일, 내담자가 잘 모르는 역할 모델들), ⑤ 문제-해결을 목적으로 내담자가 활용할 수 있는 외적 자원들(내담자가 잘 아는 역할 모델들, 지원 네트워크, 정보를 얻을 수 있는 외부 소식통) 그리고 ⑥ 사전-회기와 대면 회기를 연결해 주는 과제들을 확인해 나간다.

때론 사전-회기만으로도 내담자에게 충분할 때가 있는데, 그렇다면 SSI-CBT는 종결된다. 이러한 상황은 사전 회기 동안 내담자가 어떻게 문제를 풀어 나갈 수 있을지를 깨닫고, 그렇게 할 수 있겠다는 자신감이 생겼을 때 일어난다.

세 번째 접점: 대면 회기

가장 중요하다 할 수 있는 세 번째 접점은 최대 50분 정도 진행이 되는 대면 회기(가끔은 스카이프나 다른 플랫폼을 활용하기도 한다)이다. 만약 전화를 통한 사전-회기를 진행했다면 나는 내담자가 실천하기로 합의한 과제에서부터 시작하고, 사전-회기가 없었다면 내담자의 문제 및 문제와 관련된 목표에 대한 질문으로 시작할 것이다.

나는 SSI-CBT에서 문제와 관련된 구체적인 상황을 다루고, 내담자가 가진 (내가 역경이라고 표현하는) 바로 그 문제를 확인한다. 그리고 만약 그 역경이 바꿀 수 있는 것이라면 바꾸도록, 또는 바꿀 수 없다면 건설적으로 적응하도록 하여 그 역경에 대해 내담자가 현실적인 목표를 설정할 수 있도록 한다. 나는 여러 접근 중에서 벡(Beck)의 인지 치료나 수용전념치료(ACT)와 같은 CBT의 다양한 접근법의 원리와 실제들을 활용하기는 하지만, 사실 나의 주된 이론적 바탕은 합리적 정서행동치료(REBT)이며, 더불어 작업동맹이론(Bordin, 1979; Dryden, 2006, 2011-52장 참고) 역시 참고하고 있다. 가능하다면 나의 목표는 태도 변화를 기반으로 내담자가 해결책을 만들어 가도록 하는 것이며, 그들이 이 변화를 반영하고 강화할 수 있는 행동들을 선택하도록 하는 것이다. 이를 위해 나는, 내담자가 인지-행동 해결책을 적용하고 변화 과정을 시작하는 데 적절한 상황을 선택하기 전에 그 해결책을 회기 중에 연습해 보도록 하기 위해 노력한다.

내담자의 태도 변화가 불가능하다면, 나는 다른 종류의 변화를 격려하는 편이다(예: 추론의 변화, 행동의 변화 또는 환경의 변화). SST에서의 다양한 변화에 대한 논의는 60장과 61장을 참고하길 바란다.

대면 회기가 끝난 후, 나는 내담자에게, ① 회기를 녹음한 파일(Digital Voice Recording: DVR)을 보내고, 이후에 ② 회기 축어록을 보낸다. 이 자료들은 내담자에게 우리가 이야기했던 것들을 상기시키고 성찰 과정을 촉진한다(85장 참고).

네 번째 접점: 추후 회기

네 번째이자 마지막 접점은 대면 회기 후 약 3개월이 지난 후 전화를 통해 이루어지는 추후 회기이다. 추후 회기의 목적은, ① 성과에 대한 자료(과정 중 내담자가 얻은 긍정적인 것에 대한 평가)와 ② 서비스에 대한 자료(문제 개선을 위해 찾아낸 서비스에 대해 내담자가 어떻게 생각하는지에 관한 정보)를 수집하는 것이다.

SSI-CBT에는 네 번의 접점이 있다고는 하나, 탤먼의 원론적인 정의(1990: xv)에 따르자면 '1년 내에 사전 또는 사후 회기가 없는 치료사와 환자 사이의 단 한 번의 대면 만남'만을 SST로 본다. 그러나 SSI-CBT의 핵심은 전화를 통한 사전 회기, DVR과 축어록 그리고 추후 회기 없이 한 회기로도 진행될 수 있으므로, '단일회기 치료는 한 회기 동안 이루어지는 치료'라는 SST에 대한 론실의 정의(1장 참고)를 충족하고 있다.

'초단기 치료적 대화'

내가 SST 치료사로서 성장하는 데 주요한 영향을 준 것 가운데 하나는 당시에 '금요일 밤의 워크숍'이라고 알려진 앨버트 엘리스(Albert Ellis)의 REBT 시연을 보는 것이었다. 이 시연에서 엘리스는 참가자들 중 정서 문제로 도움을 원하는 자원자 두 명을 상담한다. 엘리스는 한 명의 자원자와 약 30분 동안 상담을 하고, 그 후 엘리스와 그의 '내담자'는 참가자들의 질문에 답을 한다. 엘리스 사후에 앨버트 엘리스 연구소(Albert Ellis Institute)는 이 시연의 이름을 '금요일 밤의 공개 시연(Friday Night Live)'으로 바꿨지만, 앞서 설명한 것과 같이 다양한 치료사가 자원한 내담자들을 상담하는 시연의 구조는 유지했다.

나는 수년간 뉴욕을 방문할 때마다 이 시연에 치료사로 초대받았고, 내가 '초단기 치료적 대화(Very Brief Therapeutic Conversations: VBTCs)'라고 이름 붙인 30분 이내로 진행하는 상담 방식에 관심을 갖게 되었다. 나는 수년에 걸쳐 이 대화를 280회 이상 진행했고, 최근에는 이 대화에 관한 책을 출판했다(Dryden, 2018a).

초단기 치료적 대화에 대한 나의 접근 방식

VBTCs에서 나는 다음의 원칙에 따라 상담한다.

내담자와 치료사가 가져오는 것

나는 VBTCs에서 내가 하는 일은 자원한 내담자가 대화에 가지고 오는 것과 내가 대화에 가지고 가는 것을 하나로 잘 녹여 내는 것이라고 본다.

자원한 내담자는 다음의 것들을 대화에 가지고 온다.

- 문제와 그 문제를 해결하기 위해 과거에 해 온 것들
- 이 대화를 통해 얻고자 하는 것
- 목표를 달성하는 데 도움이 될 수 있는 내적 강점과 자원들
- 문제 해결을 위한 헌신의 정도

나는 대화의 과정에 다음의 것들을 가지고 간다.

- 가능한 한 빨리 내담자를 도와주고자 하는 열정
- 내담자가 문제에 초점을 맞추고 그 문제와 그들의 목표, 가능한 해결책에 초점을 유지할 수 있도록 도와주는 능력
- (REBT에서 착안한 것과 그 외 다른 접근법들을 포함해서) 그들의 문제를 해결할 수 있는 방법에 대한 지식들
- 내담자가 가진 강점과 자원 그리고 이전에 유용했던 전략들을 활용하여 내담자가 선택한 해결책을 적용할 수 있도록 도와주는 기술

• 내담자가 정보를 처리할 수 있는 속도에 맞춰 명확하게 소통하는 능력

합리적 정서행동치료(REBT)의 활용

REBT의 개념들을 활용하여, 나는 자원한 내담자가 다음과 같이 할 수 있도록 돕는다.

• 한 가지 문제를 정하고, 이 문제와 관련된 구체적인 상황을 선택한다.
• 자신의 건강하지 않은 주된 정서(예: 불안, 우울, 죄책감, 수치심, 상처 그리고 문제가 되는 분노, 질투, 시기)와 이 정서에 동반되는 도움이 되지 않는 행동들 그리고 (내가 역경이라고 표현하는) 자신에게 가장 방해가 되는 것을 평가하여 확인한다.
• 자신이 말하는 그 역경이 진실이라고 일단 받아들인다.
• 문제를 유지하는 경직된 태도 및/또는 극단적인 태도를 확인한다.
• 문제, 특히 그 역경과 관련된 목표를 설정한다. 여기에는 위에 나열한 문제가 되는 정서의 건강한 형태 그리고 그와 동반되는 건설적인 행동이 포함된다.
• 태도를 선택할 수 있다는 것을 이해하고, 경직되고 극단적인 태도의 대안이 될 수 있는 유연하고, 극단적이지 않은 태도를 그려 본다.
• 유연하고 극단적이지 않은 태도를 선택한다면, 자신의 목표를 달성할 수 있다는 것을 알아차린다.

- 이 원리들을 준수하여 문제가 되는 역경을 다루기 위한 계획을 세운다. 여기에는 역경에 건설적으로 직면하는 건강한 태도를 연습하는 것을 포함한다.
- 가능하다면 회기 중에 해결책을 연습한다.
- 알게 된 것들 가운데 가장 핵심이 되는 부분을 활용하여 회기가 종료된 후 변화 과정을 시작할 시기와 장소를 정한다.

작업동맹이론의 활용

52장에서 설명한 것처럼 효과적인 SST는 효과적인 작업동맹을 기반으로 한다(Bordin, 1979; Dryden, 2006, 2011; Simon et al., 2012). VBTCs에서 작업동맹을 형성하고 지속하기 위해 나는 가능한 한 빠른 시간 내에 내담자를 돕고자 하는 동시에, 내담자의 속도에 맞추고자 하는 자세를 전달하기 위해 노력한다. 앞서 살펴본 것처럼, 나의 치료는 문제의 핵심이 되는 역경을 사람들이 효과적으로 다룰 수 있도록 하는 데 초점이 맞춰지는 경향이 있다. 하지만 나는 내담자에게 의미가 있을 때 그렇게 하며, 의미가 없다면 내담자가 중요하다고 여기는 것에 기꺼이 초점을 맞춘다.

유연한 태도

위에서 살펴본 것처럼 나의 VBTCs는 유연성에 기반을 둔다. VBTCs에서 초점을 맞춰야 하는 것에 대해서는 내가 선호하는 바가 있을 수도 있고, 이미 말했듯이 내담자와 이를 분명히 다룰 것이다. 그렇지만, 이 주제에 대해서는 내담자의 의견을 우선시하며 그들에게 의미 있는 해결책을 만들어 가도록 기꺼이 돕는다.

다원성의 실천

내담자의 의견을 우선시한다는 것은 다원주의 심리치료의 특징 중 하나이다(Cooper & McLeod, 2011; Cooper & Dryden, 2016). 그 외에도 다원주의 심리치료에는 다음과 같은 특징들이 있다.

- 자원한 내담자의 문제를 개념화하는 데 절대적으로 옳은 단 하나의 방법은 없다. 서로 다른 자원자들에게는 다양한 관점이 유용하다.
- VBTCs를 진행하는 데 절대적으로 옳은 단 하나의 방식은 없다. 서로 다른 자원자들은 여러 가지를 필요로 한다. 그렇기 때문에 나는 폭넓은 SST 운영 방식을 가지고 있어야 한다.
- 자원자들과 결정을 내려야 하는 경우 '둘 중 하나'의 관점보다는 '둘 모두'의 관점을 취하는 것이 중요하다.

SST를 실시하면서 내가 배운 점

SST에 대한 문헌들을 보면, 단일회기 치료를 진행하면서 어렵게 얻은 교훈들을 전달하고자 하는 많은 치료사가 있다(예: Bloom, 1992; Hoyt, 2018; Talmon, 1990). 배울 만한 가치가 있는 이러한 교훈들은 자신만의 방식으로 SST를 실천하는 사람만이 배울 수 있다는 점을 기억해야 한다. 나만의 방식으로 SST를 진행하면서 개인적으로 배운 교훈들을 논의하고자 하는 지금, 이 점을 꼭 명심해 주었으면 한다. 그리하여 이 장에서도 내가 실수했거나 또는 고군분투한 끝에 배운 교훈들만을 포함했다는 것에 유의해 주길 바란다.

서두르지 마라

처음 SST를 시작했을 때, 나는 빨리 진행해야 한다는 압박감을 느꼈다. 당시 나는 SST에서 해야 할 것들이 많은데(이에 대한 오해들은 아래에서 논의할 것이다) 할 수 있는 시간은 충분하지 않다는 생각으로 인해 압박감을 느꼈고, 그래서 서두르고 있었다. 그 결과 내담자를 전혀 효과적으로 도울 수 없었고, 내가 실시한 SST 녹음을 들어 보면서 내가 느꼈던 것이 사실임을 확인했다. 나는 상담 과정 내내 내담자를 재촉하고 있었고, 결과는 형편없었다. 이후 나는 서두르지 않기로 마음먹었고, 자신이 움직일 수 있는 시간을 스스로 만들어 내는 능력으로 유명한 축구선수인 아스널의 미드필더, 메수트 외질(Mesut Özil)을 모델로 삼아 활용했다. 내가 느긋해지자 상담의 효과성은 높아졌다.

내담자의 문제를 정확히 평가하는 시간을 가져라

SST를 한다고 하면서 사실은 내담자를 '재촉하고' 있었을 때, 내가 충분한 시간과 관심을 두지 않은 일 중 한 가지는 내담자의 핵심 문제(target problem)를 정확하게 평가하는 것이었다. 나는 목표 설정을 하기 전에 내담자의 문제를 이해하고, 그 둘을 연결하는 해결책 마련을 중요하게 생각하는 SST 치료사이다(58장 참고). 내담자 문제의 핵심에 놓인 역경이 무엇인지 안다는 것은, 내담자가 적당히 이해한 자신의 문제에 대한 '기성품' 같은 해결책이 아닌, 정확히 이해한 문제에 대한 맞춤형 해결책을 개발하도록 지원한다는 의미에서 특히 중요하다. 내가 SST 공개 시연을 할 때 사람들은 종종 내가 문제 평가에 할애하는 시간에 대해 한마디씩 한다. 하지만 내담자들의 피드백을 보면 문제를 정확하게 확인한다는 점에서 대체로 긍정적이며, 그것이 좋은 문제 해결책을 찾는 데 도움을 주었다고 말한다.

내담자에게 너무 많은 것을 주지 마라

'재촉하기'식의 SST를 하고 있을 당시의 나는, 다루어야 할 것들이 많다고 믿고 있었다. 그 결과 내담자에게 너무 많은 정보를 주거나, 그들과 함께 너무 많은 사안을 다루게 되었다. 초기에 나와 상담했던 내담자들은 회기가 혼란스러운 채로 끝났다는 반응을 보였다. 한 내담자는 회기가 끝날 무렵에 머리가 빙빙 돌고 있다고 말했다. 이런 상황이 벌어지면 사람들은 자신의 문제를 해결하려 하지 않는다. 결과적으로 나는 내담자에게 너무 많은 것을 주면 안 된다는 것을 배웠고, SST에서 정말 자주 언급되듯이 적을수록 더 낫다(10장 참고).

딱 한 가지만

처음 SST를 시작했을 때, 나는 내담자들이 이 과정을 최대한 활용하여 가능한 한 많은 것을 가져갈 수 있게 하고픈 마음을 강하게 느꼈다. 나는 이것을 '유태인 엄마' 증후군이라고 부른다. 예를 들어, 나의 어머니는 내가 집에 갔을 때, 내 앞에 놓인 모든 것과 '나중을 위해' 더 많은 음식까지 다 먹은 후 돌아가야만 행복해하셨다. 과식보다는 잘 소화된 식사가 더 영양가 높은 식사인 것과 마찬가지로, 나는 한 가지 중요한 치료적 요소, 원칙 또는 방법을 소화하고, SST 과정을 떠난 내담자들이 무수히 많은 그런 요소들과 원칙 그리고/또는 방법들로 무장했지만, 그중 어느 하나도 소화하지 못한 내담자들보다 과정에서 더 많은 것을 얻는다는 점을 알게 되었다. 그 이후로 지금까지 나는 SST 내담자들이 자신들을 변화시킬 수 있는 '단 한 가지'만 가지고 과정을 떠나게 하는 것을 배웠고(Keller & Papasan, 2012), 필요 이상의 많은 것을 내담자에게 던지는 일을 멈추었다.

내담자가 적극적으로 과정을 다루게 하라

내담자가 단일회기를 최대한 활용하려면, 치료사와 이야기하는 것들을 적극적으로 다루는 것이 중요하다. 처음에 나는 회기에서 다루어야만 한다고 믿었던 것들을 너무 중요하게 생각한 나머지, 우리가 이야기하는 것들을 내담자가 적극적으로 다루고 있는지 확인하지 못하였다. 그리고 (앞에서 살펴봤듯이) 내가 받은 피드백을 보면 우리가 이야기하는 것들을 내담자가 제대로 다루지 못했음이 분명했다. 이 사실을 알아차렸을 때 나는 내담자가 적극적으로 과정을 다루고 유지하는 것을 확인할 수 있도록 적절히 조율했다. 이를테면 주기적으로 우리가 순조롭게 나아가고 있는지 그리고 내 말을 이해하고 있는지를 내담자에게 확인한다. 또한 다루고 있는 주제들에 대해 내담자들이 정서적으로 압도당하지 않으면서 접촉할 수 있도록 하기 위해 노력한다. 이때는 문제-해결을 용이하게 해 주는 인지-정서 처리 수준에 맞추는 것이 도움이 된다.

내담자가 회기를 준비하고 성찰하도록 권하라

오늘날 현대 기술 시대에 사람들은 쉽게 산만해진다. 사람들은 끊임없이 휴대전화를 확인하고 습관처럼 친구들과 문자나 왓츠앱을 하고, 아이패드와 컴퓨터로 인터넷 서핑을 하며 다양한 기기로 음악을 듣곤 한다. 나는 내담자들이 단일회기에 참여하는 경우, 회기 초반에는 내가 원하는 만큼 우리가 하는 것들에 집중하지 않는다는 것을 알았다. 귀중한 시간이 내담자들을 집중하게 하는 데 쓰였다. 그 결과 나는 이제 내담자들에게 회기 시작 30분 전에 모든 기기를 끄고 회기를 준비할 수 있는 곳으로 가라고 부탁한다. 또한 회기가 끝나고 나면 그들에게 혼자 있을 수 있는 곳으로 가서 30분 정도 방금 했던 회기를 돌아보라고 권한다. 나는 내담자에게 이렇게 돌아보는 시간 동안 회기에서 무엇을 배웠고, 배운 것을 어떻게 적용할 수 있을지 생각해 보라고 제안한다. 그러고 나서 그들은 각자의 기기들을 다시 켤 수 있다.

추가 상담을 예약하기 전에 배운 것을 소화하고 적용해 보도록 권하라

1장에서 살펴보았듯이 SST의 정의 중 한 가지는, 아마도 내담자들이 참여할 유일한 회기일지도 모를 첫 회기를 내담자가 최대한 활용할 수 있도록 돕는 상담 방식이라는 것이다. 나는 회기가 끝난 후 내담자에게 추가 치료가 필요한지 아닌지에 대한 주제를 다루는 다양한 실험을 했었다. 이 경험을 바탕으로 나는 내담자에게, ① 회기와 회기에서 얻은 것을 소화하고, ② 이렇게 배운 것 또는 회기에서 선택한 해결책을 회기 밖에서 적용해 보는 시간을 가져 보도록 제안한다. 나는 이렇게 장기간 심사숙고하고 적용해 보는 과정에 도움을 주고자 내담자에게 음성녹음 파일 및/또는 회기 축어록을 받을 수 있는 선택권을 준다(85장 참고).

에필로그

SST의 전망-주요 인사와의 인터뷰

수십 년에 걸쳐 SST 사례가 보고된 연구들이 있음에도, 탤먼(1990)이 저술한 획기적인 책은 SST의 발전과 미래 계획에 참고하기 좋은 핵심들을 보여 준다. SST의 발전에 대해서는 이미 2장에서 살펴보았고, 여기 에필로그에서는 그 미래를 다루어 보고자 한다. 이를 위해 나는 SST 분야의 주요 인사인 이스라엘의 모세 탤먼(Moshe Talmon), 미국의 마이클 호이트(Michael Hoyt), 호주의 제프 영(Jeff Young)* 세 명을 인터뷰했다. 나는 그들에게 세 가지 질문을 했다.

- SST 미래에 대해 당신은 어떻게 예상하나요?(당신 생각에 SST가 어떻게 될 것 같나요?)
- SST 미래에 대해 당신이 바라는 것은 무엇인가요?
- SST 미래에 대해 당신이 우려하는 것은 무엇인가요?

* 인터뷰에 응해 주고, 인터뷰 내용을 검토함에 자신들의 시간을 너그러이 선물해 준 마이클 호이트, 모세 탤먼 그리고 제프 영에게 감사를 표한다.

에필로그에서는 탤먼과 호이트, 영의 답변을 활용하여 SST의 미래를 전망해 본다.

SST 미래에 대한 예견

모셰 탤먼은 "예측은 바보들을 위한 것"이라는 유명한 문구를 인용하며, 예측에 대한 질문에는 답변하지 않기로 했다.* 반면에 마이클 호이트와 제프 영은—물론 둘 다 바보는 아니지만—이 질문에 대해 답을 했다. 호이트는 더 많은 치료사가 SST를 실천할 것이며, 특히 워크-인 상황에서 그럴 것이라고 예측했다. 또한 그는 단일회기 치료 과정에 대한 연구뿐만 아니라 SST의 비용-효율성에 대한 연구 역시 더 많아질 것이라고 확신했다. 마지막으로 그는 SST 실시의 증가와 더불어 이에 대한 저서와 수련 과정 역시 증가할 것이라고 예측했다.

영은 SST가 두 가지 방향 중 하나로 나아가지 않겠냐고 제안했다. 긍정적인 관점에서는 SST의 연구, 수련 그리고 적용 분야에서의 국제적인 협력을 기반으로 하여 전 세계의 의료 서비스가 임상적으로 그리고 체계적으로 전달되는 방식에 한층 더 영향력을 가지게 될 것으로 보았다. 그는 여기에 두 종류의 거대한 동력이 있을

* 실제 인용 문구는 영화계의 거장 사무엘 골드윈(Samuel Goldwyn)이 말한 "오직 어리석은 사람만이 예측을 할 것이다. 특히 미래에 대해서"이다. 호이트 역시 만일에 벌어질 수 있는 상황들에 대비하는 듯 앞으로의 일을 얼마나 정확하게 예견할 수 있을지에 대해서는 조심스럽게 표현하면서, 미국 작가 마크 트웨인(Mark Twain)이 "나는 예측하는 것을 좋아하지 않는다. 특히 미래에 대해서는"이라고 한 말을 인용했다.

것이라고 생각했다. 첫째, 실무자들은 자신들이 지향하는 바 안에서 SST를 실행할 수 있으며, SST가 특정 치료 이론(approach)과 밀접하게 연결된 것이 아님을 알게 되는 것이다. SST를 하나의 이론이라기보다는 내담자와의 만남에 대한 연구를 기반으로 한 마음가짐으로 볼수록 이 같은 현상은 점점 더 많아질 것이다. 내담자가 원하는 것 그리고 SST 실무자들이 제공하는 것 간의 높은 일치도로 인한 SST 내담자들의 일관되게 높은 수준의 만족도(Hymmen et al., 2013)는 SST의 수용을 더욱 촉진할 것이다. 둘째, 이러한 발전에는 경제적인 동력이 있을 것이다. 인구는 고령화되고 의료 예산은 감소하는 상황에서 만약 치료 요구에 신속하고 쉽게 접근하면서도 내담자가 주도하는 대응 방식을 제공하는 데 예산이 투자되고, 이러한 만남들 중 많은 수가 단일회기이며 대부분의 내담자가 이 같은 만남에 만족하는 것이 사실이라면, 그 투자는 매우 잘 이루어진 것으로 보일 것이다. 특히 이러한 시기적절한 대응이 건강 관련 예산 중 다른 영역의 비용을 절감하기까지 한다면 더 많은 투자로 이어지게 될 것이다. 필요한 경우에도 추가적인 도움을 허락하지 않는다는 의미가 아닌 이상, SST와 워크-인 상담의 성공적인 미래는 예견된 것이다.

한편, 영은 가능성이 조금 낮기는 하지만 향후에 SST가 전반적인 마음가짐이 아닌 특정 접근법으로 보일 수도 있다고 말했다. 그 결과 SST에 대해 초반에 열광적이었던 사람들이 점점 떨어져 나가면서 서서히 사라지는 유행이 되고, 아주 소수의 집단에서만 행해질 수도 있다. 그러면서 사람들은 치료와 서비스 제공에 대해 더 오래되고 전통적인 사고 방식으로 돌아갈 것이다.

SST의 미래에 대해 바라는 것

텔먼은 SST가 다양한 환경에서, (Hoyt와 Young과 마찬가지로) 치료에 대한 여러 접근과 함께 모든 서비스에 통합되기를 희망했다. 또한 그는 물론 근거-기반으로 진행되어야 하지만, SST가 치료 계획에만 따르기보다는 각 내담자에게 개별적으로 맞춰지기를 바랐다. 마지막으로 그는 SST가 바로 연결이 가능하고 빨리 도움을 구하도록 사람들에게 권할 수 있는 '(인공지능과 소셜미디어와 같은) 첨단 시스템' 안에서 활용되면서도 SST가 가진 인간적인 매력은 잃지 않기를 희망했다.

호이트의 바람은 특히 정기적으로 치료를 받을 여유가 없는 사람들을 위한 SST의 보편적인 이용 가능성에 초점을 두었다. 더 나아가 그는 SST를 제공하는 데 있어 미묘한 문화적 차이에 좀 더 관심을 기울이고, SST가 사람들의 능력을 향상하는 것에 좀 더 주안점을 두는 강점-기반 치료의 최근 동향들을 활용할 수 있기를 희망했다.

영은 위에서 간략히 설명했던 자신의 긍정적인 예견이 현실화되어 보건의료 산업이 효율적이며 협력적이고 소비자가 주도하는, 투명한 서비스 전달을 바라는 지역사회의 기대에 부응하는 데 힘을 보탤 수 있기를 희망했다.

SST의 미래에 대해 우려하는 것

인터뷰에 참여한 모두는 정부기관과 보험회사에서 SST와 워크-

인 치료의 효과성에 대한 자료를 사람들의 추가적인 서비스에 대한 필요를 무시하고 한 번의 회기로 제한하는 데 활용할 수 있다는 우려를 표했다. 이와 관련해서 탤먼은 SST에 대한 양적, 질적 연구로부터 이렇게 '모두에게 맞는 하나의 크기'를 추론한다는 것은 "인간의 투쟁과 인간의 고통을 편협하고 시시한 것"으로 만들 것이라고 걱정했다.

호이트는 영이 말한, (앞에서 서술했던) 가능성이 조금 낮은 미래에 대한 견해에 공감하면서 특정 SST 접근이 특정 문제에 특히 도움이 될 수 있다는 연구가 보여 주듯이 그럴 가능성도 있다고는 보지만, SST가 전반적인 마음가짐이 아니라 단지 특정 접근 방식이 되어 버리는 것을 염려했다. 또한 그는 단 한 번의 방문으로 모든 문제를 해결할 수 있다는 비현실적인 기대를 가진 사람들에 대한 우려도 표했다.

영 역시, 그가 가장 걱정하는 것 중 한 가지는 SST 패러다임이 문자 그대로 '단일회기 치료'를 하는 것으로 잘못 해석되어, 단일회기 서비스의 목표나 단일회기 치료사의 목표가 한 회기 내의 치료라고 생각되는 것이라고 했다. 만약 이런 일이 일어난다면 내담자와 치료사 모두 지나친 압박을 받을 것이며, 폭넓은 서비스 제공에 포함되어 있는 SST의 가능성과 그 위치를 박탈당하게 될 것이다.

참고문헌

Appelbaum, S. A. (1975). Parkinson's Law in psychotherapy. *International Journal of Psychoanalytic Psychotherapy*, *4*, 426–436.

Barber, J. (1990). Miracle cures? Therapeutic consequences of clinical demonstrations. In J. K. Zeig & S. G. Gilligan (Eds.), *Brief Therapy: Myths, Methods and Metaphors* (pp. 437–442). New York: Brunner-Mazel.

Baumeister, R. F., & Bushman, B. (2017). *Social Psychology and Human Nature*. Boston, MA: Cengage Learning.

Bennett-Levy, J., Butler, G., Fennell, M., Hackman, A., Mueller, M., & Westbrook, D. (Eds.). (2014). *Oxford Guide to Behavioural Experiments in Cognitive Therapy*. Oxford: Oxford University Press.

Bloom, B. L. (1981). Focused single-session therapy: Initial development and evaluation. In S. Budman (Ed.), *Forms of Brief Therapy* (pp. 167–216). New York: Guilford Press.

Bloom, B. L. (1992). *Planned Short-Term Psychotherapy: A Clinical Handbook*. Boston, MA: Allyn and Bacon.

Bordin, E. S. (1979). The generalizability of the psychoanalytic concept of the working alliance. *Psychotherapy: Theory, Research and Practice*, *16*, 252–260.

Burry, P. (2008). *Living with the 'Gloria Films': A Daughter's Memory*.

Ross-on-Wye, Herefordshire: PCCS Books.

Colman, A. (2015). *Oxford Dictionary of Psychology*. 4th edn. Oxford: Oxford University Press.

Cooper, M., & Dryden, W. (Eds.). (2016). *The Handbook of Pluralistic Counselling and Psychotherapy*. London: Sage.

Cooper, M., & McLeod, J. (2011). *Pluralistic Counselling and Psychotherapy*. London: Sage.

Cooper, S., & Ariane (2018). Co-crafting take-home documents at the walk-in. In M. F. Hoyt, M. Bobele, A. Slive, J. Young, & M. Talmon (Eds.), *Single-Session Therapy by Walk-In or Appointment: Administrative, Clinical, and Supervisory Aspects of One-at-a-Time Services* (pp. 260-269). New York: Routledge.

Cummings, N. A. (1990). Brief intermittent psychotherapy through the life cycle. In J. K. Zeig & S. G. Gilligan (Eds.), *Brief Therapy: Myths, Methods and Metaphors* (pp. 169-194). New York: Brunner/Mazel.

Cummings, N. A., & Sayama, M. (1995). *Focused Psychotherapy: A Casebook of Brief Intermittent Therapy Through the Life Cycle*. New York: Brunner/Mazel.

Daniels, D. (2012). *Gloria Decoded: An Application of Robert Langs' Communicative Approach to Psychotherapy*. Other Thesis, Middlesex University. Available from Middlesex University's Research Repository at http://eprints.mdx.ac.uk/9787/.

Davis III, T. E., Ollendick, T. H., & Öst, L.-G. (Eds.). (2012). *Intensive One-Session Treatment of Specific Phobias*. New York: Springer.

de Shazer, S. (1985). *Keys to Solution in Brief Therapy*. New York: Norton.

de Shazer, S. (1988). *Clues: Investigating Solutions in Brief Therapy*. New

York: Norton.

de Shazer, S. (1991). *Putting Difference to Work.* New York: Norton.

Doran, G. T. (1981). There's a S.M.A.R.T. way to write management's goals and objectives. *Management Review, 70*(11), 35-36.

Dryden, W. (1985). Challenging but not overwhelming: A compromise in negotiating homework assignments. *British Journal of Cognitive Psychotherapy, 3*(1), 77-80.

Dryden, W. (1991). *A Dialogue with Arnold Lazarus: 'It Depends'.* Milton Keynes: Open University Press.

Dryden, W. (2006). *Counselling in a Nutshell.* London: Sage.

Dryden, W. (2011). *Counselling in a Nutshell.* 2nd edn. London: Sage.

Dryden, W. (2015). *Rational Emotive Behaviour Therapy: Distinctive Features.* 2nd edn. Hove, East Sussex: Routledge.

Dryden, W. (2016). *When Time Is At a Premium: Cognitive-Behavioural Approaches to Single-Session Therapy and Very Brief Coaching.* London: Rationality Publications.

Dryden, W. (2017). *Single-Session Integrated CBT (SSI-CBT): Distinctive Features.* Abingdon, Oxon: Routledge.

Dryden, W. (2018a). *Very Brief Therapeutic Conversations.* Abingdon, Oxon: Routledge.

Dryden, W. (2018b). *Cognitive-Emotive-Behavioural Coaching: A Flexible and Pluralistic Approach.* Abingdon, Oxon: Routledge.

Ellis, A. (1977). Fun as psychotherapy, *Rational Living, 12*(1), 2-6.

Ellis, A., & Joffe, D. (2002). A study of volunteer clients who experienced live sessions of rational emotive behavior therapy in front of a public audience. *Journal of Rational-Emotive & Cognitive-Behavior Therapy, 20,* 151-158.

Fay, A. (1978). *Making Things Better by Making Them Worse.* New York: Hawthorn.

Flaxman, P. E., Blackledge, J. T., & Bond, F. W. (2011). *Acceptance and Commitment Therapy: Distinctive Features.* Hove, East Sussex: Routledge.

Foreman, D. M. (1990). The ethical use of paradoxical interventions in psychotherapy. *Journal of Medical Ethics, 16,* 200-205.

Frank, J. D. (1961). *Persuasion and Healing: A Comprehensive Study of Psychotherapy.* Baltimore, MD: The Johns Hopkins Press.

Frank, J. D. (1968). The influence of patients' and therapists' expectations on the outcome of psychotherapy. *British Journal of Medical Psychology, 41,* 349-356.

Freud, S., & Breuer, J. (1895). Studien Über Hysterie. Leipzig and Vienna: Deuticke.

Goldfried, M. R. (1988). Application of rational restructuring to anxiety disorders. *The Counseling Psychologist, 16,* 50-68.

Goulding, M. M., & Goulding, R. L. (1979). *Changing Lives through Redecision Therapy.* New York: Grove Press.

Haley, J. (1989). *The First Therapy Session: How to Interview Clients and Identify Problems Successfully* (audiotape). San Francisco: Jossey-Bass.

Hauck, P. A. (2001). When reason is not enough. *Journal of Rational-Emotive & Cognitive-Behavior Therapy, 19,* 245-257.

Hayes, A. M., Laurenceau, J.-P., Feldman, G., Strauss, J. L., & Cardaciotto, L. (2007). Change is not always linear: The study of nonlinear and discontinuous patterns of change in psychotherapy. *Clinical Psychology, Review, 27,* 715-723.

Hayes, S. C. (2004). Acceptance and commitment therapy: Relational frame theory, and the third wave of behavioural and cognitive therapies. *Behavior Therapy, 35,* 639-665.

Hoyt, M. F. (2011). Foreword. In A. Slive & M. Bobele (Eds.), *When One Hour is All You Have: Effective Therapy for Walk-in Clients* (pp. xix-xv). Phoenix, AZ: Zeig, Tucker, & Theisen.

Hoyt, M. F. (2018). Single-session therapy: Stories, structures, themes, cautions, and prospects. In M. F. Hoyt, M. Bobele, A. Slive, J. Young, & M. Talmon (Eds.), *Single-Session Therapy by Walk-In or Appointment: Administrative, Clinical, and Supervisory Aspects of One-at-a-Time Services* (pp. 155-174). New York: Routledge.

Hoyt, M. F., Bobele, M., Slive, A., Young, J., & Talmon, M. (Eds.). (2018a). *Single-Session Therapy by Walk-In or Appointment: Administrative, Clinical, and Supervisory Aspects of One-at-a-Time Services.* New York: Routledge.

Hoyt, M. F., Bobele, M., Slive, A., Young, J., & Talmon, M. (2018b). Introduction: One-at-a-time/single-session walk-in therapy. In M. F. Hoyt, M. Bobele, A. Slive, J. Young, & M. Talmon (Eds.), *Single-Session Therapy by Walk-In or Appointment: Administrative, Clinical, and Supervisory Aspects of One-at-a-Time Services* (pp. 3-24). New York: Routledge.

Hoyt, M. F., Rosenbaum, R., & Talmon, M. (1990). Effective single-session therapy: Step-by-step guidelines. In M. Talmon, *Single Session Therapy: Maximising the Effect of the First (and Often Only) Therapeutic Encounter* (pp. 34-56). San Francisco: Jossey-Bass.

Hoyt, M. F., Rosenbaum, R., & Talmon, M. (1992). Planned single-session psychotherapy. In S. H. Budman, M. F. Hoyt, & S. Friedman

(Eds.), *The First Session in Brief Therapy* (pp. 59-86). New York: Guilford Press.

Hoyt, M. F., & Talmon, M. (Eds.). (2014a). *Capturing the Moment: Single Session Therapy and Walk-in Services*. Bethel, CT: Crown House Publishing Ltd.

Hoyt, M. F., & Talmon, M. F. (2014b). What the literature says: An annotated bibliography. In M. F. Hoyt & M. Talmon (Eds.), *Capturing the Moment: Single Session Therapy and Walk- In Services* (pp. 487-516). Bethel, CT: Crown House Publishing.

Hymmen, P., Stalker, C. A., & Cait, C.-A. (2013). The case for single-session therapy: Does the empirical evidence support the increased prevalence of this service delivery model? *Journal of Mental Health, 22*(1), 60-67.

Irving, G., Neves, A. L., Dambha-Miller, H., et al. (2017). International variations in primary care physician consultation time: A systematic review of 67 countries. *BMJ Open, 7,* e017902. doi: 10.1136/bmjopen-2017-017902.

Iveson, C. (2002). Solution-focused brief therapy. *Advances in Psychiatric Treatment, 8,* 149-157.

Iveson, C., George, E., & Ratner, H. (2014). Love is all around: A single session solution-focused therapy. In M. F. Hoyt & M. Talmon (Eds.), *Capturing the Moment: Single Session Therapy and Walk-In Services* (pp. 325-348). Bethel, CT: Crown House Publishing.

Jacobson, N. S., Follette, W. C., & Revenstorf, D. (1984). Psychotherapy outcome research: Methods for reporting variability and evaluating clinical significance. *Behavior Therapy, 15,* 336-352.

Jones-Smith, E. (2014). *Strengths-Based Therapy: Connecting Theory,*

Practice and Skills. Thousand Oaks, CA: Sage Publications.

Kazantzis, N., Whittington, C., & Dattilio, F. (2010). Metaanalysis of homework effects in cognitive and behavioral therapy: A replication and extension. *Clinical Psychology: Science and Practice, 17,* 144-156.

Keller, G., & Papasan, J. (2012). *The One Thing: The Surprisingly Simple Truth Behind Extraordinary Results*. Austin, TX: Bard Press.

Kellogg, S. H. (2007). Transformational chairwork: Five ways of using therapeutic dialogues. *NYSPA Notebook, 19*(4), 8-9.

Kellogg, S. (2015). *Transformational Chairwork: Using Psychotherapeutic Dialogues in Clinical Practice*. Lanham, MD: Rowman & Littlefield.

Kopp, S. (1972). *If You Meet the Buddha on the Road, Kill Him: The Pilgrimage of Psychotherapy Patients*. Palo Alto, CA: Science and Behavior Books.

Kuehn, J. L. (1965). Encounter at Leyden: Gustav Mahler consults Sigmund Freud. *Psychoanalytic Review, 52,* 345-364.

Lambert, M. J. (2013). The efficacy and effectiveness of psychotherapy. In M. J. Lambert (Ed.), *Bergin and Garfield's Handbook of Psychotherapy and Behavior Change*. 6th edn (pp. 169-218). New York: Wiley.

Lazarus, A. A. (1981). *The Practice of Multimodal Therapy*. New York: McGraw-Hill.

Lazarus, A. A. (1993). Tailoring the therapeutic relationship, or being an authentic chameleon. *Psychotherapy: Theory, Research, Practice, Training, 30,* 404-407.

Lemma, A. (2000). *Humour on the Couch: Exploring Humour in Psychotherapy and in Everyday Life*. London: Whurr.

Leyro, T. M., Zvolensky, M. J., & Bernstein, A. (2010). Distress tolerance and psychopathological symptoms and disorders: A review of the empirical literature among adults. *Psychological Bulletin, 136,* 576-600.

Malan, D. H., Bacal, H. A., Heath, E. S., & Balfour, F. H. G. (1968). A study of psychodynamic changes in untreated neurotic patients. I. Improvements that are questionable on dynamic criteria. *British Journal of Psychiatry,* 114, 525-551.

Malan, D. H., Heath, E. S., Bacal, H. A., & Balfour, F. H. G. (1975). Psychodynamic changes in untreated neurotic patients: II. Apparently genuine improvements. *Archives of General Psychiatry, 32,* 110-126.

Miller, W. R., & C'de Baca, J. (2001). *Quantum Change: When Epiphanies and Sudden Insights Transform Ordinary Lives.* New York: Guilford.

Minuchin, S., & Fishman, H. C. (1981). *Family Therapy Techniques.* Cambridge, MA: Harvard University Press.

Murphy, J. J., & Sparks, J. A. (2018). *Strengths-Based Therapy: Distinctive Features.* Abingdon, Oxon: Routledge.

National Trust. (2017). *Places that Make Us: Research Report.* Swindon, Wiltshire: National Trust. www.nationaltrust.org.uk/documents/places-that-make-us-researchreport.pdf.

O'Hanlon, W. H. (1999). *Do One Thing Different: And Other Uncommonly Sensible Solutions to Life's Persistent Problems.* New York: William Morrow.

O'Hanlon, W. H., & Hexum, A. L. (1990). *An Uncommon Casebook: The Complete Clinical Work of Milton H. Erickson M.D.* New York: Norton.

Paul, K. E., & van Ommeren, P. (2013). A primer on single session therapy and its potential application in humanitarian situations. *Intervention, 11*(1), 8-23.

Quick, E. R. (2012). *Core Competencies in the Solution-Focused and Strategic Therapies: Becoming a Highly Competent Solution-Focused and Strategic Therapist.* New York: Taylor & Francis.

Ratner, H., George, E., & Iveson, C. (2012). *Solution Focused Brief Therapy: 100 Key Points and Techniques.* Hove, East Sussex: Routledge.

Reinecke, A., Waldenmaier, L., Cooper, M. J., & Harmer, C. J. (2013). Changes in automatic threat processing precede and predict clinical changes with exposure-based cognitive-behavior therapy for panic disorder. *Biological Psychiatry, 73,* 1064-1070.

Rescher, N. (1993). *Pluralism: Against the Demand for Consensus.* Oxford: Oxford University Press.

Rogers, C. R. (1951). *Client-Centered Therapy.* London: Constable.

Rosenbaum, R., Hoyt, M. F., & Talmon, M. (1990). The challenge of single-session therapies: Creating pivotal moments. In R. A. Wells & V. J. Giannetti (Eds.), *Handbook of the Brief Psychotherapies* (pp. 165-189). New York: Plenum Press.

Rosenthal, R., & Jacobson, L. (1968). *Pygmalion in the Classroom: Teacher Expectation and Pupils' Intellectual Development.* New York: Holt, Rinehart & Winston.

Rubin, Z. (1973). *Liking and Loving: An Invitation to Social Psychology.* New York: Holt, Rinehart & Winston.

Scamardo, M., Bobele, M., & Biever, J. L. (2004). A new perspective on client dropouts. *Journal of Systemic Therapies, 23*(2), 27-38.

Sharoff, K. (2002). *Cognitive Coping Therapy.* New York: Brunner-

Mazel.

Simon, G. E., Imel, Z. E., Ludman, E. J., & Steinfeld, B. J. (2012). Is dropout after a first psychotherapy visit always a bad outcome? *Psychiatric Services, 63*(7), 705-707.

Slive, A., & Bobele, M. (Eds). (2011a). *When One Hour is All You Have: Effective Therapy for Walk-in Clients*. Phoenix, AZ: Zeig, Tucker & Theisen.

Slive, A., & Bobele, M. (2011b). Walking in: An aspect of everyday living. In A. Slive & M. Bobele (Eds.), *When One Hour is All You Have: Effective Therapy for Walk-in Clients* (pp. 11-22). Phoenix, AZ: Zeig, Tucker, & Theisen.

Slive, A., & Bobele, M. (2011c). Making a difference in fifty minutes: A framework for walk-in counselling. In A. Slive & M. Bobele (Eds.), *When One Hour is All You Have: Effective Therapy for Walk-in Clients* (pp. 37-63). Phoenix, AZ: Zeig, Tucker, & Theisen.

Slive, A., & Bobele, M. (2014). Walk-in single session therapy: Accessible mental health services. In M. F. Hoyt & M. Talmon (Eds.), *Capturing the Moment: Single Session Therapy and Walk-in Services* (pp. 73-94). Bethel, CT: Crown House Publishing.

Slive, A., & Bobele, M. (2018). The three top reasons why walk-in single sessions make perfect sense. In M. F. Hoyt, M. Bobele, A. Slive, J. Young, & M. Talmon (Eds.), *Single-Session Therapy by Walk-In or Appointment: Administrative, Clinical, and Supervisory Aspects of One-at-a Time Services* (pp. 27-39). New York: Routledge.

Slive, A., McElheran, N., & Lawson, A. (2008). How brief does it get? Walk-in single session therapy. *Journal of Systemic Therapies, 27*, 5-22.

Steenbarger, B. N. (2003). *The Psychology of Trading: Tools and Techniques for Minding the Markets*. Hoboken, NJ: John Wiley & Sons.

Swaminath, G. (2006). Joke's a part: In defence of humour. *Indian Journal of Psychiatry, 48*(3), 177-180.

Talmon, M. (1990). *Single Session Therapy: Maximising the Effect of the First (and Often Only) Therapeutic Encounter*. San Francisco: Jossey-Bass.

Talmon, M. (1993). *Single Session Solutions: A Guide to Practical, Effective and Affordable Therapy*. New York: Addison-Wesley.

Talmon, M. (2018). The eternal now: On becoming and being a single-session therapist. In M. F. Hoyt, M. Bobele, A. Slive, J. Young, & M. Talmon (Eds.), *Single-Session Therapy by Walk-In or Appointment: Administrative, Clinical, and Supervisory Aspects of One-at-a-Time Services* (pp. 149-154). New York: Routledge.

Talmon, M., & Hoyt, M. F. (2014). Moments are forever: SST and walk-in services now and in the future. In M. F. Hoyt & M. Talmon (Eds.), *Capturing the Moment: Single Session Therapy and Walk-in Services* (pp. 463-486). Bethel, CT: Crown House Publishing.

Weakland, J. H., Fisch, R., Watzlawick, P., & Bodin, A. M. (1974). Brief therapy: Focused problem resolution. *Family Process, 13*, 141-168.

Weir, S., Wills, M., Young, J., & Perlesz, A. (2008). *The Implementation of Single Session Work in Community Health*. Brunswick, Victoria, Australia: The Bouverie Centre, La Trobe University.

White, M. (1989). The externalizing of the problem and the re-authoring of lives and relationships. In *Selected Papers* (pp. 5-28). Adelaide, Australia: Dulwich Centre Publications.

Young, J. (2018). SST: The misunderstood gift that keeps on giving. In M. F. Hoyt, M. Bobele, A. Slive, J. Young, & M. Talmon (Eds.), *Single-Session Therapy by Walk-In or Appointment: Administrative, Clinical, and Supervisory Aspects of One-at-a-Time Services* (pp. 40-58). New York: Routledge.

Young, J. E., Klosko, J. S., & Weishaar, M. E. (2003). *Schema Therapy: A Practitioner's Guide*. New York: Guilford Press.

Young, K. (2018). Change in the winds: The growth of walk-in therapy clinics in Ontario, Canada. In M. F. Hoyt, M. Bobele, A. Slive, J. Young, & M. Talmon (Eds.), *Single-Session Therapy by Walk-In or Appointment: Administrative, Clinical, and Supervisory Aspects of One-at-a-Time Services* (pp. 59-71). New York: Routledge.

Zlomke, K., & Davis, T. E. (2008). One-session treatment of specific phobias: A detailed description and review of treatment efficacy. *Behavior Therapy, 39*, 207-223.

찾아보기

인명

내용

저자 소개

윈디 드라이덴(Windy Dryden)
임상 및 상담치료를 하고 있으며 인지행동치료(CBT)의 세계적인 권위자이다. 그는 런던에 있는 골드스미스 대학교(Goldsmiths, University of London)의 심리치료학 명예교수이다. 40년 이상 심리치료 분야에서 일하고 있으며 225권 이상의 책을 저술했다.

역자 소개

김소라(Kim So Ra)
청소년상담센터와 대학 상담실 그리고 현재는 기업 내 상담실에서 상담사로 살고 있다. 상담을 하면서 가지게 된 의문에 대한 답을 찾던 중 우연히 만나게 된 이 책이 비슷한 고민을 하는 누군가에게도 도움이 되었으면 한다.

전희정(Jeon Hee Chung)
아동 심리치료를 거쳐 청소년상담센터에서 7년간 재직했다. 현재는 기업 내 상담실에 있으며, 지금 만나는 내담자들에게 작은 보탬이 되고 싶은 마음과 상담을 시작한 지 20년이 되는 해를 기념하고자 이 책을 옮겨 본다.

단일회기 치료:
100가지 핵심 기법

Single-Session Therapy(SST):
100 Key Points and Techniques

2021년 4월 10일 1판 1쇄 인쇄
2021년 4월 15일 1판 1쇄 발행

지은이 • Windy Dryden
옮긴이 • 김소라 · 전희정
펴낸이 • 김진환
펴낸곳 • (주)학지사
04031 서울특별시 마포구 양화로 15길 20 마인드월드빌딩
대표전화 • 02-330-5114 팩스 • 02-324-2345
등록번호 • 제313-2006-000265호

홈페이지 • http://www.hakjisa.co.kr
페이스북 • https://www.facebook.com/hakjisa

ISBN 978-89-997-2396-4 93180

정가 16,000원

역자와의 협약으로 인지는 생략합니다.
파본은 구입처에서 교환해 드립니다.